改革发展纵论

贺铿 著

IN-DEPTH DISCUSSION ON REFORM AND DEVELOPMENT

中国财经出版传媒集团
中国财政经济出版社
·北京·

图书在版编目（CIP）数据

改革发展纵论 / 贺铿著. -- 北京：中国财政经济出版社, 2025. 8. -- ISBN 978-7-5223-4167-5

Ⅰ. F124-53

中国国家版本馆CIP数据核字第20254G3F93号

责任编辑：孙　琛　　　　　　　责任校对：胡永立
封面设计：兰卡绘世　　　　　　责任印制：党　辉

改革发展纵论
GAIGE FAZHAN ZONGLUN

中国财政经济出版社 出版

URL：http://www.cfeph.cn

E-mail：cfeph@cfeph.cn

（版权所有　翻印必究）

社址：北京市海淀区阜成路甲28号　邮政编码：100142
营销中心电话：010-88191522　编辑部门电话：010-88190640
天猫网店：中国财政经济出版社旗舰店
网址：https://zgczjjcbs.tmall.com
涿州汇美亿浓印刷有限公司印刷　各地新华书店经销
成品尺寸：185mm×260mm　16开　20印张　318 000字
2025年8月第1版　2025年8月河北第1次印刷
定价：80.00元
ISBN 978-7-5223-4167-5
（图书出现印装问题，本社负责调换，电话：010-88190548）
本社质量投诉电话：010-88190744
打击盗版举报热线：010-88191661　QQ：2242791300

前 言

本书收录了我1998年之后，见诸报章杂志的文章和讲话。主题多为改革、发展和宏观调控问题。

1998年之前，我关心的是自己的专业和工作，对经济体制改革和国家发展问题，关注不多。

1998年上半年，组织上派我去中央党校"省部级班"学习，接触到了许多部门和地方的主要领导人。大家对党校教授们所讲的马克思主义理论和实践问题，兴趣很浓。

在课堂讨论中，我对当时提出的"经济全球化""金融国际化"和邓小平在1992年"南方谈话"中提出的"什么是社会主义"的论述等问题，发表过个人的学习体会文章，引起了不少人和媒体的关注。尤其是《理论动态》对我关于建设小康社会的标准，进行了深层次挖掘和报导，更加引起了社会各界的广泛反响。

2000年秋天，组织上再一次派我去中央党校学习。这一次，我个人感觉，部门和地方领导人，对理论问题的思考，没有1998年学习时那么活跃。但是，对改革和发展中的实际问题，则更加注重。

一年后，我离开了国家统计局，进入到全国人大财经委员会和九三学社中央工作。为了利用好这些平台做好"参政议政"工作，我也对改革和发展中的实际问题更加上心了。

二十多年来，自我感觉比较有成就感的研究可能是以下几个方面：

1. 关于建设小康社会。

深入研究了小康社会的阶级分化问题。提出了两头小、中间大的"橄榄形分配曲线"概念，并且设计了具体的监测考核小康社会建设的统计指标。

2. 关于结构性降低出口退税问题。

我强调出口退税的目的不是为了鼓励出口，而是避免在商贸过程中，出现重复征税现象。

推动出口退税由"全额退税"转向"差别化退税率"改革，并建立中央与地方分担机制，优化退税流程。受到国务院领导的重视，并予以采纳。

3. 反对将房地产当做支柱产业，主张房住不炒。

多次公开批评"政府炒地和商人炒房"现象。认为有些专家和房地产商人还不如一千多年前的杜甫——"安得广厦千万间，大庇天下寒士俱欢颜"，杜甫正确地认识到，房地产业应该是为天下"寒士"解决遮风避雨问题的行业，而不是政府和商人赚取昧心钱的行当。

中国的土地是有限的，钢材等建筑材料也不是无限的。我认为不可以过分宣扬建设"改善性"高端住房。要建立和利用收取房产税和遗产税的法制，限制"过头"发展房地产业，引导居民理性住房消费。

4. 关于所有制和分配制度问题的研究。

根据邓小平"南方谈话"精神，我认为在现代经济生活中，生产资料所有制，不决定社会性质。决定社会性质的是分配制度。

要通过法律途径建立合理的分配制度，最终实现共同富裕。

5. 企业可以实行"混合所有制"。

我提出了所有权与经营权分开的办法。所有权通过股东大会民主实行经营决策，经营权通过聘用"职业经理人"实现现代企业制度管理。强调培养"企业家精神"。

6. 反对货币拜物教思想。

我认为华尔街金融思想不适合社会主义中国，中国必须重构社会主义金融体系。

金融机构（包括国有银行）应该是服务经济发展的服务机构。反对以金融投机扭曲社会价值观。反对资本介入政治。

7. 不主张长期实行凯恩斯主义经济政策。

财政政策要量入为出，实现"积极的平衡"和"硬性约束"；货币政策要根据经济运行情况，"相机抉择"。

认为经济总是波浪式向前发展的，不存在所谓"经济周期"。"逆周期调控"实际上是无的放矢，结果往往适得其反。

我在向"议员"转身之后，思想比较"解放"。写过不少"特立独行"的文章，在演讲和接受媒体采访时，倾向于"独立之精神，自由之思想"。

我在2014年退休前，的确有过出文集的打算。但是，因家庭变故而放弃了。

本书这次得以问世，主要是学生们的提议和鼎力支持。我自己没有直接参与搜集及整理工作，只提出了两点要求：

第一，文章基本按发表的时间顺序排列，不分专题；

第二，编辑时只改文字错漏，不改观点。

我认为任何人的思想，都有一个发展过程，不可能一贯正确。我希望印出来的东西能真实记录我的心路历程。

在我的学生和前同事们的努力下，经过他们半年多辛勤付出，这本书终于付梓。在此，我衷心向学生们和前同事们表示感谢！

作者

2025年7月20日于北京

目 录

第一部分　宏观经济与调控

论加强需求管理
　　——对当前宏观经济形势的认识及其调控建议 …………………… 3
也谈给经济局势把脉和开方 ……………………………………………… 12
为内需不足开出"红处方" ……………………………………………… 18
结构调整是经济协调发展的关键 ………………………………………… 20
"十五"期间要警惕出现财政金融危机和经济滞胀 …………………… 22
尽快走出"一高两难"的迷宫 …………………………………………… 27
防止经济大起大落
　　——访全国人大常委、九三学社中央副主席贺铿 ………………… 33
为什么今年是"一个重要关口"
　　——听全国人大常委、财经委委员贺铿代表细说四大缘由 ……… 37
我国经济处于"整固"期 ………………………………………………… 39
对当前经济形势的认识及宏观调控建议 ………………………………… 44
总结经验，继续加强和改善宏观调控 …………………………………… 48
关于宏观调控的理论与实践 ……………………………………………… 56
中国经济步入正常增长轨道 ……………………………………………… 63
中国经济形势与金融问题分析 …………………………………………… 67
把握好调控力度　保持国民经济平稳快速增长 ………………………… 75

论宏观调控中的政策定位 ………………………………………… 80
今年最重要的问题就是"保就业" …………………………………… 90
关于通货膨胀预期的问题 ……………………………………………… 95
2019年经济形势分析及2020年对策
　　——在博鳌企业家圆桌会议上的发言 ………………………… 99
2020年经济形势分析与对策
　　——在中国管理科学研究院年会上的讲话 …………………… 102

第二部分　收入分配

收入分配不合理是影响内需不足的主因之一 …………………… 109
研究调节收入分配关系 ………………………………………………… 111
收入分配行为与社会公平原则 ………………………………………… 114
收入分配公平是和谐社会的基础 ……………………………………… 121
收入分配已到极不公平的边缘 ………………………………………… 127

第三部分　小康社会

为全面建设小康社会奠定坚实经济基础的十三年 ………………… 131
全面小康什么样
　　——《人民日报》记者朱剑红访国家统计局副局长贺铿 …… 137
小康生活和全面小康社会的标准 ……………………………………… 140
全面建设小康社会将是一次深刻社会变革过程 …………………… 147
总体小康水平与全面小康社会 ………………………………………… 149
全面小康社会的统计评价标准和监测方法探讨 …………………… 154
全面建设小康社会的难点重点在农村
　　——兼论城乡居民收入差距扩大问题 ………………………… 165
全面建设小康社会是邓小平理论的发展 ……………………………… 168

第四部分　金融与房地产

房地产业泡沫现象与调控 ………………………………………… 173

当前应坚持人民币汇率稳定不动摇
　　——访十一届全国人大常委、全国人大财经委副主任委员贺铿 ……… 177

创建金融中心要注重辐射性 ……………………………………… 183

谈当前房地产市场症结和房产税问题 …………………………… 185

第五部分　统计工作

怎样看待我国的信息化水平
　　——访全国政协委员、国家统计局副局长贺铿 ………………… 193

国家数据是怎样统计出来的
　　——专访国家统计局副局长贺铿教授 …………………………… 196

《中华人民共和国统计法》：不可或缺的重要法律 ……………… 201

《中华人民共和国统计法》及其需要完善的几个问题 …………… 210

新农村建设的目标及统计监测 …………………………………… 218

第六部分　区域经济

中西部要发展需有一个金融中心
　　——在2018江北嘴新金融峰会上的发言 ………………………… 225

关于"湾区经济"发展问题
　　——在2019湾区经济发展国际论坛上的讲话 …………………… 230

谈谈湾区经济
　　——在粤港澳大湾区发展论坛上的发言 ………………………… 233

发展粤港澳大湾区经济，引领中国未来
　　——在"广州开发区黄埔金融峰会"上的发言 …………………… 235

东莞市必须践行粤港澳大湾区发展战略
　　——在"2023 中国实体经济发展大会"上的发言 ………… 241

第七部分　其他专题

深化国有企业改革，打造国民经济的脊梁 ………………… 247

值得回忆的三件事 …………………………………………… 254

2019 年经济形势与"新时代"民营企业的发展
　　——在民营经济发展研讨会上的发言 …………………… 256

认真落实"一号文件"精神　反思四十年"三农"工作
　　——在"解读 2019 年中央 1 号文件座谈会"上的发言 … 261

建设现代化经济体系与推进经济高质量发展
　　——在中国制造强国（邵东）高峰论坛上的发言 ……… 266

加速文旅产业融合，助力经济高质量发展
　　——在旅游产业发展研讨会上的发言 …………………… 268

如何实现城乡融合发展
　　——在中国城乡融合发展联盟成立大会上的发言 ……… 274

稳健推进 5G 网建设
　　——在"5G 应用武汉峰会"上的发言 …………………… 278

脚踏实地　抢占高地
　　——在"量子通信高峰论坛"上的发言 ………………… 281

区块链与数字经济
　　——在区块链科技创新高峰论坛上的发言 ……………… 284

"双循环"相关论述
　　——2020 年 10 月经济学家圈"双循环"专论 …………… 288

面对新经济，如何拥抱不确定性
　　——在 2021 年"经济学家圈"新经济大会上的发言 …… 298

附录：以数字诠释人民中国
　　——贺铿专访 ……………………………………………… 303

第一部分

宏观经济与调控

论加强需求管理
——对当前宏观经济形势的认识及其调控建议

1997年下半年开始，中国经济明显出现了居民消费需求不足，或者说，出现了供给相对过剩的发展态势。至1998年12月已连续15个月物价指数同比负增长，1998年商品零售价格下降2.6%，居民消费价格下降0.8%，可以认为这又是通货紧缩的重要征兆。出现需求不振、通货紧缩的重要原因是财富集中和中、低收入人群的收入增幅降低，发展的必然结果是低增长、高失业和财富分配更趋不合理，严重破坏全社会的消费结构和产业平衡。为此，笔者建议适时改变宏观调控方式，着重加强需求管理，较大幅度地提高低收入人群的收入水平。只有这样，才有可能促成高增长、高就业和低通胀的良好经济发展态势。

一、启动市场应加强需求管理

为了确保经济的正常发展速度和解决就业问题，在当前必须扩大需求，重点是扩大国内需求，这一点在认识上已经趋向一致。但是，如何扩大国内需求在调控方式上面临两种选择：一种是直接启动要素市场，间接启动消费市场。这种方式要求政府进一步扩大债务规模，加大政府投资力度，同时继续以间接融资方式扩大社会投资，是以财政政策为主的调控方式。另一种是直接启动消费市场，间接启动要素市场。这种方式要求政府较大幅度增加居民收入，同时，降低居民储蓄率，拓展直接融资渠道，控制国家债务规模，是以货币政策为主的调控方式。或者说，前一种调控方式是以供给管理为主，后一种调控方式是以需求管理为主。笔者主张以需求管理为主。

供给管理和需求管理是相辅相成的两种调控方式。供给管理的着眼点是发展生产，需求管理的着眼点是刺激消费，都要求在供需基本平衡的基础上实现充分就业，推动或带动经济的健康发展。

中国政府一向注重供给管理，"发展生产，保证供给"是我们在经济工作中长期坚持的基本指导思想。在这一思想指导下，对固定资产投资规模的调控便成为政府管理经济的主要手段。经济过热时，政府就压缩投资规模；经济滑坡时，政府就扩大投资规模。在计划经济体制下，政府和企业都缺乏预算约束，生产规模盲目扩大，重复建设屡禁不止。再由于单纯的供给管理方式，导致供给与需求脱节，因而常常形成产品积压和短缺并存、高增长和高通胀并生的经济现象。

供给与需求是一对矛盾，需求决定供给，供给影响需求，矛盾的主要方面通常是需求。因此，政府在进行宏观调控时，既要重视供给管理，更要重视需求管理，二者不可偏废。在市场经济条件下，需求管理比供给管理更重要，宏观调控的目的是促进总供给与总需求实现均衡，包括总量平衡和结构平衡，一般来讲，总量平衡相对具有可控性，结构平衡可控性较差。因为居民的消费需求千变万化，政府只有可能直接调节产业结构和产品结构，即调整供给结构，而不可能直接调节居民的消费结构。居民的消费结构只能通过收入分配政策和价格政策进行间接调控和引导。要使产品结构与消费结构相适应，最终要通过市场来实现，即通过市场引导生产者调整产品结构，而不能单纯依靠投资政策来决定产品结构。当不考虑进出口因素时，居民的消费水平和消费结构决定生产水平、产业结构和产品结构，生产水平、产业结构和产品结构反作用于居民的消费水平和消费结构，二者是作用与反作用的关系，投资在社会总供给和社会总需求的均衡过程中发挥中介作用。由此可见，为了真正实现供需均衡，政府在进行宏观调控时，应当重视需求管理，充分利用市场机制的作用，积极引导生产者适应消费者的消费需求，这是市场经济的一般规律。

凯恩斯主义经济学理论也重视需求管理，主张以扩大政府开支、扩张政府需求的方法弥补私人有效需求不足，以便促使总需求与总供给能在充分就业的水平上实现均衡。笔者虽然主张加强需求管理，但并不完全赞成凯恩斯理论。笔者认为凯恩斯理论有很大局限性，其局限性就在于它不是实行彻底的需求管理，是停留在财政政策上并以财政负债为代价的半截子需求管理。彻底的需求管理不能只停留在扩大政府开支的财政政策方面，而应当以收入分配政策为中心，综合运用财政政策、货币政策和价格政策直接和间接调整劳动者的经济利益关系。只有通过调整劳动者，特别是生产劳动者的经济利益关系来调动全社会的生产劳动积极性，才能使总供给与总需求在充分就业和不断提高劳动者收入水平的基础上实现均衡。在社会主义市场经济条件下，政府是公有制的产权代表，政府决定收入分配方式，对收入分配进行规范化管理不仅是必要的，也是可能的。在私有制市场经济条件下，政府不可能直接管理收入分配问题，这是决定凯恩斯主义理论局限性的根本原因所在。

二、如何提高低收入人群的收入水平

低收入人群包括广大农民和一般工资收入的城镇居民，如何提高低收入人群的收入水平应该是不言而喻的问题。发展农业生产，提高农产品的价格是增加农村居民收入的根本途径；扩大就业，提高工资水平是增加城镇居民收入水平的根本途径。提高农产品价格和发展农业生产，增加职工工资和扩大就业规模虽然不可能同步实现，但是二者是相辅相成，互为条件的，在目前情况下比较现实的增收办法是较大幅度提高农产品的价格和适度增加低收入职工的工资。

有些同志担心提价和增工资可能会引发通货膨胀，且认为我国农产品价格与国际比较已经没有提价的空间了。笔者认为这种认识是没有根据的。我国物价还有很大的提价空间，农产品提价的空间更大，而且笔者认为提价和增工资与通货膨胀也没有必然联系。

与国际比较，我国仍然是低收入、低物价和工农产品价格剪刀差很大的国家。笔者用下面事实来说明：第一，按购买力平价方法测算，人民币在国内市场上的币值比在国际市场上的币值（汇率币值）高1倍，说明国内市场物价水平比国际市场低一半；第二，按劳均（按劳动力人数平均）行业增加值计算行业劳动生产率，在"八五"期间，我国二、三产业的平均劳动生产率是农业部门平均劳动生产率的4倍，而与此同时，美国、加拿大、日本和韩国等发达国家和中等发达国家平均计算，二、三产业的劳动生产率是农业部门劳动生产率的2倍。说明我国工农产品价格剪刀差比发达国家大1倍（见表1）。这种不合理性的存在，既不利于我国现代化建设，也不利于扩大对外开放，是制约我国国民经济快速、协调发展的重要原因之一。

表1　非农业部门与农业部门劳动生产率之比（根据1994年数据计算）

国别	中国	日本	韩国	加拿大	美国	法国	德国
倍数	3.99	2.86	1.88	1.78	1.45	1.09	3.16

发展农业生产力是我国现代化建设的重点和难点。我们面临大量劳动力要从一产业向二、三产业转移，这是现代化建设中必须解决又难度很大的问题。劳动力在一、二、三产业中的合理分配是衡量国家现代化水平的重要指标。真正的现代化国家应当是知识经济国家，劳动力主要分配在第三产业，其次是第二产业，农业劳动力应当很少。按1994年数据计算，发达国家和中等发达国家的农业劳动力一般在5%以下，而我国在50%以上（见表2）。要在21世纪中叶使我国经济达到中等发达国家的水平，首先必须完成由农业社会到工业社会的发展阶段，即必须引导劳动力在一、二、三产业中合理分配。如果经过50年时间让农业劳动力减少到10%左右，则平均每年需要向二、三产业转移的劳动力在1500万人以上，而且还必须保证农村人口自然增长率逐年有所下降才能达到，这是非常艰难的任务。我们在过去50年仅使农业劳动力减少了30个百分点，而在今后50年要求再减少40个百分点，不下大气力是难以达到的。

表2　劳动力分配结构（根据1994年数据计算）　单位：%

	中国	日本	韩国	加拿大	美国	法国	德国
第一产业	54.30	5.78	13.56	4.11	2.91	4.74	3.30
第二产业	22.70	34.04	33.19	22.57	24.27	26.57	37.11
第三产业	23.00	60.18	53.25	73.32	72.82	68.69	59.59

发展农业生产力，现实的问题是要增加农民收入，农民没有钱是不可能迅速改变其落后的生产方式的。当前，增加农民收入最可行也最合情理的办法是提高农产品价格。价格是在市场经济条件下调节分配关系的杠杆，我们应当用好这一杠杆。笔者主张对主要农产品，特别是粮食要实行较高的保护价，同时对重要的农资产品，如化肥、农膜、农药、农机等实行较低限价，通过缩小工

农产品的剪刀差价合理调整城乡居民的分配关系和降低农业生产成本。我国在经济改革初期有过8类农副产品涨价25%的举措，这对发展农业生产和推动整个国民经济的发展都有过良好的效果，不足之处是对农资产品没有采取有效的平抑办法，工农产品价格剪刀差没有缩小，农业生产成本不断提高，逐渐抵消了该举措的积极作用，我们应当汲取这一教训。

在提高农产品价格的同时，还应当提高城镇居民的收入水平。如前所述，与国际比较，我国仍然是低收入、低物价国家，不仅提价空间大，增工资空间也很大。居民收入水平是由生产力水平决定的。与发达国家比较，我国居民收入水平比我国生产力水平更低。以美国为例，1995年美国人均国民生产总值为26980美元，人均可支配收入为20178美元，分别是我国人均国民生产总值和人均可支配收入的46倍和72倍。如果将我国居民收入与美国居民差距由72倍降至46倍，使居民收入水平与生产力水平趋向一致，我国1995年的居民收入水平至少还可以再提高60%。由此可见，当前我们可以而且应该直接采取提高农产品价格和增加城镇职工工资的办法来提高居民的收入水平，以促进居民消费需求的扩大和国民经济的进一步发展。

部分商品提价和增加工资并不一定引发通货膨胀。通货膨胀的表现形式是货币发行量超过了流通中需要的货币量所引起的物价总水平持续上涨现象。本质上是由财政赤字和金融漏损形成的泡沫资产之积累，引起总供需失衡而形成的。提价和增工资只扩大现金投放量，在消费需求不足的情况下，增投的现金可以很快通过商品销售实现回笼，不会大幅度改变现金的净投放量。因此，笔者认为提高农产品价格和增加职工工资虽然有可能引起物价总水平的适度上涨，但不会引发通货膨胀。物价适度上涨不等于通货膨胀，只有在居民可支配收入的增幅小于生活费用的涨幅，降低了人民的实际收入水平，并且引发货币信用危机时才是真正的通货膨胀现象。

三、关于宏观调控的几点具体建议

在社会主义市场经济条件下，尤其是在出现了需求不足时，对政府的宏观管理笔者提出以下具体建议。

第一，在宏观调控方式上应当以货币政策为主，以财政政策为辅。

财政政策和货币政策都是调节宏观经济的重要手段,二者既有联系又有区别。财政政策是通过财政预算的实施来实现对经济的调控,货币政策是通过货币供应量的调节来实现对经济的调控。在供给不足时,可以通过财政手段扩大投资需求,直接推动生产发展;在需求不足时,可以通过货币手段,适当扩大现金投放量,提高居民的名义收入水平,以便刺激消费需求,带动经济的发展。因此,笔者认为:在供给不足时宏观调控可以以财政政策为主,在需求不足时宏观调控应当以货币政策为主。从长远和总体来讲,宏观调控侧重货币政策比侧重财政政策好,因为用财政手段扩大投资需求不但由于投资形成生产能力的时滞和预算约束软弱等原因容易产生经济波动,而且由于财政赤字和债务规模扩大,很容易引发通货膨胀和金融危机。我国政府在宏观管理中一向重视供给管理,财政政策是最主要的调控手段,即使运用货币政策也不是实际意义上的货币政策,而是由财政政策牵动的货币政策,即通常所说的"财政挤银行,银行发票子"现象。正因为货币政策是由财政政策牵动的,是财政的显性预算赤字和"隐性"预算赤字迫使银行多供应货币和扩大滞胀风险、坏账比例,通货膨胀才不可避免,财政压力也无法消解。

第二,基于第一点想法,笔者主张严格控制债务规模。

内债和外债都要与财政承受能力相适应。当国家财政支出超过收入时,解决财政困难的办法以"增收增税"为主,以举债为辅。在提高了居民的名义收入水平之后,可以同时采取增加所得税,或者直接用提留专项建设费和社会保障金的办法筹集资金。例如,在目前我国农村居民人均纯收入约2160元人民币,城镇居民人均可支配收入约5425元人民币情况下,如果通过提高农产品价格使8.7亿农村居民的收入水平提高20%,将其中10%直接提留为农村基础建设费,可筹资1879.2亿元,相应地使3.6亿城镇居民收入提高10%,将其中5%按所得税或社会保障金提留,可筹资976.5亿元,两项合计2855.7亿元,相当于1998年发行的国债数目。不仅筹集了建设资金,同时,居民的实际收入也增加了2855.7亿元,会形成新的购买力,成为带动国民经济进一步发展的原动力。如果我们单纯采取举债办法,虽然筹集了建设资金,可以用于扩大生产,增加就业,也间接增加一部分居民的收入。但是,在消费需求不足的情况下,购买力水平提高不多,经济还是发展不起来。而且笔者还认为,需求引导经济发展比投资推动经济发展更有利于调整产业结构,促进总供给与总需求的平衡，这在前文中已经论述了。同时，居民收入增幅提高，会增强对经济发展的信心，有利于促进消费需求和投资需求的增长。

第三，增加居民收入的同时，要规范分配制度。

分配混乱和分配不公现象是当前我国比较突出的经济问题，也是很突出的社会问题。产生分配混乱的主要原因是政府实质上承认了制度内与制度外两种分配体系并存的合法性；产生分配不公的主要原因是以权谋私的腐败现象难以惩处。前者属经济范畴，后者属政治范畴。经济范畴的东西应当在经济体制改革中解决，政治范畴的东西应当在政治体制改革中解决。我们必须通过改革杜绝"黑色收入"，清除"看不见的收入"。要化"奖金"为工资，变"暗补"为明补，使"灰色收入"白色化。在工资制度之外又允许各单位"创收"，让国家机关、非盈利事业单位各行其是地实行工资外补贴，这种分配方式在世界上少有。如果我们不认真规范分配制度，不但社会主义的优越性体现不出来，改革的成果也会受到严重损害，因为分配混乱和分配不公问题已经严重影响了劳动者的生产积极性和工作积极性，阻碍了生产力的发展。

第四，"新的经济增长点"应当建立在现实的消费需求基础上。

近年来许多理论工作者和实际工作者都在苦苦探索"新的经济增长点"。在供给管理为主导的思想指导下，寻求经济增长点的目的实际上是在寻求投资的重点，希望找到一些产业部门，把资金投下去之后，既能立即形成经济效益，又能带动相关产业的发展，达到扩大就业，使国民经济持续、快速、健康地发展的目的，其主观愿望是良好的，但是，笔者认为，按供给管理思想是不可能实现其良好愿望的。单纯的供给管理思想实际上是计划经济思想。实践反复证明：依靠投资手段只能使经济暂时发展，而不可能使经济持续、健康地发展。当前，提出加大公共设施和基础设施建设，实行"中国新政"，笔者也赞同，但是，笔者希望把重点放在农村公共设施和基础设施建设上。不仅要加强农田水利建设，还要加强农村道路、通信、医院和学校建设，尤其要加强农业生产的社会服务体系建设，包括农业科技服务、农资供应服务、大中型农机具租赁服务和农副产品的加工与销售服务等。资金总是有限的，任何时候都不宜放松控制。有限的建设资金应当用于"雪里送炭"，而不能大搞"锦上添花"，更不能用于搞花架子工程。根据我国当前的实际情况一定要把经济发展的战略重点放在农村经济发展上，尽快实现由农业社会到工业社会的转变。这一条做不到，在中国实现现代化就是一句空话。

经济发展的根本问题是市场。有市场就有资金，有资金就可以发展生产，经济就繁荣。市场是什么？市场就是购买力，是吸纳商品的能力。市场的大小就是由消费者收入和与之相适应的生产资金形成的市场需求量，包括生活品需求量和投资品需求量。我们说中国是世界上潜在的最大市场，就是说我们有潜在的最大购买力，因为我们拥有12亿多人口。

发展经济既要有长远的战略眼光，又要有现实的市场眼光。从战略高度讲，我们需要占领经济的制高点，努力发展高科技产业；从市场角度讲，我们要从实际出发，首先满足大多数中国人最基本的需要，大力发展与普通居民收入水平相适应的大众化产品，保证居民在教育、保健、营养、卫生、住宅等方面能得到保障。如果我们的眼光只是放在高收入人群中，市场概念就拓展不开，产品发展战略和产业政策就会发生扭曲。这样，所谓的"新的经济增长点"也不可能真正带动经济增长。

第五，拓展直接融资渠道，化解金融系统的不良资产，防范金融危机。

我国金融危机的隐患不可低估。金融危机的基本特征是本币贬值、通货膨胀、股市下跌、企业倒闭，形成巨大的财产损失和经济灾难。东南亚各国出现金融危机的原因很多，最基本的原因是高负债和金融监管失当。根据有关研究资料，要保证金融比较安全，企业负债率（国内借款负债资产/企业总资产）应小于55%，财政负债率（财政内债余额/GNP）应小于5%，外债率（外债余额/GNP）应小于20%。按此标准衡量，当前我国企业负债率处在高风险区，财政负债率处在中等风险区，只有外债率尚处在较安全区（见表3）。因此，对金融危机不能掉以轻心，必须加强防范。由于我国外债率低，外汇储备较充足，预计出现本币突然贬值的急性金融风暴的可能性不大，但是出现通货膨胀、股市下跌、失业增加、企业倒闭和经济持续下滑的慢性金融危机的可能性却不容忽视，我们应当高度警惕。要从根本上防止金融风险，根据当前我国财政、企业负债率高和不良资产比例高的实际情况，笔者认为还要继续严格控制贷款规模和减少财政赤字。国家要进一步采取措施缩减企业负债率，化解金融系统的不良资产。当前不宜用扩大债务的方法增加投资和注入企业生产资金。在融资方面，我们应该重视直接融资发展战略，只有拓展直接融资渠道才是发展经济、消解财政困难和金融风险的最好途径。

表 3　　　　　　　　中国企业、财政负债情况　　　　　　　单位：%

年份	企业负债率	财政负债率	外债率
1980	38.7	3.7	1.5
1985	52.7	5.0	5.6
1990	64.0	5.7	14.8
1995	79.1	6.8	15.5

四、结束语

综合以上分析，笔者认为当前我国经济中的主要问题是居民消费需求不足、通货紧缩和存在金融危机隐患。基本对策是加强需求管理和拓展直接融资渠道。当前进行宏观调控的着力点应当放在增加居民收入方面，以便尽快扩大国内市场，增加企业和财政收入，降低财政负债率和企业负债率，逐渐将经济引导到高增长、高就业、低通胀的发展轨道上来。

注：文中数据是根据《中国统计年鉴》《国际统计年鉴》1997年卷中有关数据计算得出的。

（本文发表于1999年第5期《统计研究》）

也谈给经济局势把脉和开方

当前我国经济中存在的居民消费需求不足,主要原因是双重体制并行,拉大了收入差距,从而使得广大居民的实际收入增长率与经济增长率不协调。不应当高估扩大政府支出对经济拉动的效果,而应在收入分配政策上进行合理调控和引导。

给经济局势把脉需要有正确的宏观经济理论作指导。从目前来看,符合社会主义市场经济实际的宏观经济理论尚未建立起来,似乎正处在"混沌初开"之际。

最近,我读了一些分析我国当前经济局势的文章,其中包括杨启先同志的《给我国经济局势把脉》、张曙光同志的《凯恩斯主义在中国究竟灵不灵》。结合我长期对我国经济问题的思考,我认为,我们急需建立符合我国社会主义市场经济实际的宏观经济理论。否则,我们就很难给中国经济把准脉,也就开不出什么良方。

保持国民经济稳定适度增长是实施宏观调控的基本目标。近两年来,我国经济增长率是比较适度的。宏观经济效益和运行质量也有所提高。当前我国经济中存在的主要问题是居民消费需求不足,诱发了通货紧缩现象,影响了国民经济的健康发展。产生这一问题的根本原因是在改革过程中双重体制并行,拉大了收入差距,出现了财富集中现象。经济发展了,但是财富逐渐集中,广大居民的实际收入增长率与经济增长率不协调,必然导致消费需求不足。如果不在调整收入分配政策方面下功夫,经济增长就会受到严重阻碍。因为经济增长的原动力是居民不断增长的物质和文化需求。

一、凯恩斯主义为什么不灵验

改革开放以后,西方经济理论开始迈进中国大学的讲堂,凯恩斯主义逐渐为中国学者所熟悉。我国许多经济分析文章，甚至有些经济政策，都打上了凯恩斯主义的烙印。既然如此，我认为，我们有必要首先讨论一下凯恩斯主义的适用性问题。

我曾经也算是一个凯恩斯主义的宣传者，因为讲授经济计量学不可避免地要涉及凯恩斯经济理论。那时，我是从社会主义计划经济思想出发来研究凯恩斯理论的，似乎还觉得有点"柳暗花明又一村"的感觉。现在看来，有这种感觉的道理很简单，因为凯恩斯主义的实质也是计划经济思想，只不过它是资本主义制度下的计划经济思想。它希望在私有制基础上实施严格的政府管理，使资本主义经济从无序走向有序。

两种计划经济思想既有共同点也有不同点。共同点都希望对经济人（包括生产者、投资者和消费者）实行计划控制，达到经济上的综合平衡或均衡。不同之处在于社会主义计划经济思想希望直接地对经济人实施计划管理，达到宏观上的综合平均；凯恩斯面对的是私有制经济，对经济人不能实施直接计划管理，只能寄希望于通过政府实施财政、货币和税收等政策来调控经济人，达到宏观上总供给和总需求的均衡。因此，前者是直接计划经济思想，后者是间接计划经济思想。

凯恩斯主义问世之后特别受到西方国家政府的青睐，因为它从理论上赋予了政府管理经济的权力。但是，它对西方国家病症的疗效是不是很灵验，我不敢断然下结论。美国"罗斯福新政"并没有立竿见影，这应该是历史的事实。美国经济在实施新政将近10年之后才开始复苏，而且这时的复苏究竟是扩大政府支出的结果，还是"二战"参战国的战备需求对美国经济拉动的结果，我认为还值得认真理论一番。

凯恩斯主义的政策措施在中国实施了两年尚没有明显见效果。张曙光同志认为，是因为"体制性收缩限制和抵消了政策性扩张的效应"。在这一问题上，我倒认为与中国的体制可能关系不大，而应当从凯恩斯主义本身的理论缺陷和适用性上找原因。最主要的理论缺陷即"卢卡斯（R. E. lucas）批评"提出的：凯恩斯没有"考虑到私人决策规则对政府关于政策规则的选择的依赖性"[①]。因为凯恩斯主义者总以为当政府实施政策干预时，经济人的决策规则会保持不

---

① 托马斯.J.萨金特：《宏观经济理论》，中国经济出版社1998年版，第469、471、428、440页。

变，所以总是高估扩张财政政策的政策效果。在他们看来，只要政府扩大财政支出，改变税收和货币政策就可以按"投资乘数效应"达到宏观调控的目的。其实这是脱离实际的空想。它不仅在中国不灵验，在美国或其他国家也没有灵验过。

二、政府投资为什么拉动作用不大

一般说，投资会引起经济的增长变化。但是，在需求不足时人为地加大政府投资支出，对经济的拉动作用很有限，因为不同类型的投资支出，对经济的作用效果并不一样。投资支出方向可以划分为三类：第一类是直接增加商品生产能力的投资。在私有制经济里，这类投资完全由经济人决定。按"理性预期"学派的观点，"厂商的投资率是产出价格和资本价格的未来值的函数"[①]。换句话说，如果经济人形成的预期是没有效益，他们是不会投资的；第二类是对自有房屋的投资以及对房地产开发的投资。这类投资并不增加商品生产能力，而是直接增加耐用消费品——住房。因此，投资多少并不取决于政府支出多少，而是取决于居民收入水平高低；第三类是对基础设施和公益事业的投资。无论什么样的国家，这类投资主要是通过政府支出实现的政府投资。这类投资可以扩大总需求，与第一类投资相比较，它对经济增长变化的作用效果小得多。即使按凯恩斯理论去分析，第三类投资即政府投资也不存在乘数效应。因为投资乘数效应必须与居民的消费行为发生联系，而基础设施和公益事业既不直接增加商品生产能力，也不直接提供消费品，从而不可能与消费行为发生直接的联系。现在，我们用凯恩斯的投资乘数表达式来说明。根据乘数理论：

$$K = \frac{1}{1-c}$$

其中，K 表示投资乘数，c 是消费函数中关于收入变量的结构参数，是小于 1 的数，称之为边际消费倾向。边际消费倾向的经济意义是当可支配收入增加一个单位时居民用于消费支出的百分数。它等于消费增量与收入增量之比，即

$$C = \frac{\Delta c}{\Delta y}$$

[①] 朱新武：《学习·研究·参考》，1999 年第 9 期。

显然，边际消费倾向 c 越大，（1 - c）就越小，乘数 K 就越大。但是，边际消费倾向在需求旺盛和需求不足时大小不一样；长期消费倾向和短期消费倾向也不一样，即使在经济稳定增长时期，用截面数据估计的边际消费倾向也远远小于用时间序列数据估计的边际消费倾向（r）。而扩张财政政策总不可以是长期政府行为，故此，凯恩斯开出的药方不灵验就在情理之中。

顺便谈谈银行降息问题。按凯恩斯经济理论，在需求不足时，为了刺激投资者多投资，消费者多消费，政府可以实行银行降息政策。在我国已经几次降息，而且开征了利息税，效果都不很明显。当然，降息和征利息税可以适当减轻企业和银行的负担，并且可以适当增加财政收入，这是毋庸置疑的。但是它不可能刺激消费和投资增加。相反，按弗里德曼（M. Friedman）的持久收入理论，降息政策使消费中的"劳动收入分布滞后和利息乘以非人力财富"受到了制约。因此，降息的结果从理论上说是抑制消费，按同一税率，征收利息税也改变不了收入差距。

三、当前，是无米为炊还是有饭无人买

有人说："如今国内的经济学家们，往往是长于诊断，而拙于开方。"依我看，"病理"和"药理"都需要提高。

当前，我国经济中存在的主要问题是居民消费不足，并且诱发了通货紧缩现象，这一点已经有了共识。但是，居民消费需求的病因是什么尚无完全一致的看法。有的说，是适度从紧的财政与货币政策的惯性作用的结果；有的说，是向居民口袋掏钱的改革措施出台太多，老百姓的心理预期作用的结果；也有的说，是居民收入增长趋慢，而且收入分配不公，财富过于集中所致。

我赞成最后一种意见。现在我国经济中的主要问题是收入分配问题。一般说，从长远考虑，居民的实际收入增长率应当与经济增长率保持一致。只有这样，国内生产总值的支出结构才能保持稳定的比例关系，国民经济才能协调发展。但是，我国居民的实际收入增长率长期低于经济增长率，导致最终消费需求在国内生产总值支出中的比例持续下降，由 20 世纪 60 年代的 80% 以上，下降到 90 年代的 60% 以下。30 年中下降了 20 多个百分点，这在世界上是少有的现象。现在，我国最终消费在 GDP 支出中的比重比世界平均比重低 10—11 个百

分点。1994—1998年5年平均，我国经济增长率为9.5%，而居民实际收入增长率为5.3%，收入增长率比经济增长率平均低4.2个百分点。按这样的初次分配方式发展下去，当然会出现居民消费需求不足现象。再按再分配情况来分析，由于双重体制并行及存在特权行业等原因，居民的收入差距也越来越大。有研究表明，我国1998年的基尼系数为0.456，城居民收入差距指数为3.71，这说明我国比一般国家的收入差距大[①]。收入差距越大，社会财富就越向少数人集中，平均消费倾向就越低。我国农村人口占75%，但按社会消费品零售总额计算，1998年农村居民购买的消费品总额只占其中的40%，比平均水平低25个百分点。

现在有些同志只看到银行储蓄余额很大，认为是老百姓有钱不花。按他们的说法，钱在老百姓和民间企业手里，政府宏观调控的关键在于把这些钱"诱将"出来。他们不明白当多数老百姓手里没有钱或者钱很少，只有少数人手里有钱时，在通货紧缩情况下，很难把钱"诱将"出来的道理。因为少数人的消费很有限，投资又见不到效益，他们为什么要把钱拿出来乱扔呢？我想20年代的西方，私人企业和少数"老百姓"手里的钱也不会少，当通货紧缩时凯恩斯、罗斯福都没有把钱"诱将"出来，其道理是大同小异的。如果社会有需求，在商品价格和资本价格的比较中，他们觉得有利可图，即使政府不"诱"，钱也会自动跑将出来。

有需求就会有投资，没有需求就不会有人投资，这是由市场法则决定的。需求，特别是消费需求是由收入分配决定的，如果收入分配问题没有调控好，多数人手里钱不多，需求就不可能上升，商品卖不动，物价就会下降。我们现在所面临的就是这种情况。当前的主要矛盾不是无米为炊，而是有饭卖不动。或者说，是出现了供大于求的"买方市场"问题。如果我们的经济学家连是需要去找米下锅还是去请人买饭的问题都没有弄清楚，何谈什么诊断与开方的问题呢？所以，我认为当前国有投资没有带动社会投资是情理中的事。同时，也没有必要过度担心"投资上不去，经济增长率成了无米之炊"[②]。因为我们毕竟不是无米下锅，而是有饭卖不动。只要有人买饭，"炊"并不存在大问题。

---

① 中国市场经济决策信息咨询网络：《特供信息》1999年第47期。
② 贺铿：《统计研究》，1999年第5期。

四、结束语

凯恩斯主义是在20世纪30年代西方国家出现需求不足和通货紧缩的经济危机时期形成的经济理论，目的是反危机。它所提出的具体办法是：在有效需求不足时，运用扩张的财政政策和货币政策来刺激消费，增加投资，弥补消费需求和投资需求的不足。并且论证了所谓投资的乘数作用。但是，凯恩斯的主张在西方奉行了20多年，实践证明并不很灵验。其原因除"卢卡斯批评"的理论缺陷和我所分析的"政府投资不存在乘数效应"的理由之外，更重要的理由是凯恩斯理论没有针对引起需求不足的病因收入分配问题开药方。也许凯恩斯认识了这一点，但是开方确有难处。因为要开出治疗收入分配问题的药方，就需要触及资本主义制度和资产阶级的利益。在这一点上他可没有我们现在这样超脱和轻松。我坚信：只要在收入分配方面下功夫，在初次分配和再分配层次上进行合理调控和引导，在宏观和微观层面上进行综合治理，我国的国民经济就会保持稳定、适度增长的发展态势。

（本文发表于2000年第2期《中国国家行政学院学报》）

为内需不足开出"红处方"

自20世纪90年代中期"市场疲软"一词流行以来,内需不足似乎就成了制约国民经济快速持续发展的大问题。东南亚经济危机爆发之后,随着出口贸易下降,扩大内需更是成了经济学家们热衷谈论的解决问题的良方,无奈国内需求就是不旺。于是人们想尽千方百计刺激需求增长,比如投资拉动。虽然这些办法起到了一定作用,但从去年的市场行情看,效果不是很理想。在九届全国人大三次会议上,朱镕基总理在《政府工作报告》中,再一次把扩大内需放在了突出位置。报告明确指出,我们必须坚定不移地贯彻执行扩大内需的方针。

全国政协委员、九三学社中央委员、国家统计局副局长贺铿表示,政府的这一方针很正确,必须坚决贯彻执行。不过,在导致内需不足的原因和解决途径上,贺铿委员有其独到见解。

3月7日中午,风和日丽。在北京华润饭店,记者和贺铿委员就此进行了详尽交谈。

贺铿委员认为,当前影响经济健康发展的主要原因之一是收入分配不合理。由于收入分配政策不规范,不正常地拉大了居民收入差距,出现了财富向少数人集中的现象。少数人收入高,多数人收入低是影响国内需求不足的根本原因。

居民实际收入增长率与经济增长率不协调,破坏了GDP支出结构的比例关系

贺铿委员说,按经济发展规律要求,居民的实际收入增长率与经济增长率应基本保持一致。但近30年来,我国居民实际收入增长率长期低于经济增长率,导致最终消费需求在GDP支出中的比例下降,由20世纪60年代的80%以上下降到90年代的60%以下。按1998年的统计数据计算,我国最终消费在GDP支出中的比重比世界平均水平低11个百分点。1994—1998年,我国GDP增长率为9.5%,而居民实际收入增长率只有5.3%,相差近一半。扩大生产而居民收入

增长缓慢，必然导致国内有效需求不足和生产能力相对过剩，出现供过于求的经济失衡状况。

居民收入差距过大，社会财富向少数人集中，影响了消费需求。

贺铿委员拿数字说话。有研究资料表明，我国现在6万亿的储蓄存款中，有80%属于不到20%的储户；1998年的基尼系数为0.457，超过合理范围（0.3—0.4）15—52个百分点；城乡居民收入差距指数为3.71，比国际平均指数（1.7）高一倍还多。这些数据充分表明，我国居民收入差距已经很大。

一般经济学理论认为，在既定财富规模条件下，分配越均等，可支配收入用于消费的部分就越大。如果收入差距过大，财富集中到少数人手里，多数人手里钱不多，消费需求就不可能保持上升。

农产品市场销售价格偏低，农村居民收入增长缓慢。

贺铿委员认为，我国农产品在国内市场上的销售价格偏低，与国外比较，至少低一半。以大米为例，多数国家都是1公斤售价约2美元，而国内市场目前不到0.4美元，只相当国际市场销售价格的1/5。

农产品市场销售价格偏低是农村居民收入增长缓慢、城乡居民收入差距过大的直接原因。我国农村人口约9亿，占总人口的75%，农村居民收入增长缓慢，严重制约了购买力水平的提高，直接影响了国内消费需求增长。按社会消费品零售总额计算，1998年农村居民购买的消费品只占总量的40%。农村居民的平均购买力水平不及城镇居民的1/4。如此硕大的农村市场何日方能启动？贺铿委员激动地说，当前，党和政府应该采取立竿见影的政策措施，增加农民收入。他解释说，所谓立竿见影的政策，一是指政策杠杆，二是指经济杠杆。首先，政府应当大大提高对农村的财政支持力度；其次，应当大力提高农产品的销售价格。减轻农民负担是必要的，但是单凭这一措施很难出现立竿见影的效果。

综上所述，贺铿委员建议政府充分利用税收杠杆调节收入分配关系，把规范收入分配政策和调控收入分配作为政府工作的重点之一。他表示相信，如果在调节收入分配关系和提高居民收入水平方面有了成效，扩大内需就不再是大问题。

（本文发表于2000年3月《中国信息报》）

结构调整是经济协调发展的关键

坚持把结构调整作为主线是党中央、国务院关于"十五"计划纲要的指导方针之一。在经济工作中应当认真贯彻这一方针，促进国民经济健康、协调发展。

新中国成立以来，特别是改革开放二十多年来，我国国民经济迅速发展，但是经济结构不合理的问题也越来越突出。当前，城乡经济水平差别大，地区经济发展不平衡，产业结构和产品结构不合理已成为国民经济发展中的突出矛盾。"十五"期间将是我国经济和社会发展的重要时期，我们必须抓住机遇，认真解决这些矛盾，促进经济协调发展。

调整经济结构必须正确处理好政府与市场的关系。进行产业结构和产品结构调整应当以市场调节为主，政府政策引导为辅。发展什么，不发展什么，应当由市场选择，优胜劣汰。政府行为不能代替经济行为。不能用行政干预的办法命令上什么项目，下什么项目，或者种什么作物，不种什么作物，只能依靠法规和税赋等政策进行引导。调整城乡结构和地区结构则相反，政府行为应当起主导作用，市场行为只能起辅助作用。改变城乡二元结构和促进东、中、西部协调发展，需要政府提出正确的战略措施，充分运用财政转移支付手段和税赋政策保护农民利益，提高农民收入，支持农村和落后地区的经济发展。农村和落后地区的经济发展了，人民富裕起来了，城镇化水平就会提高，产业结构和产品结构才有可能走向合理。

促进国民经济健康协调发展必须克服地方保护主义。地方保护主义作祟是各地产业结构趋同，产品成本居高不下，产品质量低劣的重要原因。地方保护主义的本质特征是保护本地区落后的东西，抵制外来先进的东西，损害国家的利益。由于存在地方保护主义，经济活动不能按统一的市场准则运行，优不胜，劣不汰，严重影响产业升级和经济协调发展。

现在，我国正准备加入 WTO，中国的经济将要逐步根据世界贸易组织规定的"游戏"规则运行。因此，各级政府应严格按照这一规则组织和管理经济，这将有利于加快结构调整步伐和经济协调发展。

（本文发表于 2001 年 3 月《光明日报》）

"十五"期间要警惕出现财政金融危机和经济滞胀

1998年以来,为了遏制经济增长速度下滑和通货紧缩趋势,我们开始实施积极的财政政策。经过三年努力,尽管经济发展出现了重大转机,但是经济回升的基础仍不稳固。消费需求不足问题仍然是"十五"时期面临的重要问题,同时应特别警惕和防范在解决消费需求不足问题时,引发财政支付危机和形成经济滞胀。

一、关于社会需求不足

社会需求通常是指最终需求,包含消费需求、投资需求和净出口需求。对一个国家,特别是对一个人口众多的大国而言,消费需求在所包含的三大需求中是起决定作用的一种需求,比重最大。消费需求和净出口需求水平决定投资需求水平,因此,所谓最终需求实际上只有消费需求和净出口需求才是"最终"的。投资需求不过是连结有效需求与有效供给之间的一个桥梁,大了没有用,小了也不行。对于一国经济,是由消费水平和净出口水平组成的总需求水平决定总投资水平,由总投资水平决定总供给水平。总消费、总投资和总供给必须保持协调平衡,否则就会出现有效需求不足或有效供给不足的问题。当需求不足时,通常出现物价水平下降,通货紧缩,经济萧条;当供给不足时,通常出现物价水平上涨,通货膨胀,经济过热。所以,在市场经济条件下,物价水平是经济运行过程中供给与需求是否保持平衡的指示器,也是一个调节器。

供需平衡、供给不足或过剩、需求不足或过剩都是相对而言的,取决于收入分配是否合理。初次分配时,如果在总收入中用于消费和积累的比例关系长期不合理，或者再分配时，如果行业之间、地区之间、城乡之间、居民个人之间差距过大，就必然导致经济结构失衡，破坏经济运行过程中的各种客观比例关系，引起经济萧条或经济过热问题。当出现经济失衡时，政府不宜直接调整经济结构关系（实际上也调整不了），而应当通过运用财政转移支付手段、各种税赋政策、货币政策等措施来调节收入分配关系，间接地促进或引导经济结构趋向合理，这是由市场经济运行规律决定的宏观调控原则。

收入分配不合理，国民收入初次分配时积累偏多，消费偏少，再分配时城乡间、地区间、行业间苦乐不均，个人所得差距拉大，是引起目前社会需求不足的根本原因。治理由需求不足而引起的经济衰退、失业增加、通货紧缩等问题就不应当从政府扩大财政支出，增加投资需求入手，而应当从调节收入分配关系，增加低收入居民收入入手。一般情况下，当社会需求不足时，银行存款余额很大。这是因为高收入者和企业家感到投资预期收益差而将余钱存入银行的结果。当经济出现萧条时，政府可以，而且应当采取措施来利用银行存款。但是，如何使用，或者说用于什么方面，资本主义国家和社会主义国家是不同的。资本主义国家在其政府职能范围内只有用于搞基础设施和公益事业投资，而社会主义国家在其政府职能范围内除了加大基础设施和公益事业投资以外，还可以（至少在现阶段可以）用于直接提高工资，提高农产品价格，加大财政转移支付的力度，协调和改善收入分配关系。所以，在认识了形成社会需求不足的原因后，解决需求不足问题时，社会主义国家与资本主义国家相比较，应当有不同的政策取向。

二、关于财政金融风险和经济滞胀

经济滞胀是指经济增长速度停滞或增长缓慢，物价指数明显上升的经济现象。通常，经济增长速度用国内生产总值（GDP）的增长速度表示，而表示通货膨胀的物价指数是消费价格指数。经济增长速度停滞和物价指数明显上升都是相对而言的，没有确定的数量界限。依照我国当前的情况来考虑：如果经济增长速度低于7.5%，消费价格指数高于3%，就可以认为是出现了经济滞胀。因为要实现党的十五届五中全会确定的"十五"计划目标，经济增长速度应当高于7.5%；要使人民的实际收入水平有所提高，物价水平也必须保持相对稳定。

我国经济在"十五"期间出现财政金融危机和经济滞胀现象的可能性是存在的，其根本原因是收入分配不合理问题还没有解决。同时，刚性工资率和部分物价垄断现象仍然很明显，存在成本推进通胀的客观条件。

近几年来的积极财政政策加大了财政与金融风险。第一，公共部门的债务负担不断加重。至1999年，公共部门的债务余额7324亿元，占财政收入的64.4%，占国内生产总值的8.9%，比1995年的债务负担加重了将近一倍。第二，显性外债和隐性外债不断扩大。近几年来，直接外债增长率在10%以上，至1999年末，显性外债余额1518亿美元，平均每年净增100亿—120亿美元。隐性外债，如我国境外企业通过国内母公司担保进行海外融资转为国内间接外债，估计规模在500亿美元左右。显性及隐性外债总余额约2000亿美元，折合人民币16000亿元以上。内外债合计约24000亿元人民币，占国内生产总值的比重近30%。第三，社会保障欠账多，财政支出潜在压力大。社会保障由现收现付制转换为累积累付制，产生了对原有职工的补偿问题，因为原工资中未含社会保障部分，退休则需要由政府补偿，我们称这种补偿为"养老金隐形债务"。根据国家体改部门和保险机构推测，这种"养老金隐形债务"规模达37000亿元左右。此外，领失业救济金的人口达3000万，按每人每年3600元计算，每年需支出救济金1080亿元。第四，国有企业尚未真正走出高负债、低效益困境，致使金融机构的不良资产规模扩大。存在财政与金融风险问题，这是制约经济快速增长的重要因素，也是制约提高低收入居民的收入水平的主要障碍。

低收入居民的收入提高不快，收入差距继续扩大，从而社会需求不足问题难以解决，这是影响经济增长的直接原因。凯恩斯主义的扩张财政政策不可能从根本上解决这些问题。因为在社会需求不足时加大政府的投资支出对经济的拉动作用很有限，对成本提升却很大的推进作用。投资支出分为三类：第一类是直接增加商品生产能力的投资。在投资者有自主权的经济里，这一类投资支出是由投资者自己决定的。按照理性预期学派的观点，"厂商的投资率是产出价格和资本价格的未来值的函数"。换句话说，如果厂商预期没有投资效益，他们就不可能有投资支出。第二类是对自有房屋的投资以及对房地产开发的投资。这一类投资不增加商品生产能力，而是直接增加耐用消费品，严格说，住房投资不是对积累的使用，而是属于消费范畴。第三类是对基础设施和公益事业的投资。这类投资也不直接增加生产商品的能力，然而，基础设施和公益事业的建设，既对生活有益，也对生产有益，从长远看，可以提高商品生产能力。对当前经济活动而言只有直接增加商品生产能力的投资才能加快经济增长，而不增加商品生产能力的投资只增加经济总量，但不能加快经济增长。当前，我国社会投资没有被政府投资带动起来，第一类投资增长缓慢的主要原因是居民收入增长慢，对商品的需求不旺，厂商对产出价格未来值预期不高。但是，由于政府加大了对基础设施的投资力度和住房改革的力度，第二、三类投资增长比较快，对当前经济总量增加有明显效果，对未来的商品生产能力也有一定作用。但是，必须注意的是，第二、三类投资增长过快的结果必然引起生产资料价格上涨，推动下游产品成本上升。例如，引起钢材、水泥、能源等生产资料价格上涨，随后，必然引起机械、机电等加工行业的成本上升，价格上涨。进一步，轻工行业、农牧业等生产消费品行业成本也会上升，这无疑将要推动下游产品——消费品价格上涨，从而导致通货膨胀。

我们现在正面临经济学上的所谓"两难问题"：一方面国有企业的经济效益低，职工工资低，工资推进和利润推进力强大；另一方面要解决下岗职工和富余农村劳动力的充分就业问题和避免通货膨胀问题。要同时解决这两个方面的问题，西方经济学家认为根本不可能。所以，经济滞胀被认为是"经济癌症"，比治理由经济过热引起的通货膨胀的难度大得多，因此我们必须认真防范。

三、几点政策建议

第一，逐步改变长期形成的"低收入、高积累"政策，在进行国民收入初次分配时要充分考虑消费能力与生产能力相适应问题。在"十五"期间应当通过财政转移支付手段，提高低收入职工工资水平和农产品价格的办法增加居民的实际收入水平，扭转居民收入增长速度低于经济增长速度的趋势。

第二，严格规范劳动者报酬分配制度，彻底根治国家发工资、单位发补贴的双重分配体系下产生的分配混乱局面。坚持效率优先、兼顾公平的原则，通过税赋调节和财政转移支付手段来协调城乡之间、地区之间、行业之间和不同社会群体之间的分配关系。

第三，实行稳健的财政与货币政策，努力做到财政收支平衡，控制内、外债规模。加强预算监管，规范转移支付管理制度，提高资金使用效率。

第四，在财政收支中逐步增加财政转移支付的比重，减少政府直接投资的比重，加快农村和城市的社会保障体系建设。

第五，改变片面工业化的战略，切实加强农业基础地位。在"十五"期间，要充分运用财政转移支付手段加强农村基础设施建设，努力降低农业生产成本，适当提高农产品价格水平，以达到增加农民收入、提高农村经济积累水平的目的，并且通过城镇化道路扭转城乡二元经济结构状态。

（本文发表于2001年第8期《内部文稿》）

尽快走出"一高两难"的迷宫

总体上这几年我国经济发展形势很好,"九五"时期按可比价格计算,国内生产总值年平均增长8.3%。尽管2003年上半年遭遇了伊拉克战争和"非典"的影响,国民经济仍然保持了较快增长,国民经济的基本面伤及不大。如果"非典"不再来,2003年有望实现7.5%—8%的增速。当前经济生活中的主要问题是行政冲动下的基本建设投资膨胀。国民经济宏观比例出现失调,微观机制仍然不活,致使基本面上的居民增收难和就业难。一方面是经济高增长,另一方面是增收难和就业难,这就是所谓"一高两难"迷宫。为了走出这座迷宫,建议:

一、坚决压缩基本建设规模,努力增加基本面居民的收入

经济增长的内在机制没有形成,社会购买力水平低和消费需求不足的根本原因是基本面居民,即农民和城镇低收入家庭的收入水平过低。长期以来,我们过度依靠基本建设投资支撑经济增长,影响了积累和消费的客观比例关系。"九五"时期,资本形成率(资本形成总额/GDP)平均为37.6%,比"大跃进"年代的积累比例还高,分别比国民经济稳定发展的"一五"和"三五"时期高13.6个百分点和11.6个百分点。近两年,又由于政府换届,行政冲动力进一步加大,基本建设战线越拉越长,2001年和2002年的资本形成率增加到38%和39.4%。每年GDP是一个定数,像一块蛋糕,积累切大了,消费就少了。基本建设规模盲目扩大的必然结果是居民最终消费率(居民消费/GDP)降低和引起消费需求不足。"九五"时期,我国居民最终消费率平均为47.2%,比一般国家低20个百分点左右;进入"十五"时期,居民最终消费率又进一步降低,2001年为46.5%,2002年为45.2%。

居民消费率低是因为劳动报酬率（年人均可支配收入/人均GDP）低，收入分配比例失调。2002年，我国人均GDP将近8000元，但是农民人均年纯收入不到2500元，城镇低收入家庭人均年可支配收入也只有3000元左右。基本面居民的收入水平占人均GDP水平分别为31.2%和37.5%。我们根据1990年有关国际统计数据计算，美国人均年收入占人均GDP的55.4%，韩国人均年收入占人均GDP的67.8%，我国劳动报酬率比一般国家平均低5至6个百分点。我们一味加大投资力度，不断提高积累比例，似乎不知道追求经济高增长的目的究竟是什么，盲目性很大。

过度依靠基本建设投资支撑的经济增长速度不可能持久，也不可能达到最快。1979年初，陈云和李先念同志针对当时国民经济比例失调的情况给中央写了一封信，信中指出："从长期来看，国民经济能做到按比例发展就是最快的速度。"我认为这是一条颠扑不破的真理。马克思研究两大部类的客观比例关系所揭示的也正是这一真理。如果我们违背国民经济发展的客观比例关系和基本规律，长期运用积极财政政策，片面用加大基本建设投资的方法支撑经济增长，不但不可能形成最快的经济增长速度，搞不好还要出大问题。我觉得现在很有必要重温陈云和李先念同志的信，读一下陈云同志在中央政治局会议上的讲话和李先念同志在中央工作会议上的报告，这对我们正确处理当前经济生活中存在的问题会有很大帮助。

二、认真改善民间资本投资环境，大力发展劳动密集型产业

现在，一些地方领导对于在中国如何搞现代化，如何全面建设小康社会，在指导思想上似乎还不很明确。他们不从当地实际出发，盲目攀比，争相"提前"，甚至好大喜功，不惜弄虚作假。邓小平同志早在1979年就说过："中国式的现代化，必须从中国的特点出发。比方说，现代化的生产只需要较少的人就够了，而我们人口这样多，怎么两个方面兼顾？不统筹兼顾，我们就会长期面对着一个就业不充分的社会问题。"李先念同志在中央工作会议的报告中又进一步阐释了邓小平同志的上述思想，报告指出："一说搞现代化，就什么都想按电钮，是不现实的，是不符合中国国情的，也是不可能的。在我们的国家里，先进的和比较落后的技术，大中小企业和手工业，在很长时间内将会同时存在，

否则容纳不了那么多劳动力。"我国各省市、各地区的情况差别很大,现代化,全面建设小康社会,标准不可能完全一样,模式也不可能一样。要根据各地实际制订符合自己特点的经济发展规划。走新型工业的道路也必须从中国的特点出发,在当前和今后很长时间内,发展工业应当是劳动密集型企业为主体,知识密集型企业为主导。不以劳动密集型企业为主体,就解决不了我国7.5亿劳动力的就业问题;不以知识密集型企业为主导,又不可能发展生产力和增强综合国力。知识密集型企业可以是国有为主,劳动密集型企业可以是民营为主。大型国有企业改组、改制,可以考虑只保留主体工艺、核心技术部分为国有,国家适当注入资金提高主体工艺的信息化程度,使核心技术不断升级。而那些可以剥离出来的非主体、非核心部分,应该尽量剥离出来,让民营资本去经营。这样,国有企业将成为高度知识密集型或技术密集型的企业。员工少,但是技术权重大,对整个国民经济的影响作用大,有利于发挥国有企业的主导作用。与此同时,政府应当认真改善民间资本的投资环境,在政策上扶植民营企业发展。民营企业如何发展,生产什么产品(除完成国有企业的订货外)应当由企业家根据市场去决定,政府无须多操心。政府的任务是为发展民营企业提供保障条件,让民营企业家依法经营,照章纳税,还要依法保护环境和维护职工的合法权益。国家在税制改革方面应当着重考虑如何引导民间资本合理流动,让地方政府有一定的税收调节权,以利促进国家经济均衡发展。发达地区总税率应当高一点,欠发达地区总税率应当低一点。因为生产条件不同,成本有差别,应当让民间资本在任何地方投资都能获利。

三、切实加强金融监管,防范和化解财政金融风险

我们目前的境况是财政赤字大、政府债务负担重和国有银行不良资产多。面对这种境况,"积极"财政政策应该逐步过渡到"稳健",货币政策也不能轻言"积极"。最近央行所采取的几项措施我认为是正确的。如果对已经松动的银根不适当收紧,对已经比较滥的房地产贷款不进行合理调控,任其发展总有一天会出问题。金融政策要有利于产业结构优化,有利于形成国民经济的内在增长机制,促进国民经济健康发展。当前既要调整信贷结构、更要控制信贷规模,要统筹兼顾,合理安排资金。央行的同志说:"不鼓励住房高消费"。依我看,

不仅是住房，各种高消费都不能用银行贷款去鼓励。可以鼓励少数富人用自己的钱去进行合法高消费，但大多数人还没有达到高消费的经济水平。目前我们不可能，也不应当是高消费国家。用贷款去鼓励高消费，受益的只能是富人和投机者，基本面居民不可能得到任何好处。我们分析问题，制订政策必须注意"基本面"，要从最广大人民的利益出发。有些同志认为现在的消费结构升到了以高级住房、家用汽车和现代信息产品为代表的时代，津津乐道所谓新的经济"增长点"或"增长极"，我认为完全脱离了"基本面"。根据2002年的住户调查资料，农村每百户家庭拥有电冰箱14.8台、洗衣机31.8台、空调器2.3台、移动电话13.7部，城镇每百户家庭拥有空调器51.1台，移动电话69.2部，家用汽车0.9辆。再按2000年人口普查资料分析，有自来水的住房居住率为45.7%，有独自使用的抽水式厕所的住房居住率为18%，有统一供热水的住房居住率为0.8%。这些数字说明，基本家用电器在农村还远未普及；城乡居民的住房条件总体水平还很差。我们的各级领导和理论家应该注意这些基本数字，少关注高消费问题，多关注基本面居民的生活问题。否则就会脱离群众，失去代表性。

四、改革出口退税机制，促进内、外贸易全面发展

商务部、财政部和税务总局都提出了出口欠退税问题，甚至认为，出口欠退税问题已经成为我国目前经贸运行中的最大"内忧"。我认为，产生这一问题的根本原因是我们出口退税机制有问题，退税率偏高，退税管理不规范。征、退脱节，退税漏洞多，骗退税现象比较严重。出口退税的本意并非鼓励出口，而是避免对出口商品"双重征税"。在进口国将发生的增值税和消费税如果在原产国征收了、在该商品出口时就应当退税，否则就会出现"双重征税"情况。但是，退税不能只看税种，不能简单地认为在进口国将要征收的税种我们征收了就必须"全额退税"。要认真比较各贸易国的税制。

要坚持"税负平等"和保证同类商品"公平竞争"的原则。有些同志主张我国还要"进一步提高出口退税率"，提出所谓"全额退税"原则，完全脱离了我国现行税制的实际。我国现行税制与有关贸易国相比较，一是总税率低，二是所得税比重小。多数国家中央税收占GDP的25%以上，有的国家甚至超过

30%，而我国中央税收占 GDP 的比重不足 10%；一般市场经济国家所得税占总税额的一半以上，而我国不足 20%，流转税占 70% 以上。因此，确定出口退税率，制订出口退税政策应当研究分析有关贸易国的税制，了解同类商品在出口前生产国实际征了多少税，出口时又实际退多少税。要比较同类出口产品各国征收的净税率（总税率－退税率）是多少，不能盲目追求所谓增值税和消费税"全额退税"或"零税率"。否则，既没有"与国际接轨"，又损害了国家利益。依据商务部测算的 2002 年和 2003 年的应退税总额计算，我国出口退税额占出口商品总额的 7.8%，而 2000 年，按世界银行的口径，我国中央财政收入占 GDP 的比重也只有 7.8%。这说明，由于出口退税率过高，增加出口对国家并无益处。此外，"免、抵、退"办法也不适合我国国情，实行"免、抵、退"办法的前提是增值税征收规范，监管严格。我国尚不具备这些条件，这是产生"漏征骗退"的重要原因。我建议，第一，改"免、抵、退"为"先征后退"。无论外贸企业或内贸企业，产品出口前一律先按政策足额征税，在出口时再根据规定程序验查核实出口货物申报单进行退税，原则上做到"谁征谁退"。第二，在比较研究基础上尽快制订新的出口退税政策，各类出口商品的退税率是降还是升，降多少升多少都要有充分依据，要严格坚持"税负平等"原则。第三，取消中央分配出口退税指标的办法。出口退税工作由税务部门一家负责，在海关等有关部门的密切配合下，及时足额按实际发生数清退。为了保持出口退税政策的连续性，财政部负责清理过去已经发生的出口欠退税遗留问题。

出现"一高两难"现象与经济学常理相悖，应当在宏观调控方面寻找原因。1998 年以来，我们一直担心经济增长速度下滑。每当有下滑迹象，我们就千方百计、甚至不惜代价增加基本建设投资和促进外贸出口，而对促进居民消费，所采取的措施却不很得力。我认为这是误导我们走进"一高两难"迷宫的主要原因。发展生产的目的是满足人民不断增长的物质和文化需求。人民的需求是否不断增长，决定于居民的收入是否普遍增加。只有居民的收入普遍增加了，而不是只有少数人增加，严格将收入分配差距调控到合理范围内，居民消费需求才有可能不断增长。居民消费是拉动经济增长的基本动力，这不仅是因为居民消费在国内生产总值中比重大（一般国家都占 65% 左右），更重要的原因是居民消费是拉动经济增长的原动力。对于一个人口众多，以内需为主的国家，经济增长的客观规律是：居民消费增长拉动生产增长，生产增长促进投资增长，生产和投资增长带来就业增长。所以说，居民消费增长是拉动经济增长的"原动力"。外贸也很重要，需要进一步发展。但是外贸对我国经济增长的拉动作用并不很大。外贸对经济增长起拉动作用的是净出口，即外贸顺差。2002年我国外贸顺差为304亿美元，占当年国内生产总值的2.5%，对拉动经济增长起了不小作用。但是，外汇占款和出口退税额大量增加，对央行和中央财政形成了很大压力和负担，实在有点得不偿失。因此，要走出"一高两难"迷宫，就应当改变宏观调控思路，要在扩大居民消费需求方面狠下工夫。要采取切实有效的政策措施，普遍增加居民收入，重点是增加基本面居民的收入。

（本文发表于2003年8月《中国信息报》）

防止经济大起大落
——访全国人大常委、九三学社中央副主席贺铿

准确把握形势，是科学决策的前提。在刚刚过去的 2003 年，中国经济克服了种种不利因素影响，创下了自亚洲金融危机爆发以来的最高增长速度，GDP 增长率达到 9.1%。然而，围绕着对当前宏观经济形势的总体判断，近一个时期，理论界、实业界甚至包括一些政府管理部门出现了较大分歧。究竟是出现了经济过热，还是进入了一个新周期的上升阶段，抑或仍处在调整中？需要客观分析，准确把握。为此，本报记者日前专访了正在北京参加"两会"的全国人大代表、九三学社中央副主席贺铿，请他为当前中国经济形势号脉切诊。

当前中国经济既不是过热的问题，也没有走在一个上升阶段上，仍然处于调整期。由于宏观经济偏冷特征没有发生明显改变，中国经济仍然处在调整期，经济增长的基础有待进一步巩固。

中国经济在 2003 年异乎寻常的高增长，使得人们在形势判断上出现了较大分歧。

主张经济过热的人，有的认为热势已很明显，担心"过热之后长期变冷"，主张及时刹车；有的认为出现了"非典型过热"，高投资推动了生产过剩。对居民消费物价指数没有明显上升情况下由投资拉动的"过热"，另一些人士称之为"没有温度的高烧"，强调它比有温度的高烧危害更大。因为它容易使人们感觉不到服用"退烧药"的紧迫性。

而那些主张经济尚未过热的人士，有的提出"畏寒论"，认为中国经济怕冷不怕热，刹车容易启动难，判断过热为时尚早；有的则提出"上升论"，认为中国经济正处于一个新周期的上升阶段，主张保护好这轮增长，不应踩刹车。

更多的人士站在中间，一方面肯定了宏观经济出现"局部过热"，但又强调

并非"全面过热",因此,有必要适当降温。

对于这样一些分歧,贺铿的视角有些特别。这位长期在大学里从事教学和科研,又担任过多年国家统计局副局长,现任全国人大常委、全国人大财经委委员的专家,向记者阐述了他的观点:当前中国经济既不是过热的问题,也没有走在一个上升阶段上,仍然处于调整期,宏观经济偏冷特征并没有发生明显的改变,经济增长的基础有待进一步巩固。

贺铿说,经济出现过热,一个明显特征是消费增长率大于经济增长率。比如说1992—1996年经济过热的这五年,居民消费年均增长率为25.6%,比同期GDP年均增长率12.8%高出了1倍。但自1996年成功软着陆后,我国经济开始进入一个偏冷期,其表现是总供给大于总需求。1998—2002年,GDP年均增长率为7.7%,居民消费年均增长率为6.8%,消费增长率比经济增长率低0.9个百分点。2003年的情况是,GDP增长9.1%,居民消费只增长7.7%,差距扩大到1.4个百分点。从2003年GDP增长的贡献因素分析来看,在9.1%的增长率中,消费拉动3.1个百分点,净出口是负0.4个百分点,而投资贡献了6.4个百分点。可见最终消费尚未激活,高增长主要是靠投资支撑的。

最终消费没有激活,说明经济偏冷的特征并没有改变。贺铿表示,认为2003年出现了经济过热这种观点没有依据。

当前宏观经济的突出问题表现为一些重大的比例关系失调加剧,经济风险进一步向财政金融领域积聚。在发展的紧要关口我们特别需要保持冷静,不能盲目乐观。

至于中国经济是否已处于一个新周期的上升阶段,贺铿认为,这种判断也有待商榷。当前宏观经济一些重大比例关系失调状况在进一步加剧,经济回升的基础有待进一步巩固,对形势的判断还不能过于乐观。

从积累与消费的比例来看,目前我国的固定资本形成率在42%以上,除去净出口之后的最终消费率不到56%。这样高的积累率,在世界上也是首屈一指的。与世界平均水平相比,中国的最终消费在GDP支出中的比重要低10—20个百分点。从财富的分配结构来看,失衡现象更为明显。目前城乡居民的人均收入之比已扩大至3.2∶1,如果考虑到农村居民收入中用于生产性投资和没有建立社会保障等因素,收入比可能拉大到10∶1。反映居民收入差距的基尼系数在0.45左右,大大超过公认的合理范围。根据一般的经济学理论,在既定财富规模条件下，分配越均等，可支配收入用于消费的部分就越大。否则，消费需求就不可能保持上升。

在指出上述一些重大比例关系失调的同时，贺铿还分析说，当前各方面的风险正向财政金融领域积聚。从投资角度看，近年来随着政府加大了对基础设施的投资力度和住房改革的力度，对房地产投资、对基础设施和公益事业的建设投资急剧扩大。由于这两类投资不同于那种直接增加商品生产能力的投资，虽然对当前经济总量增加有明显效果，但对加快经济增长作用有限。而且，这两类投资的急剧扩张必然引起生产资料价格上涨，然后再传导到消费品价格，进而可能导致成本推进型通货膨胀。从信贷角度看，由于信贷与投资的关系十分紧密，投资规模失控，信贷规模扩张势不可免。而投资如失当，则必然形成呆坏账。

至此，贺铿得出结论：由于积累消费、收入分配等一些重大比例关系的失衡，消费需求对经济增长的原动力作用发挥受到制约，经济增长不得不依赖投资的带动，但投资结构失衡以及规模膨胀又使得风险进一步向财政金融领域积聚。因此，现阶段中国经济仍然处于增长的整固时期，调整失衡和化解风险的任务十分艰巨。从这个意义上说，中国经济确实处在了发展的一个紧要关口，不能盲目乐观。

经济增长如同植物生长，慢了不行，快了也不行。宏观调控的运用之妙在于明确长远的政策取向，而对具体的措施要适时适度，以免大起大落。

像中国这样一个发展中的大国，经济发展慢了肯定不行，太快了也维持不下去。贺铿向记者形容到，经济增长就如同植物生长，如果出现疯长，营养跟不上，开得早谢得也快。从长期来看，国民经济能做到按比例发展就是最快的速度，中国经济保持7.5%—8%的增长速度，消费物价指数上涨维持在2%—3%比较合理。这就需要准确把握经济形势，努力提高宏观调控的艺术。

当前来看，确实出现了基建规模过大，信贷扩张过猛，资源能源消耗过快的态势，有调控的必要性。但保持投资的适度增长也是十分必要的。在积累与消费、收入分配等比例失衡没有得到明显改善之时，投资对促进经济增长的作用十分重要，关键是把握好基本建设与信贷的调控力度。否则，急刹车又将使经济回到紧缩状态中。宏观调控的运用之妙在于，长远的政策取向必须明确，是防通缩还是防通胀；一个时期的政策导向不能含糊，也不宜采取急转弯。但对那些具体的措施则要采取微调的方式，以免大起大落。

贺铿认为，目前我们的经济具备了不少有利条件，经济发展前景看好。首先，从国际环境来看，美、欧、俄等贸易伙伴经济复苏出现了转机，这些国家和地区与我国贸易的互补性很强，有利于我们的进出口发展。其次，从国内来看，1998年以来我国经济发展一直比较快，经济的总体实力在增强。同时，更为重要的是，我们的新领导班子在带领全国人民抗击非典疫情中，形成了新的科学发展观，党的十六届三中全会又进一步做出了完善社会主义市场经济体制的决定，这就使我们改革方向更加明确，社会经济发展将更具全面性、协调性和可持续性。

在访谈过程中，贺铿反复强调：不赞成甚至强烈反对"现在经济已经过热"和"今年宏观调控的主要任务是防止通货膨胀"这种说法。他认为这样的说法给社会非常有害的误导，似乎认为经济已经过热到通货膨胀时期，我们的宏观政策要改变取向。这种认识与当前经济运行的实际状况相悖，与政府已经确定的宏观调控政策也相悖，很容易挫伤全国人民继续前进的信心与勇气。

温家宝总理在政府工作报告中指出："今年经济工作的基本着眼点，是把各方面加快发展的积极性保护好、引导好、发挥好，实现经济平稳发展，防止经济出现大起大落。"考虑到消费在国内生产总值中的比例偏低和去年货币信贷增长过快，他强调"要坚持扩大内需的方针"，"适当控制固定资产投资规模"，"适当控制货币信贷规模"，"不急刹车，不一刀切"。贺铿表示，这些精神是我们今年做好宏观调控工作的基本指导思想，应当深刻领会，认真贯彻。经济学家既要为中国经济号好脉，也要为发展中国经济开好方，更要为中国国民经济这艘大船平稳较快前进护好航。

（本文发表于2004年3月《中国信息报》）

为什么今年是"一个重要关口"
——听全国人大常委、财经委委员贺铿代表细说四大缘由

进入 2004 年以来,关于"中国经济发展正处于重要关口"的说法得到越来越多的政府高层和经济学家的认同。在不久前召开的全国银行、保险、证券工作会议上,温家宝总理指出,当前我国经济发展正处在一个重要关口,搞好宏观调控至关重要。

日前国家统计局发布的《2003 年国民经济和社会发展统计公报》表明,中国经济在 2003 年交上了一份漂亮的答卷,四大宏观指标完成出色。发展势头如此良好,为什么说今年是"经济发展的重要关口"呢?3 月 3 日,在国家统计局的办公室里,记者见到了全国人大常委、财经委委员、国家统计局原副局长贺铿代表。这位长期从事统计研究,一直关注宏观经济的专家,用翔实的数据向记者描述了其中的缘由。

一、总体向好

贺铿代表列举了统计公报中的综合数据,分析指出,目前中国的经济形势总体向好,主要表现在:一是国民经济较快增长,增速高达 9.1%,是 1997 年以来最高的,并且各地发展比较平均,都在 9% 以上;二是困扰中国经济多年的通货紧缩在去年第一季度就停止了,居民消费物价指数呈温和上涨趋势;三是经济增长质量提高,一方面财政收入增长较快,一方面规模以上工业企业效益提升很快;四是外贸出现大进大出新局面,国际收支趋于良性状态。

二、面临挑战

2004 年的中国经济发展正处于一个重要关口。为什么呢?因为在国民经济

总体向好的形势下，结构性比例失调问题、金融风险问题都一定程度存在。主要表现在：一是投资需求增长迅猛。2003年全社会固定资产投资同比增长26.7%，在9.1%的经济增长率中，投资拉动的贡献率为70.95%。二是信贷规模增长过快。从某种意义上说，把握好信贷投放规模，也就大体上把握住了经济总量的平衡。三是居民消费增长乏力。1991年到1995年经济过热的五年，居民消费年平均增长率达到25.6%，比同期GDP的平均增长率12.8%高一倍。1996年经济成功软着陆，1997年进入一个经济偏冷期，表现是总供给大于总需求。1998年到2002年，GDP平均增长7.7%，居民消费平均增长率为6.8%。2003年GDP增长9.1%，居民消费增长7.7%，总供给大于总需求的局面并没有改变。居民消费增长是经济增长的原动力。要使国民经济这艘大船平稳较快前进，就必须加大原动力，调节收入分配关系是关键。四是GDP的增长速度达到9.1%，但农民的收入只增长了4.3%，这说明切实增加农民收入确实是个大问题。贺铿代表说，从长期来看，国民经济能做到按比例发展就是最快的速度，正因此，更要正确认识经济形势，合理进行宏观调控。

三、机遇更大

对于2004年的经济走势，贺铿代表认为，只要宏观调控掌握得当，争取7%到8%的增长速度没有问题，居民消费物价指数控制在3%以内也应该能达到。国际上一个较普遍的认识，如果居民消费物价指数高于3%，就是通胀。贺铿代表认为，2004年该指数可能会有一段时间超过3%，如果调控不好，还有可能出现经济滞胀。但他同时强调，目前是有利条件大于挑战，经济发展前景很好。原因在于：一是改革的方向很明确，就是要完善社会主义市场经济体制。尤其是"科学发展观"的提出，为经济的全面协调发展提供了有力保障。二是从国内来看，1998年以来经济发展一直较快，经济总体实力增强。三是从国际上看，贸易发展前景看好。美、欧、俄等贸易伙伴经济都在复苏，且与我国贸易互补性很强。

（本文发表于2004年3月《经济日报》）

我国经济处于"整固"期

分析经济形势需要从宏观和微观层面深入研究国民经济的基本比例关系,单纯的定性分析,有一些问题,说不清楚,甚至还会给人以误导。一季度刚刚过去,有几个"热点"经济问题需要结合统计数据来判断,以利明确宏观调控的政策取向。

一、经济是否过热

"经济过热"和"经济偏冷"并非规范的经济学术语,也没有人对它们做过明确的解释。一般理解,经济过热和经济偏冷所指的是宏观经济层面上的经济现象,是依据总供给和总需求的平衡状态做出的判断。经济过热的基本表征是总需求过剩,伴随通货膨胀;经济偏冷的基本表征是总需求不足,伴随通货紧缩。

当前,我国经济运行中的主要矛盾仍然是总需求不足,这一点是不争的事实。2003年,经济(GDP)增长9.1%,其中投资(全社会固定资产投资,下同)贡献率为71.0%,消费(最终消费)贡献率仅仅33.7%,货物和服务净出口贡献率为-4.7%。这充分说明:当前经济增长主要依靠投资来支撑。

1998年以来,消费增长一直乏力,扩张财政改变了投资和消费的正常比例关系。2002年开始,投资加速增长。与上年同比,投资增长16.9%,加快3.9个百分点;2003投资增长26.7%,加快9.8个百分点。2003年,国内生产总值当年价达到11.67万亿元,但投资总额为55118亿元,占国内生产总值的47.2%。按支出法计算,2003年的投资率(投资/GDP)为42.9%,比2000年的36.4%扩大了6.5个百分点。投资与消费的比例关系已经到了严重失衡的地步,这是导致居民收入增长缓慢和总需求不足的根本原因。

投资膨胀有可能引发经济过热,但不等于就是经济过热。投资膨胀引发经济过热的基础条件是城乡居民收入普遍较大幅度增加,从而居民消费迅速膨胀。只有当消费和投资双膨胀时,才会引发物价急剧上涨的经济过热现象。我们可用1992—1996年五年经济过热时期和1998—2002年五年经济偏冷时期的统计数字来说明(见附表1)。(1)在经济过热时期,城乡居民收入同步增加,增幅较大。1992—1996年五年中,城市居民可支配收入年均增长23.4%,农民纯收入年均增长22.3%,城乡收入差距基本保持不变。过热前的1991年,城乡收入差距为2.40,过热后的1997年,城乡差距为2.47;(2)在经济偏冷时期,城乡居民收入增幅不同步,增幅也比较小。1998—2002年五年中,城市居民可支配收入年均增长8.4%,农民纯收入年均增长3.4%,城乡居民收入差距迅速扩大,2003年城乡收入差距达到了3.23;(3)在经济过热时期消费和投资同步增长,伴随高通胀。1992—1996年五年中,居民消费(以下称消费)年均增长25.6%,投资年均增长33.8%,居民消费价格指数(CPI)14.14%;(4)在经济偏冷时期消费增长缓慢,CPI很低。1998—2002年五年中,消费年均增长6.7%,CPI为-0.3%。我们当前的主要问题是,居民收入增长缓慢和收入差距扩大,严重制约了消费增长。尽管2003年出现了明显的投资膨胀现象,但是居民消费仅仅增长7.7%,CPI也只有1.2%。因为没有出现消费和投资双膨胀现象,CPI不高,既不能说经济过热,更不能说通货膨胀。

二、是否会出现通货膨胀

通胀和通缩都是常用的经济学术语,但是没有统一的衡量标准。大多数国家都用CPI来测算通胀和通缩水平,也没有一个公认的数量规定。判断CPI水平是否适度需要综合考虑多种因素,包括多数消费者和生产者的利益、国家财政和金融系统的承受能力。一般认为,通胀有利于经济增长,同时也会改变收入分配关系,应当根据具体情况合理调控通胀水平。

2004年,CPI调控目标为3%左右,从一季度的趋势看,我认为基本可以实现。全年CPI可能会高于3%,但不会超过5%。当前应当认真贯彻《政府工作报告》精神,切实做到适当控制固定资产投资规模和货币信贷规模,阻止成本推进物价上涨。农产品价格适度上涨带动食品价格上涨是必要的,目前的涨幅仍在合理范围内。但是一定要打击流通领域中的投机行为，努力整顿流通市场秩序。我国居民食品支出约占居民消费总支出的 1/3（2002 年城镇占 37.7%，农村生活消费现金支出食品占总支出的 27.9%），若其他消费品价格稳定，食品涨价 10%，CPI 也可以控制在 3% 左右。目前，由投资膨胀，成本推动消费品涨价的幅度不大，农产品涨价相对比较多，有三个原因：一是调整农业结构的效果显现，说明农业内部结构已趋向合理；二是国际农产品涨价的带动效应；三是流通领域不法商人投机，部分扰乱了农产品价格。如果我们能做好调控工作，预计 CPI 全年不会超过 4%，下半年的涨幅会比上半年小。

通胀对经济既有弊也有利，根据我国现在的经济实际，保持适度通胀利大于弊。一是有利于增加企业利润，刺激经济增长和扩大就业；二是有利于增加农民收入，缩小城乡收入差距；三是有利于调节财产分配，抑制富人的利息和租金收入。但是，通胀会损害离退休人员和依靠社会救济的贫困人员以及依靠利息和租金维持生活的人员的利益。如果 CPI 超过了 5%，政府应当对这些人员予以适当补助。我们刚刚走出通缩阴影，也刚刚看到了农民增收的曙光，没有理由因出现温和通胀而惊慌失措。

通胀对金融系统压力比较大，主要是利率调整面临两难处境。如果货币信贷规模能适当控制，农产品流通市场能有效整治，生活用煤、气、水、电等政府可控制的服务项目不随意提价，全年 CPI 高于 5% 几乎没有可能。但是，全年 CPI 高于 3% 金融系统就会受到压力，因此，金融系统现在就应当提出应对措施。

我们判断当前不会出现严重通胀的理由有两点：第一，成本推进对下游产品价格的影响速度不会很快，幅度也不会很大，且有可能自动停止。投资膨胀带动了钢材、水泥等建筑材料的销售价和与之相关的原材料购进价上涨，但波及面不是很大，涨幅也比较温和，对一般工业品出厂价和 CPI 的推动力很有限，这一点从统计数据可以得出结论（见附表 2）。房地产和汽车毕竟要受购买力约束，煤、电、油、运特别是油、运也毕竟是"硬"瓶颈，故此，投资不可能长期膨胀。第二，粮食等农产品目前并不短缺，生产能力可以满足需求。居民对食品的消费既是刚性的又是有限的，恩格尔系数在不断下降，食品消费比重越来越小。观察去年四季度以来的食品涨价趋势（见附表 2），涨势并不很急，涨幅在合理范围内（笔者认为全国食品涨价 10% 是合理的），且总体趋稳。我们的结论是：2003 年四季度开始的物价上涨是成本推进为主，外部干扰和食品需求拉上为辅的温和通胀现象。因为成本推进后劲不足，需求拉上能量有限，因而不大可能出现 CPI 高于 5% 的通胀。

三、为什么说我国经济处在"整固"期

"两会"期间，有记者问到"为什么说中国经济正处于重要关口？"我说因为一方面经济总体向好，另一方面经济结构失衡，到了不"整固"就不能继续发展的地步，所以说是一个"重要关口"。

何谓"整固"期？包括"整"和"固"两方面。所谓"整"是指宏观调控要将消费和投资的比例失衡关系、城乡差距、地区差距和居民收入差距不断扩大的趋势逐渐调整过来；所谓"固"是指在宏观调控时必须注意把刚刚摆脱了通缩压力、企业经济效益和经济增长质量有所好转等好势头保护好、引导好。

在"整固"期，宏观调控工作的难点是"整"，最容易被忽视的是"固"。调整方式、调整力度必须适当，不适当，经济就不会继续向好。当前最难调整的并非所谓"低水平重复建设"问题，而是消费和投资的比例关系。要将 2003 年 42.9% 的投资率调回到 35% 以下并不容易。静态测算，若要改变 1 个百分点，投资增速应当比按当年价计算的 GDP 增速低 3 个百分点。比方说，GDP 增长 12%，投资只能增长 9%。2003 年投资对经济增长的贡献率为 71%，若 2004 年投资增长降至 9%，经济增长率就会回落到 5% 以下。要确保经济平稳快速增长，2004 年的目标只能定在投资率不再升高，即投资规模 66000 亿元左右，增速在 20% 以内。如果这一目标能够实现，2004 年经济不会大起大落，增长速度可能接近 2003 年，投资率或许会有所回落。

宏观调控的政策取向必须明确。当前和今后相当长的时期内，宏观调控的政策取向是调整宏观经济结构，实现"五个统筹"。温家宝总理在《政府工作报告》中指出："合理调整投资与消费的关系，是今年宏观调控的重要方面。"我们一定要按照既定政策取向，"适当控制货币信贷规模"和"适当控制固定资产投资规模"。投资膨胀是行政冲动和信贷扩张引发的，在实行宏观调控时，核心问题是管好货币信贷。

附表1

	GDP增长率（可比价）%	支出法GDP增长率（当年价）%	城镇居民可支配收入增长率（当年价）%	农民纯收入增长率（当年价）%	居民消费增长率（当年价）%	投资增长率（当年价）%	消费率（最终消费/GDP）%	投资率（总投资/GDP）%	居民消费价格指数（CPI）
1991年	9.2	16.6	12.6	3.2	13.2	23.9	61.8	35.3	3.4
1992年	14.2	21.5	19.1	10.6	20.8	44.4	61.7	37.3	6.4
1993年	13.5	33.4	27.1	17.5	25.9	61.8	58.5	43.5	14.7
1994年	12.6	35.3	35.6	32.4	32.7	30.4	57.4	41.3	24.1
1995年	10.5	26.3	22.5	29.2	29.5	17.5	57.5	40.8	17.1
1996年	9.6	16.8	12.9	22.0	19.3	14.8	58.5	39.3	8.3
1997年	8.8	9.6	6.6	8.5	8.4	8.8	58.2	38.0	2.8
1998年	7.8	5.5	5.1	3.4	5.9	13.9	58.7	37.4	−0.8
1999年	7.1	4.7	7.9	2.2	6.5	5.1	60.2	37.1	−1.4
2000年	8.0	8.1	7.2	1.9	9.1	10.3	61.1	36.4	0.4
2001年	7.5	10.4	9.2	5.0	7.0	13.0	59.8	38.0	0.7
2002年	8.0	9.1	12.2	4.6	5.7	16.9	58.0	39.4	−0.8
2003年	9.1	12.6	10.0	5.9	7.2	26.7	55.4	42.9	1.2
1992—1996年平均	12.1	26.5	23.4	22.3	25.6	33.8	58.7	40.4	14.1
1998—2002年平均	7.7	7.5	8.4	3.4	6.9	11.8	59.6	37.7	−0.3

附表2

	原材料购进价格指数	工业品出厂价格指数	居民消费价格指数	全国食品价格指数	城镇食品价格指数	农村食品价格指数
2003年9月	4.1	1.4	1.1	3.2	3.1	3.2
2003年10月	4.6	1.2	1.8	5.1	4.9	5.5
2003年11月	5.9	1.9	3.0	8.1	7.6	9.1
2003年12月	7.1	3.0	3.2	8.6	8.1	9.6
2004年1月	7.4	3.5	3.2	8.0	7.1	9.7
2004年2月	8.1	3.5	2.1	5.6	4.5	7.8

（本文发表于2004年4月《中国信息报》）

对当前经济形势的认识及宏观调控建议

2002年以来，出现了投资规模膨胀，银行信贷扩张，使长期累积形成的投资率偏高、消费率偏低的宏观比例关系严重失衡（2003年投资率为42.9%，消费率为55.4%），经济增长濒临不可持续，是当前我国经济运行中存在的突出问题和矛盾，也是本次国家宏观调控的主要动因。

2004年上半年，各地区、各部门认真贯彻中央经济工作会议精神，努力解决经济运行中的突出问题和矛盾，国家宏观调控已显成效，经济形势总体上是好的。对2004年的经济形势有三点基本估计：一是经济增长速度（GDP）不会比2003年的9.1%低，仍然会保持快速增长；二是通货膨胀率（CPI）有可能实现年初的预期目标（3%左右）；三是"三农"工作是全年经济工作的最大"亮点"，农民收入会有较快增长，其增长率可能在6%左右。但要做好全年经济工作，仍需在宏观调控方面统一认识。

当前在"为什么要调控、调控什么和怎样调控"的问题上，我认为认识并不完全统一。我们应当防止在宏观调控中把通货膨胀压力和低水平重复建设这两个问题看过了头，尤其不能把通货膨胀压力看过了头。如果看过了头，宏观调控措施就有可能偏离调控目标，宏观调控力度就会挫伤积极因素，有可能引起经济大起大落。如果宏观调控措施和力度能把握好，2005年的经济仍会保持平稳增长。但增速应当比2004年略微低一点，消费需求会上升一些，投资和消费的比例关系会进一步改善。

对于本次宏观调控，有些人（包括一些外国人）有误解。他们认为，国家实行宏观调控是因为经济增长过快，或者经济过热，调控目的是防止通货膨胀，控制经济增长速度。媒体也将所谓"软着陆"或"硬着陆"问题炒作得热而又热。我认为这种认识不仅片面，而且有害。2003年我国经济增长9.1%，问题不在于速度"过快"（日本在20世纪六七十年代曾经出现过连续十几年高于此速度），而在于这一速度主要不是依靠消费需求拉动，而是主要依靠投资支撑的。投资对这一速度的贡献率高达71.0%，而消费贡献率只有33.7%。由于消费需求仍然不足，当前不可能出现严重通货膨胀，但有可能出现经济滞胀。因此，本次宏观调控的主要目的是逐步改善投资与消费的比例关系，防止出现经济滞胀。要逐步改善投资与消费的比例关系，宏观调控主要任务是适当控制投资和信贷规模。在政府主导、行政冲动下，投资膨胀和信贷扩张互为因果。在国家宏观调控中，对投资规模和信贷规模的控制应当胸中有数，适时确定基准数。央行一些同志提出将新增贷款2.6万亿元作为2004年的信贷调控基准数，我认为有可能稍微偏紧，为使经济保持平稳增长，新增贷款，尤其是短期贷款和中期流动资产贷款不宜过分收紧，重点应当控制基建贷款。有一个新增贷款宏观调控指导基准数比没有总归要好。建议国家发改委也尽快提出投资调控指导基准数，使国家宏观调控在总量方面做到胸中有数。要防止经济出现大起大落，宏观调控就必须戒急用忍。我认为：要确保经济平稳快速增长，2004年的目标只能定在投资率不再升高，将投资规模的调控指导基准数定在6.6万亿元（增速为20%）左右。信贷规模和投资规模要匹配，2.6万亿元和6.6万亿元是否匹配，是否能作为2004年信贷规模和投资规模的调控指导基准数，急需研究和确定。否则，我们的宏观调控就会失去基准。确定这两个调控指导基准数的原则是要防止经济大起大落，争取在2004年能基本保持2003年的经济增长速度，而且要争取投资和消费的比例关系能有所改善。

对2003年下半年以来出现的通胀趋势应有清醒的判断。我认为，目前我国经济需要适度通胀。适度通胀一是有利于增加企业利润，刺激经济增长和扩大就业；二是有利于增加农民收入，缩小城乡收入差距；三是有利于调节财产分配，缩小贫富差距。当前的通胀趋势仍在合理和可控范围内。随着投资过快增长势头得到遏制，成本推动通胀的势头也得到了遏制。食品价格上涨是农业结构调整的正常效应，食品价格平均上涨10%左右是必要的，也是可以接受的。食品涨价的主要原因是农产品涨价。农产品涨价又主要是调整和优化农业结构，其中一个主要目的就是希望农产品合理涨价，缩小工农产品价格剪刀差，使农民增收能有合理的农产品价格基础。现在调整、优化农业结构的效果显现了，我们没有理由出现叶公好龙的心理。目前最担心的问题并非粮食和主要农产品价格是否会继续上涨，而是能不能保持现有价格水平。谷贱伤农，我们一定要巩固和发展好不容易取得的大好形势，努力保护农民的生产积极性。

当前值得关注的新问题是企业存货和应收账款快速上升。2004年5月末，工业企业产成品库存同比上升19.8%，加快9.5个百分点；应收账款净额同比上升18.4%，加快7.4个百分点。其中冶金行业产成品库存增幅高达65%，机械和有色金属行业应收账款净额分别上升22.7%和24.8%。企业产成品库存和应收账款快速上升，会导致企业经济效益下滑，影响工业生产。据有关分析，存货和应收账款快速上升与某些宏观调控措施的力度过急或过大有关，应进一步观察和分析，适时予以调整。从有关资料分析，可能与近期短期贷款和中期流动资金贷款收缩有关。应当坚持稳健的货币政策，合理调整贷款结构，严格控制中长期基建贷款，保证流动资金稳定、均匀放贷。

为了进一步提高宏观调控的效果和做好全年经济工作，提如下建议。

第一，清理整顿投资项目要多用法律和经济手段，少用行政手段。国家宏观调控的着力点应当放在总量和基本比例关系上，微观主体的经济行为主要靠法律和经济手段。如果投资项目在征地、环保、融资等方面合法，就不要简单地以"重复建设"等理由用行政手段加以限制。要保护和促进民营经济和劳动密集型的中、小企业的发展。一些能耗大的热门行业之所以热，主要是因为利润空间过大。可以用高生产用电的电价和调整税目和税率等经济手段调节利润空间，促进产业结构优化。总之，清理整顿投资项目要尽量避免简单化和一刀切的行政命令方法。历史经验表明，行政方法解决不了产业结构问题。产业结构只能依靠市场引导。用行政手段调整产业结构，事实上走不出"水多了加面，面多了加水"的怪圈。

第二，要加强防范财政和金融风险。要加大金融监管力度，提高贷款质量。要特别关注中长期贷款的安全性。在现有金融体制下，放款人不认真考虑如何收回贷款问题，贷款人也不认真考虑如何偿还贷款问题。因此，贷款利息率对信贷规模和微观主体的中长期经济行为的调控作用很有限，但对企业的生产经营会产生比较严重的即期影响。针对当前实际，我认为在金融方面不可以过分相信和依赖价格型工具的作用，调整贷款利息率必须慎重。要全面研究存款利息率和贷款利息率的结构，如果通货膨胀压力进一步加大，利息率结构调整要有利于经济发展，兼顾多数企业和居民的利益。现在财政收支状况比较好，应当考虑将年初确定的国债发行规模和财政赤字规模适当缩小一点，在坚持稳健货币政策的同时,逐步恢复执行稳健的财政政策。

第三,要严格控制地方政府出台涨价项目。从目前形势看,居民消费价格上涨仍在合理范围内,物价变化趋势比年初预计要好一些。要进一步规范市场价格秩序,整饬农产品流通市场。要密切关注公众对物价的预期,政府可控的服务项目的价格必须稳定。医疗服务、教育收费、生活用煤、气、水、电等服务项目调价必须慎重,以免人为地加剧消费价格总水平上涨。由政府行为决定的"跟风涨价"最容易引起"羊群效应",使公众心理预期发生逆转,必须高度重视。

第四,要进一步落实有关"三农"的各项政策措施。中央关于"三农"的政策措施已经收到成效。今年粮食产量可望实现预期目标,农民收入增长出现了可喜势头。2004年上半年农民人均现金收入实际增长10.9%,是1997年以来的最高增幅,第一次实现了城乡居民收入同步增长。其中,农民人均出售农产品现金收入增长18.9%,是1995年以来第一次源于价格回升因素的增长。要巩固、落实关于"三农"的政策措施需做好以下工作:一是要从根本上解决农民种粮的比较效益问题,要规范直补方式和加大直补力度,稳定粮食产量;二是要进一步加大财政的转移支付力度,逐步改善农村的生产、生活、教育、卫生条件;三是要切实保护农民的合法权益,严肃查处公务人员利用职权侵犯农民权益的违法、违纪行为。

(本文发表于2004年第5期《统计与信息论坛》)

总结经验，继续加强和改善宏观调控

实施宏观调控是政府管理国民经济的基本方式。实践经验证明，唯有不断加强和改善宏观调控方法才有可能保持国民经济的平稳、较快发展。正确的宏观调控措施取决于对国民经济运行态势的正确认识。如果对国民经济的运行态势认识有偏差，所采取的宏观调控措施就有可能使经济大起大落，酿成严重后果。在2004年宏观调控中，尽管理论界认识有分歧，但中央清醒、谨慎，没有采取治理"经济过热"的调控措施，在继续坚持积极财政政策的同时，保持稳健的货币政策，着力解决行政冲动下的投资膨胀和信贷扩张问题，使国民经济保持了稳定、快速增长。

不总结经验教训，就不可能取得新的成绩。为了做好2005年的经济工作，制订好"十一五"经济、社会发展规划和加强中国特色社会主义市场经济理论建设，我们很有必要回过头来梳理理论界讨论过的问题，总结宏观调控中的经验和教训，分析当前国民经济运行的态势和特点，明确2005年宏观调控的目标和政策取向。

一、缺乏理论指导的一场争论

2003年以来，我国理论界对经济运行态势的认识很不一致：一派认为经济已经过热或全面过热，将要出现严重通胀；另一派认为不是经济过热，是行政冲动下的投资膨胀和信贷扩张，不会出现严重通胀。观点分歧的主要原因，是对"经济过热"的含义、成因在理论上没有一致认识。

改革开放以来，我国经济理论发展相当滞后。由计划经济体制逐步转型到社会主义市场经济体制的过程中，经济运行机制已经发生了深刻变化。新的经济运行机制既不同于计划经济体制，也不同于西方市场经济体制。经济理论工作者的首要任务是研究和发现社会主义市场经济体制下的客观经济规律，创建新的经济学理论。遗憾的是我们没有创建新理论，在研讨中国经济问题时，总是"言必称希腊"，食洋而不化。由于理论贫乏，经济学家医治经济病症的方子不多，或者说是"号脉者多，处方者少"。

关于经济是否过热的争论几乎是没有理论的争论。一年多来，我们争论了许多问题：诸如"软着陆"或"硬着陆"，人民币是否要升值，利率是否要市场化……都缺乏令人信服的理论依据。有的经济学家没有深入考察现实经济运行过程，也不认真研读中国统计资料，一味跟着国外的某些"洋人"的观点跑。实在说，那些"洋人"关于中国经济问题的论述有些是捕风捉影，有些是别有用心，实实在在研究了中国经济的"洋人"为数很少。某些"洋人"究竟是期待中国"威胁"世界，还是期待中国经济快一点"崩溃"，我们实在是有些搞不懂。我认为中国特色社会主义市场经济的规律只能靠中国人自己总结、自己发现，"洋人"即或与我们没有二心，研究中国经济问题也只能是隔靴搔痒。西方经济学的任何一条理论，一般都有较强的假设条件，在西方市场经济国家也不能简单套用。对于一个以公有制为主体，多种经济成分并存的复杂经济系统的中国，必须着重研究、发现其特有的经济规律，应用市场经济的通用理论也要着重考虑中国市场经济的客观条件。我们学习、借鉴别国或地区发展的经验，也要注意条件比较，决不可以盲从。

二、经济平稳、较快增长的 2004 年

我们且不谈 2003 年是否出现了经济过热，投资膨胀则是不争的事实。2000 年全社会固定资产投资规模为 32917.7 亿元，占当年 GDP 的 37.3%。2001 年增长 13.0%，2002 年增长 16.9%，2003 年增长 27.7%。短短三年中全社会固定资产投资规模达到 55566.6 亿元，占 GDP 的 47.7%。固定资产投资增长速度之快，投资比率之高，在世界上绝无仅有。固定资产投资膨胀的直接原因有两个：一是"积极财政"下的基础设施建设扩张；二是"经营城市"理念下的房地产畸形发展，二者都是行政冲动的结果。基础设施建设扩张和房地产畸形发展必然带动钢铁、水泥和电解铝等建材行业畸形发展和银行信贷扩张，并且引起煤、电、油、运全面紧张。但是单纯的投资膨胀不会引起严重通胀，因为受居民收

入约束，总需求不会膨胀。如果不控制投资膨胀，很有可能会引发财政金融危机，那对于整个国民经济的发展将是灾难性的影响。这一点理应是2004年宏观调控的基本指导思想。

2004年，由于中央对宏观调控的指导思想明确，国民经济保持了平稳、较快增长态势，并且呈现出活力较强、效益较高的特点。

笔者坚信：现代经济，特别是社会主义市场经济不存在"周期"，只呈现某种"态势"，用"经济周期"论思想不能正确分析现代经济的特点，也无法判断现代经济的变化趋势。1998年以来，尽管"经济周期"论者曾经几次判断我国经济"走到了谷底"或者"进入了上升期"，但是他们未能言准，人们也没有发现包括危机、萧条、复苏、高涨等四个阶段的"经济周期"。1996年我国经济"软着陆"后，由于收入分配差距不断扩大，居民收入增长趋缓和亚洲金融风波的影响，出现了内需不足、外需不旺和通货紧缩趋势，经济呈现相对低速和小幅振荡态势。1998—2002年的五年中，GDP分别增长7.8%、7.1%、8.0%、7.5%和8.3%；商品零售价格指数分别为-2.6%、-3%、-1.5%、-0.8%和-1.3%。经济增长幅度相对低位振荡和通货紧缩趋势十分明显。2003年，GDP增长9.3%，商品零售价格指数-0.1%，居民消费价格指数1.2%，终于离开了通货紧缩阴影，出现了接近"软着陆"的1996年（9.6%）的增长态势。从2004年前三季经济形势看，保持了2003年的增长态势。GDP一季度增长9.8%，一至二季度增长9.7%，一至三季度增长9.5%。前三季，商品零售价格指数3%，居民消费价格指数4.1%。经济增长没有大的波动，物价也在可控和可接受的范围内。

当前，不仅经济增长平稳，物价可控，而且呈现出活力较强、效益较高的可喜特征。活力强的主要表现是内需趋旺，国内市场稳中趋活。消费增长是经济增长的原动力。2004年由于农民现金收入实际增长11.4%，增幅比上年同期提高7.6个百分点，农村购买力明显增大。前三季，社会消费品零售总额按现价同口径比，增长13%，比上一年高2个百分点。外贸高速增长，进出口基本平衡，前三季进出口总额同比增长36.7%，顺差39亿美元。外商继续看好中国，外商直接投资合同金额同比增长35.6%，实际使用金额同比增长21.0%。由于经济活力增强，经济效益也不断提高。前三季，全国工业利润同比增长39.8%，工业效益指数161.07，同比提高15.23个百分点。总资产贡献率、资本保值增值率、成本费用利润率和流动资产周转率都比上一年同期有提高。全国财政收入同比增长26.2%，加快3.7个百分点。农业形势很好，粮食生产出现重要转机，夏粮同比增长4.8%，早稻同比增长8.8%，秋粮增产也成定局。如果宏观调控能使投资和信贷规模平稳地降至合理区间，国民经济就可以继续保持平稳、较快增长。

三、总结宏观调控的经验和教训

要加强和改善宏观调控，就应当总结经验和吸取教训。我们在宏观调控方面总体上是成功的，也有一些教训。

第一，搞好宏观调控必须有明确的目标。需要调控什么，调控到什么程度，宏观调控部门应当认识统一、措施协调。2003年下半年以来，由于对经济运行态势的认识不很统一，有关宏观调控部门采取的措施也不很协调。如前所述，当前的主要问题是投资膨胀、信贷扩张，从而宏观调控的主要目标应当是控制投资和信贷规模。2001年房地产已经出现异常，时任总理朱镕基在2002年10月就明确指出过，但是没有引起人们的足够重视。2003年人民银行曾发出过抑制房地产异常发展的通知，又遭到了不同利益集团的抵制，这可能是引起2004年一季度投资恶性反弹的主要原因。当调控目标不明确，调控措施不果断，就会影响宏观调控效果。

第二，在社会主义市场经济条件下，金融系统应当保持其可控性，保证货币政策为实现宏观调控目标服务。改革开放以来，一些"洋人"不断鼓吹汇率自由浮动、资本项可自由兑换和利率市场化。我们不知道，世界上究竟有多少国家完全实现了这三条。美国实现了这三条吗？如果美国完全实现了，那么他们还要格林斯潘做什么？汇率自由浮动当然是认为货币也是商品，其价格应当由市场决定，既然如此，美国在20世纪70年代末80年代初为什么要逼日元升值？日本市场上的商品价格美国人能干涉吗？日元升值对日本后期经济发生了什么影响，亚洲金融风波的原因和后果是什么，其经验我们要认真总结，其教训也要认真吸取。2003年下半年以来，我们的货币政策存在一定摇摆性，部分同志在判断宏观经济形势时似乎把通胀问题看过了一点，不合时宜地提出从紧的货币政策和利息率市场化主张。在实际工作中，贷款结构也有待改善。短期贷款收缩过急，可能是中小企业出现流动资金紧张和工业企业产成品资金与应收账款增长较快的重要原因。在社会主义市场经济条件下，如何运用货币政策进行宏观调控很值得探讨。西方金融理论基本不适合我国现阶段的情况。我们亟须探索社会主义市场经济体制下的金融规律，建立社会主义市场经济金融理论。

第三，宏观调控措施必须坚持以经济手段为主，注重总量控制与平衡。用行政手段进行调控尽管见效快，但是只能治标，不能治本。对于复杂性问题，例如产品和产业结构问题，根本不可能依靠行政手段来解决。产品和产业结构应当与需求结构保持平衡，必须由市场来决定。任何人都不可能准确预见需求结构的变化，从而也不可能准确地安排好产品和产业结构。如果可以准确预见，那么计划经济体制也就不需要改革了。调整产业结构已经提出了很长时间，年年喊年年调，越调越失衡。水多了加面，面多了又加水，形成很大浪费，我们应当从中吸取教训。在社会主义市场经济条件下，政府调控市场，市场引导生产者和消费者，是经济运行的基本法则。

四、关于2005年的宏观调控目标及政策建议

保持国民经济平稳、较快增长是宏观调控的长期任务，是2005年宏观调控的总目标。宏观调控目标是通过一系列统计指标来体现的。当目标确定之后，各宏观调控部门就要围绕目标的实现做好自己的本职工作。根据当前经济运行特点，对2005年的宏观调控目标可从以下八个方面来分析。

第一是经济增长率。各国都用这个指标作为宏观调控的重点目标，我们也用。但是，2004年和2003年都定为7%，实际上不能作为宏观调控目标，因为脱离实际太远。根据2004年的经济运行状况，2005年保持9%的增长速度是没有问题的。但是为了使经济保持健康发展态势，并不是越高越好。建议2005年确定在8.5%左右为好。当低于8%或高于9%的时候就要采取措施进行调控。根据我们现在的状况，尤其是能源较紧张的情况，2005年的速度适当地比2004年低一点是好事。

第二是物价。有的部门认为，2005年的CPI会比2004年低一些，我认为不一定。但是作为调控目标，定为3%我认为还是可以的。2005年通货膨胀的形势

会比2004年更严峻，这一点大家看法可能不完全一致。现在不利因素主要有三点，一是生产资料的价格已经持续很长时间高位运行，现在还没有传导到消费品方面来，但迟早是要传导下来的。二是国际油价居高不下，这对于中国的经济和物价不可能没有影响。三是居民收入普遍增长，这对消费品价格是直接影响。2004年农民增收出现了好势头，2005年还要争取更好一点。此外，又出现了"阳光工程"趋势，辐射面很大，不少城市都在考虑这个问题，如果引起带动效应的话，就有可能引发消费需求膨胀。投资膨胀再加上消费膨胀，严重通货膨胀就来了。单纯的投资膨胀是不会引起严重通货膨胀的，只有"双膨胀"才会引发严重通胀，我们应当警惕这一点。有利因素也有，一是2004年涨价的翘尾因素2005年基本上就不存在了。二是食品涨价因素明年可能会缓解，我国粮食丰收已成定局，世界粮食产量预计增长7%左右，食品价格应当会稳定下来。但是因为不利因素比较多，而且不确定，很难说2005年CPI就一定比2024年低，要实现3%的调控目标需要下大力气。

第三个指标是全社会固定资产投资。建议2005年增幅定在18%至20%的范围内。现在行政冲动的劲头还很大，不控制住投资膨胀势头，宏观经济比例会严重失调，经济会出现大问题。但是投资下得太快也不行，下得太快了，靠投资带动的产业困难骤然加大会引起经济大起大落。

第四个指标是居民收入。要重视调整收入分配差距，2005年城镇居民收入实际增长率建议控制在8%以内。根据我国当前的情况，城镇居民收入增加过快弊多利少。要尽量缩小城乡居民的收入差距，要争取2005年农民纯收入实际增长不低于6%，使城乡居民收入增长率的差距控制在一个百分点以内。

第五个指标是失业率。2004年的就业形势还是比较严峻，希望2005年能够比今年略好一点。建议把新增就业人数1000万左右作为宏观调控目标。

第六个指标是进出口。我不赞成用进出口总额作调控指标，如果一定要用就定增长20%左右。关键是根据经济运行情况，使进出口保持基本平衡。不是顺差越大越好，出现逆差过大也不好。现在外汇的储备比较多，应当争取保持进出口平衡。

第七是货币政策。应该坚持稳健的货币政策，保持与经济规模相适应的货币供应量。建议2005年M1、M2的增速控制在16%左右。与货币政策有关的，一个是利率、另一个是汇率，在有适度通胀的情况下，利率应该适当上调，适当上调并不等于主张利率市场化，目前还到不了这个层面。汇率暂时还不应该改变，应该考虑如何合理增加生产出口产品的企业职工工资。

第八是财政政策。明年应该逐渐恢复稳健的财政政策。涉及两个指标：一是国债发不发，发多少；二是财政赤字减不减，减多少。为了保持经济的平稳、较快增长，不发国债和没有财政赤字暂时还做不到，建议尽可能少发国债，适量地减一点财政赤字。通过几年努力，财政政策和货币政策都恢复到稳健的路线上来，只有稳健的财政政策和货币政策才是正常的经济政策。所谓"扩张"或者"缩紧"都是非正常情况。

2005年的经济工作还要高度重视防止出现经济滞胀。我们搞了六七年的扩张财政，投资与消费比例已严重失衡，弄不好就会出现经济滞胀，应该引起高度的重视。

在具体的政策上有以下建议：

第一，要努力提高大多数人的生活水平和生活质量，包括广大的农民和城市中的中低收入者。不要热衷于所谓的"消费结构升级"。消费结构升级涉及多少人？房子现在有多少是提高群众基本生活质量的，有多少是炒作的？账要算清楚。在指导思想上热衷于消费结构的升级，就会脱离群众，脱离实际。车子、房子和通信要发展，但不能只看到几千万人的消费问题，要着重解决怎么提高几亿人乃至十几亿人的生活质量的问题。

第二，要提高利用外资的质量，努力保护劳动者的利益，扶持民族工业的发展。我们在利用外资和引进外资方面要强调这个问题，外资进来以后我们增加了就业，但是我们的劳动者收入怎么样？珠江三角洲、长江三角洲出现"民工荒"，就是因劳动者收入太低。政府应该去管一管。出口产品中外资企业占多少？真正的中国企业占多少？账要算清楚。不扶持民族工业的发展，中国就强盛不起来。

第三，要大力发展产品有市场的劳动密集型产业，努力增加非农就业的岗位。不解决非农就业的岗位问题，城市就业不可能充分，农村劳动力也转移不出来。根据我国目前的经济水平，要解决7.5亿劳动力的就业问题，唯一的办法就是大力发展劳动密集型产业。我不反对发展高新产业，但要把发展高新产业和发展劳动密集型产业的关系摆正、摆好。20年前李先念、邓小平就讲过，中国这么多人的就业问题是首要问题，不能一讲现代化就什么都考虑"按电钮"。

第四，一定要巩固和扩大"三农"工作成绩。2004年"三农"工作是个亮点，明年怎么办？明年的工作可能会更艰难、更需要我们做好。"三农"问题在2005年的经济工作中仍然要放在特别突出的地位，关键是要实现胡锦涛同志在四中全会上说的"城市对农村的反哺"。首先，建议财政部要继续加大对农村转移支付的力度，规范直补办法。对农村的财政转移应该做到程序化、法制化。加强农村的基础设施建设，应该尽量用农村自己的劳动力，这样既可以解决农民增收问题，又可以解决农村基础设施建设问题。其次，要进一步加大直补的力度。现在各省没有一个统一的做法，这样就不会持久，只有规范的东西才能持久，只有程序化、法制化的东西才能持久。所以要有一个统一的、规范的标准和办法。再次，要尽快地研究和规范土地流转办法。说承包30年、50年不变，但是一搞开发区就变了。不解决土地合理流转的办法，靠人管不仅管不住土地，也不利于农业生产实现集约化经营，所以土地怎么流转亟须考虑。最后要加大科技和农业生产服务体系建设，解放和发展农业生产力，提高农业生产效率。

（本文发表于2004年11月《中国信息报》）

关于宏观调控的理论与实践

宏观调控是政府管理国民经济的基本方式。但是，在社会主义市场经济条件下，如何进行宏观调控是一个值得认真总结和深入探究的重大理论和实践问题。笔者拟结合 2004 年我国政府进行宏观调控的基本经验和对 2005 年宏观调控的政策取向等问题谈一些认识。但愿能有抛砖引玉之作用。

一、凯恩斯理论为什么会失灵

1998 年，我国经济进入了"低迷"期。宏观调控的重要方式是实施积极的财政政策。希望通过增加财政预算支出和扩大财政赤字，使国民经济恢复到均衡较快发展的水平。这一政策取向在本质上无疑是属于凯恩斯主义理论。7 年来，政府增加预算支出和财政赤字上万亿元，虽然在基础设施建设方面取得了不小成绩，但是，始终没有出现凯恩斯"投资乘数效应"。相反，在 2003 年下半年，失业与通胀并存的现象开始显现。2004 年，政府逐渐改变了宏观调控方式，更加重视调整收入分配格局，严格控制信贷规模和基本建设规模，逐渐淡化了积极的财政政策。宏观调控政策取得了较好成效，使国民经济保持了平稳、较快发展的良好势头。2005 年，我们仍然面临失业和通胀并存的压力，若依靠凯恩斯理论或新古典综合派理论，显然不可能解决这样的"两难"问题。凯恩斯理论倚重财政政策对经济的调节作用，不仅在社会主义市场经济条件下会失灵，在资本主义市场经济条件下也从来没有灵验过。20 世纪 60 年代以后，西方世界的经济出现"滞胀"，实际上就是长期推行凯恩斯主义经济政策所带来的后果。凯恩斯理论为什么会失灵？归根结底是凯恩斯主义的理论"基石"不稳。凯恩斯主义的理论基石是"投资乘数原理"，认为政府运用财政政策，能使国民经济恢复均衡。亦即认为通过政府增加财政预算支出和扩大赤字，加大基本建设规模就可以达到解决失业和恢复经济增长的目的。根据凯恩斯的乘数原理，政府投资的变动给国民收入总量所带来的影响要比投资本身的变动大得多。但是，这块基石非但不稳，甚至虚幻不定。因为关于投资乘数之大小的论证，完全建立在"边际消费倾向"这一"心理规律"之上。它假设人们增加1个单位的收入会有0.8个单位乃至更多会用于消费。那么政府增加1个单位的投资就可以使国民收入总量超过至少 $K = 1/(1-0.8)$ 倍，这里 K 就是投资乘数，它表示将增加5倍以上的国民收入总量。如果更乐观一点，假设人们增加的收入趋近于全部用于消费，则边际消费倾向趋近于1，则 $K = 1/(1-1)$。那么，政府增加1个单位的投资可以使国民收入总量扩大的倍数趋近于无穷大。这当然是一个虚幻的构想。殊不知在经济"低迷"时期，人们的消费倾向会更低，即使收入增加了一些，考虑到未来的收入没有保障，增加的收入也得存入银行而不增加消费。边际消费倾向甚至有可能趋近于0，投资乘数将趋近于1。因此，无论政府如何增加财政预算支出和扩大财政赤字，加大基本建设投资规模，国民收入的总量也基本不会发生变化。由于不存在政府投资的乘数效应，政府希望用扩大财政预算支出和财政赤字的办法实现"以就业维持就业，以就业扩大就业"也就没有可能性。这就是凯恩斯主义理论失灵的根本原因所在。凯恩斯理论非但解决不了失业问题，实行凯恩斯主义的宏观调控政策的时间过长或力度过大，经济中的各种风险还会向财政聚集。因为基本建设规模过大会出现成本推进的通货膨胀趋势，进而引发财政与金融危机。我们应当充分认识凯恩斯主义的理论漏洞和实施凯恩斯主义政策的危害性，绝不可以掉以轻心。

二、当前我国经济中的基本问题是什么

1996年，我国经济在连续4年高增长、连续3年高通胀的情况下，通过实施适度从紧的财政和货币政策，实现了"软着陆"。从1998年开始，我国经济出现了内需不足和通货紧缩趋势。总需求与总供给的关系发生了重大变化，由长期的供给不足转变成了供给过剩。是什么问题引发了这样大的变化呢？若从计划管理角度分析，或是生产格局有问题，或是收入分配格局有问题；若从经济学理论上分析，或是市场有问题，或是政府调控政策有问题。上述两种分析在市场经济条件下，其实质是同一的。因为生产格局与市场相联系，分配格局

与政府的调控政策相联系。生产格局（包括产品和产业结构）主要是由市场决定的。什么东西该生产、什么东西不该生产、什么东西多生产、什么东西少生产，政府不应该决定，事实上政府也决定不了。政府只能调控市场，让市场引导生产。但是，国民收入的分配格局（包括初次分配和再分配）政府必须通过税收政策、财政转移支付办法、货币信贷政策等宏观调控手段来调节，因为市场不可能保障收入分配的公平性。当国民经济出现"过热"或出现"低迷"时，我们首先应当从收入分配格局上找原因，而不应当直接干预生产者行为。在市场经济条件下，政府进行宏观调控的基本着眼点应当是国民收入分配格局，而不是生产格局。我的这一观点与凯恩斯的宏观调控理论是相悖的。因为凯恩斯宏观调控的政策着眼点是政府财政，通过预算支出增加或减少政府投资，企图达到解决失业的目的，或使经济降温。这实际上是干预生产，而不是调节分配。

在经济"低迷"、通货紧缩时期，经济中的主要矛盾方面是消费需求不足。消费需求不足是由收入分配格局不合理引起的，而不是生产格局不合理引起的。在资本主义市场经济条件下，是资本家为了追逐超额利润而不断扩张投资，使国民收入总量中的投资比例越来越大，劳动者报酬的比例越来越小，财富向少数人集中，最终引起消费需求不足；在社会主义市场经济条件下，特别是在经济转轨过程中，是政府片面追求高速度或者追求"政绩"而不断扩张投资，致使投资率越来越高，消费率越来越低，再加上体制性障碍导致居民收入差距不断扩大，引起消费需求不足和通货紧缩。有些学者研究过我国1997年前后的收入分配情况，格局不合理已十分明显。1994—1997年我国劳动报酬率为50%，一般国家为55%—56%；1978—1998年我国职工工资率为19.8%，一般国家为30%—40%；1978—1998年我国居民消费率为45%—50%，一般国家为60%—65%。这些数字足以说明，我国国民收入分配已经出现了比较严重失衡的状态，加上城乡收入差距、地区收入差距、行业收入差距不断扩大和居民贫富差距越来越悬殊等原因，导致居民消费不足问题就是不可避免的必然结果。

居民消费增长是经济增长的原动力。居民消费规模决定投资规模，投资规模决定生产规模，这是经济发展过程中的客观规律，任何情况下都不能违背。马克思在《资本论》里论述两大部类的关系所说的就是这个道理。我们不能为生产而生产，为发展而发展，生产的目的是满足人们不断增长的物质和文化需求。需求结构由市场决定，需求规模由收入规模决定。但是收入规模又不完全与需求规模相对应，需求规模还与收入分配的公平度有关。一般认为，收入分配越平均，增加的收入总量用于消费的比例就越大；收入分配差距越大，增加的收入总量用于消费的比例就越小。但是，收入分配过于平均会影响激励机制的形成。所以，经济学家和政府管理者确定宏观调控政策时应当在形成激励机制与保障社会公平之间寻求一个"妥协解"。"妥协解"只能是"折衷的"，而不是谁"优先"或"兼顾"谁的含义。

当前，我国经济中的基本问题是收入分配不合理。国民收入总量或国民生产总值的初次分配中投资率高达40%以上，比国际平均水平高20多个百分点。居民个人收入差距已超过了公认的警戒线，反映收入分配差距的基尼系数达到了0.45。根据2005年中央经济工作会议的精神，"调整和规范收入分配秩序，合理调整国民收入分配格局"应当是今后实行宏观调控的重要任务。

三、继续加强和改善宏观调控

要加强和改善宏观调控，一是要重视宏观调控理论研究，使宏观调控政策建立在可靠的宏观经济理论基础上；二是要认真总结宏观调控实践中的经验教训，不断提高宏观调控的政策水平。

改革开放以来，我国经济理论发展相当滞后。由计划经济体制逐步转型到社会主义市场经济体制的过程中，经济运行机制已经发生了深刻变化。新的经济运行机制既不同于计划经济体制，也不同于西方市场经济体制。经济理论工作者的首要任务是研究和发现社会主义市场经济体制下的客观经济规律，创建新的经济学理论。遗憾的是我们没有创建新理论，在研讨中国经济问题时，总是"言必称希腊"，食洋而不化。由于理论贫乏，经济学家医治经济病症的方子不多，或者说是"号脉者多，处方者少"。

2003年以来，我国经济理论界关于经济是否过热的争论几乎是没有理论的争论。一年多来，我们争论了许多问题：诸如"软着陆"或"硬着陆"，人民币是否要升值，利率是否要市场化……都缺乏令人信服的理论依据。有的经济学家没有深入考察现实经济运行过程，也不认真研读中国统计资料，一味跟着国外的某些"洋人"的观点跑。实在说，那些"洋人"关于中国经济问题的论述有些是捕风捉影，有些是别有用心，实实在在研究了中国经济的"洋人"为数很少。某些"洋人"究竟是期待中国"威胁"世界，还是期待中国经济快一点"崩溃"，我们实在是有些搞不懂。我认为中国特色社会主义市场经济的规律只能靠中国人自己总结、自己发现，"洋人"即或与我们没有二心，研究中国经济问题也只能是隔靴搔痒。西方经济学的任何一条理论，一般都有较强的假设条件，在西方市场经济国家也不能简单套用。对于一个以公有制为主体、多种经济成分共存的复杂经济系统的中国，必须着重研究、发现其特有的经济规律，应用市场经济的通用理论也要着重考虑中国市场经济的客观条件。学习、借鉴别国或地区发展的经验，也要注意条件比较，决不可以盲从。

要加强和改善宏观调控，就应当总结经验和吸取教训。我们在2004年的宏观调控方面总体上是成功的，也有一些教训。

第一，搞好宏观调控必须有明确的目标。需要调控什么，调控到什么程度，宏观调控部门应当认识统一、措施协调。2003年下半年以来，由于对经济运行态势的认识不很统一，有关宏观调控部门采取的措施也不很协调。如前所述，当前的主要问题是投资膨胀、信贷扩张，导致国民收入初次分配严重失衡，从而宏观调控的主要目标应当是控制投资和信贷规模。投资膨胀和信贷扩张是由基础设施建设、城市改造建设和房地产建设拉动的。2001年房地产已经出现异常，时任总理朱镕基在2002年10月就明确指出过，但是没有引起人们的足够重视。2003年人民银行曾发出过抑制房地产异常发展的通知，又遭到了不同利益集团的抵制，这可能是引起2004年一季度投资恶性反弹的主要原因。当调控目标不明确，调控措施不果断时，就会影响宏观调控效果。

第二，在社会主义市场经济条件下，金融系统应当保持其可控性，保证货币政策为实现宏观调控目标服务。改革开放以来，一些"洋人"不断鼓吹汇率自由浮动、资本项可自由兑换和利率市场化。我们不知道，世界上究竟有多少国家完全实现了这三条。美国实现了这三条吗？如果美国完全实现了，那么他们还要格林斯潘做什么？汇率自由浮动当然是认为货币也是商品，其价格应当由市场决定，既然如此，美国在70年代末80年代初为什么要逼日元升值，现在又干涉人民币币值？中国和日本市场上的商品价格美国人能干涉吗？日元升值对日本后期经济发生了什么影响，亚洲金融风波的原因和后果是什么，其经验我们要认真总结，其教训也要认真吸取。2003年下半年以来，我们的货币政策存在一定摇摆性，部分同志在判断宏观经济形势时似乎把通胀问题看过了一点，不合时宜地提出从紧的货币政策和利息率市场化主张。在实际工作中，贷款结构也有待改善。短期贷款收缩过急，可能是中小企业出现流动资金紧张和工业企业产成品资金与应收账款增长较快的重要原因。在社会主义市场经济条件下，如何运用货币政策进行宏观调控很值得探讨。西方金融理论基本不适合我国现阶段的情况。我们亟须探索社会主义市场经济体制下的金融规律，建立社会主义市场经济金融理论。

第三，宏观调控措施必须坚持以经济手段为主，注重总量控制与平衡。用行政手段进行调控尽管见效快，但是只能治标，不能治本。对于复杂性问题，例如产品和产业结构问题，根本不可能依靠行政手段来解决。产品和产业结构应当与需求结构保持平衡，必须由市场来决定。任何人都不可能准确预见需求结构的变化，从而也不可能准确地安排好产品和产业结构。如果可以准确预见，那么计划经济体制也就不需要改革了。调整产业结构已经提出了很长时间，年年喊年年调，越调越失衡。水多了加面，面多了又加水，形成很大浪费，我们应当从中吸取教训。在社会主义市场经济条件下，政府调控市场，市场引导生产者和消费者，是经济运行的基本法则。

四、对 2005 年宏观调控的政策建议

中央经济工作会议已经明确了 2005 年经济工作的主要任务。总的要求是坚持科学发展观和"五个统筹"原则，合理调整国民收入分配格局，努力构建和谐社会，保持经济平稳较快发展。为了顺利实现中央提出的各项任务，在宏观调控政策方面有以下具体建议。

第一，要继续防止行政冲动下的固定资产投资膨胀。现在行政冲动的劲头仍很大，不遏制投资膨胀势头，宏观经济比例会进一步失调，国民收入分配格局会进一步恶化，经济会出现大问题。但是投资下得太快了也不行，下得太快了，前几年靠投资扩张带动的产业，如钢铁、水泥以及其他建材行业的困难骤然加大会引起经济大起又大落，煤、电、油、运也有可能出现相对过剩。因此，控制信贷规模要适时调整力度和结构，要保持与经济规模相适应的货币供应量。

第二，要努力提高大多数人的生活水平和生活质量，包括广大的农民和城市中的中低收入者。不要热衷于所谓的"消费结构升级"。消费结构升级涉及多少人？房子现在有多少是提高群众基本生活质量的，有多少是炒作的？账要算

清楚。在指导思想上热衷于消费结构的升级，就会脱离群众，脱离实际。车子、房子和通信要发展，但不能只看到几千万人的消费问题，要着重解决怎么提高几亿人乃至十几亿人的生活质量问题。

第三，要提高利用外资的质量，努力保护劳动者的利益，扶持民族工业的发展。我们在利用外资和引进外资方面要强调这个问题，外资进来以后我们增加了就业，但是我们的劳动者收入怎么样？珠江三角洲、长江三角洲出现"民工荒"，就是因劳动者收入太低。政府应该去管一管。出口产品中外资企业占多少，真正的中国企业占多少？账也要算清楚。不扶持民族工业的发展，中国就强盛不起来。

第四，要大力发展产品有市场的劳动密集型产业，努力增加非农就业的岗位。不解决非农就业的岗位问题，城市就业不可能充分，农村劳动力也转移不出来。根据我国目前的经济水平，要解决7.5亿劳动力的就业问题，唯一的办法就是大力发展劳动密集型产业。我不反对"高新技术"，但要把发展"高新技术"和发展劳动密集型产业的关系摆正、摆好。20年前李先念、邓小平就讲过，中国这么多人的就业问题是首要问题，不能一讲现代化就什么都考虑"按电钮"。

第五，一定要巩固和扩大"三农"工作成绩。2004年"三农"工作是个亮点，2005年怎么办？工作可能会更艰难、更需要我们做好。"三农"问题在2005年的经济工作中仍然要放在特别突出的地位。关键是要实现胡锦涛同志在四中全会上说的工业对农业、城市对农村的反哺。首先，建议财政部要继续加大对农村转移支付的力度，规范直补办法。对农村的财政转移应该做到程序化、法制化。加强农村的基础设施建设，应该尽量用农村自己的劳动力，这样既可以解决农民增收问题，又可以解决农村基础设施建设问题。其次，要进一步加大直补的力度。现在各省没有一个统一的做法，这样就不会持久，只有规范化、程序化、法制化的东西才能持久。所以要有一个统一的、规范的标准和办法。再次，要尽快地研究和规范土地流转办法。说是承包30年、50年不变，但是一搞开发区就变了。不解决土地合理流转的办法，靠人管不仅管不住土地，也不利于农业生产实现集约化经营，所以土地怎么流转亟须考虑。最后，要加大科技和农业生产服务体系建设，解放和发展农业生产力，提高农业生产效率。

(本文发表于2005年第3期《中国国情国力》)

中国经济步入正常增长轨道

一、认清全球经济形势

要正确认识中国的经济运行情况，有必要了解全球经济形势。因为在"经济全球化"影响下，我国进出口贸易总额占GDP的比重，亦即所谓外贸依存度，近些年正在逐年攀高：2002年中国外贸依存度为51%，2003年为60%，2004年超过70%。因此世界经济的变化，对我国经济的影响越来越大。

分析世界经济形势，要重点分析三个经济体的经济状况：一是美国，美国经济总量约占世界经济总量的31%；二是欧元区，欧元区经济总量约占世界经济总量的29%；三是日本，日本经济总量约占世界经济总量的14.5%。三大经济体的经济总量占了世界经济总量的75%左右，而我国经济总量占世界经济总量的比重尚不足5%。认识世界经济形势，了解全球经济的变化，胸中要有这个数，否则会判断失误。

2005年上半年全球经济的基本情况是增长速度略有减慢，但经济增长势头仍然比较好。发展中国家的经济增长比较稳定。全球经济增长放缓对我国经济不会形成大的影响。

二、上半年经济运行情况分析

2005年上半年的各项统计数字显示：2004年以来的宏观调控，其总体效果都在预期中。经济运行平稳，GDP同比增长9.5%，2005年我国经济将逐步进入正常增长轨道。我所认为的正常增长轨道是GDP将有可能稳定在8.5%左右增长。

在经济总体上保持协调稳定增长的同时,经济运行过程中也出现了一些不可忽视的问题。

如社会需求增长缓慢,经济增长的原动力表现不足。靠投资推动经济增长的格局还没有根本改变。居民消费增长乏力,根本原因是收入分配格局不合理。2004年,投资率高达42.9%,城乡居民人均收入差3.21倍,IMF估算我国基尼系数为0.46。无论从初次分配还是再分配层面看,收入分配格局都已严重失衡。

又如企业利润增速明显回落,企业亏损面和亏损额上升较快。规模以上工业企业实现利润同比增长15.8%,增幅比2004年同期回落27.9个百分点。亏损额增亏56.1%,上升55.7个百分点。值得特别注意的是下游产品几乎全部都利润下降或亏损,上游产品盈利也主要是依靠价格上涨因素。

另外贸易顺差急剧扩大,国际收支失衡。2005年1—6月,贸易顺差396亿美元,同比扩大472亿美元(去年同期为逆差76亿美元)。结售汇顺差1217亿美元,同比增长92.6%,其中结汇顺差755亿美元,同比增长131.3%。6月末,国家外汇储备余额高达7110亿美元,比年初增加1011亿美元,同比多增338亿美元。这种情形不仅增加了贸易摩擦和外部要求人民币升值的压力,而且严重制约了运用金融手段进行宏观调控的主动性和有效性。

三、"十一五"宏观经济政策走向

如前所述,当前我国经济运行情况总体上平稳、协调,将逐步进入正常增长轨道。这说明宏观调控的措施是正确的,也是适度的。当前应当坚持既定的宏观政策取向,适时调整宏观调控措施及力度,促进经济平稳、协调增长。

我不赞成用经济周期理论分析我国经济运行情况。我认为,经济增长只有不规则的波动性,不存在周期性。因为不存在固有的经济周期,因此不应当用所谓"拐点"来解释经济增长速度的波动。宏观调控的目标是依据经济增长的客观条件,使经济保持在正常轨道上运行,减少波动性。依据我国的条件,经济增长的正常速度有可能在8.5%左右维持比较长的时间。为了实现这一宏观调控目标,在"十一五"期间,在宏观经济政策的取向上,建议注意以下几个方面。

第一,继续防止投资膨胀,努力调整分配格局。

我国经济中存在的主要问题是投资过度膨胀，收入分配格局失衡。由于投资率过高，收入差距不断扩大，严重制约了居民消费增长，导致经济增长的原动力不足。在"十一五"期间应当将投资率逐渐调整到35%左右，努力增加中低收入者的收入，使基尼系数下降到0.4左右。提高居民消费率，改变投资推动经济增长的非正常格局，让消费需求拉动经济健康增长。

第二，坚持完善社会主义市场经济体制，继续规范股市，完善汇率形成机制，遏制房地产投机行为，努力促进民营经济发展。

在适度加强高新产业发展的同时，要着重发展产品有市场的劳动密集型产业，加快解决农村剩余劳动力转移和城镇新增劳动力就业问题。要充分发挥市场调节资源分配和产业结构的基础性作用，尽可能减少行政干预。房地产业是生产满足居民、政府和社会集团消费的耐用商品生产行业，而不是投融资行业。应当继续遏制投机行为，限制买卖房屋的盈利空间。

第三，抓紧进行财税体制改革，促进经济均衡发展。

财政体制改革应当着重解决四个问题：一是财政支出中用于公共产品比例过小问题；二是政府级次过多，财权和事权不清的问题；三是专项转移支付名目繁多、转移支付办法不规范问题；四是一般转移支付的科学性和有效监管问题。

税收体制改革应当着重解决三个问题：一是税种设计要有利于促进生产、扩大就业；二是实行合理的差别税率，促进地区均衡发展；三是逐步解决特区非特区、开发区非开发区、外企和内企税制不统一问题。充分运用财政和税收杠杆，促进资金和人才合理流动。

第四，规范土地流转，引导发展现代农业。

"三农"问题的根本出路是发展现代农业和加快转移农村剩余劳动力。发展现代农业的前提条件是土地合理流转，转移农村剩余劳动力的前提条件是提供足够的非农就业岗位。在"十一五"期间应当尽快制定土地承包权益的有偿转让办法或法规，既保证农业大户有足够的土地经营，又保证转让土地的农户有较充足的资金发展非农产业。农村金融机构和社保机构要在土地有偿转让中发挥主导作用。保证在土地转让过程中不再出现"三无"农民，引导农村经济健康发展。政府对粮食、棉花等战略物资实行合同收购，其余让市场调节，依靠市场引导农村产业结构调整。在发展现代农业过程中，政府的主要任务是加快农村公共产品发展,加强农业基础设施建设和建立现代农业社会服务体系。

第五,正确选择地区经济发展模式,促进欠发达地区的经济发展。

"十一五"期间,促进欠发达地区加快经济发展是建设全面小康社会的重要任务。改革开放以来,经济发展逐渐形成了四种模式:一是广东模式。它是以特区政策、丰富的侨商资源和与香港毗邻的区位优势为基础的。二是江苏模式。江苏模式分两个阶段,第一阶段以发展乡镇企业为基础的苏南模式,事实上没有成功。第二阶段以建设工业园区为基础的苏州(包括上海)模式,也包含了一些特殊政策,同时有特别的政治因素和文化因素促成。三是浙江模式。是一种以市场为导向,以发展民营企业为基础,从小到大,从比较分散、粗放到比较集中、集约的发展模式。四是西部大开发的模式。是一种以政府扶植为主导的发展模式。对于欠发达地区,我认为不宜倚重"引资上项目,圈地建园区"这种发展模式。也不能过多依靠特殊政策和中央投入的发展模式。应当依靠自己的力量,发挥自己的优势,选择适合自身发展条件的经济发展模式。中部等欠发达地区与广东和江苏的条件不一样,再出一些特别的政策或像开发西部那样中央直接加大投入,其现实可能性也不很大。因此,要加快欠发达地区的经济发展,浙江发展模式可能是最佳选择。

(本文发表于2005年第9期《数据》)

中国经济形势与金融问题分析

一、世界经济发展态势分析

要正确认识中国的经济运行情况，有必要了解全球经济形势。因为在"经济全球化"影响下，我国进出口贸易总额占GDP的比重，亦即所谓外贸依存度，近些年正在逐年攀高：2002年中国外贸依存度为51%，2003年为60%，2004年超过70%。因此，世界经济的变化对我国经济的影响越来越大。

分析世界经济形势，要重点分析三大经济主体的经济状况。三大经济主体包括美国、日本、欧元区。这三大经济主体总人口占到世界人口总数的11.5%，经济总量占到世界经济总量的60%以上。其中，要区分欧盟和欧元区，这两者不是同一个概念。欧盟包括欧元区，欧盟现在是27个国家，而欧元区现在还只是13个国家，这13个国家依次如下：德国、比利时、奥地利、荷兰、法国、意大利、西班牙、葡萄牙、卢森堡、爱尔兰、芬兰、希腊和斯洛文尼亚。欧元区13个国家的人口是3.2亿，占世界人口的5%。中国是一个13亿人口的大国，经济总量在不断增长，国力不断增强，但经济总量在2006年刚刚达到了世界经济总量的5%，真正的经济实力还很弱。因此，认识世界经济形势，了解全球经济的变化，胸中要有这个数，否则会判断失误。

总体来看，2007年以来，世界延续了近几年来经济扩张的态势，但是明显可以看出，全球经济增长速度有所减慢，国际经济总体上还是良好、平衡的。

首先从世界的三大经济主体和主要发展中国家经济运行情况来作些剖析。

我们用GDP来说明一个国家的经济总量的情况，以2005年为例，世界经济总量为443849亿美元。其中，欧元区国内生产总值为98130亿美元，占世界经济总量的22.1%，美国国内生产总值为124551亿美元，占世界经济总量的28.1%，日本国内生产总值45059亿美元，占世界经济总量的10.2%，三者加起来，占世界经济总量的60.4%，比十年前降了将近10个百分点。这说明其他国家经济实力在上升，包括中国。其中，2005年，中国国内生产总值22289亿美元，占世界比重仅为5%。这是从总量上分析，而人均GDP是最能说明一个国家经济富有程度的一个指标。2005年，中国人均GDP只有1740美元，而欧元区是31914美元，是中国的18倍；美国人均GDP为43740美元，是中国的25倍；日本人均GDP为38980美元，是中国的24倍。在世界200多个国家中，中国排名80多位。

（一）美国的经济运行情况

美国在2006年下半年以来，受次贷危机的影响，经济发展速度已经变慢了。2007年前两季，经济增长率第一季度为1.5%，第二季度为1.9%，与2006年相比第一季度减慢了1.8个百分比，第二季度减慢了1.3个百分比，预期全年增长1.9%，比2006年要减慢1个百分点。

这里需要介绍一下美国的次贷问题。美国贷款分为优等贷款和次等贷款，优等贷款是信誉比较高的，也就是说，如果是个人贷款买房，依据个人从事的工作来贷款，工作稳定、收入高、个人资产比较多的，就可以得到优等级的贷款。但是工作性质不是非常稳定、收入水平不高、个人财产也不多的人买房就是件很难的事，为了满足这部分人的需要，让信誉比较低的人可以得到贷款买房，美国推出了次等贷款。次贷主要有两项特征：第一，首付款低，甚至是零首付。第二，利率很高。因为商业银行风险大，收益率就要有所补偿，所以次等贷款比优等贷款的利率一般要高2%—3%。

应该说美国次等贷款的出发点是好的，在最初10年里也取得了显著的效果。1994—2006年，美国的房屋拥有率从64%上升到69%，超过900万的家庭在这期间拥有了自己的房屋，这很大部分归功于次级房贷。在利用次级房贷获得房屋的人群里，大部分是低收入者，这些人由于信用记录较差或付不起首付而无法取得普通抵押贷款。次等贷款为他们解决了住房问题。

而前些年，次贷出现了风险。原来在进行次级抵押贷款时，放款机构和借款者都认为，如果出现还贷困难，借款人可以通过从多个银行贷款来还贷，或者利用房子的不断增值，通过出售房屋或者进行抵押再融资来还贷。然而，由于美联储连续17次加息，美国住房市场持续降温，出现了"拐点"。借款人很难将自己的房屋卖出，即使能卖出，房屋的价值也可能下跌到不足以偿还剩余贷款的程度。这时，很自然地会出现逾期还款和丧失抵押品赎回权的案例。媒体对此加以炒作，又受到"羊群效应"的影响，少数人的案例就变成了社会的问题。随着越来越多的人还不起贷款，必然引起对次级抵押贷款市场的悲观预期，次级市场就可能发生严重震荡，这就会冲击贷款市场的资金链，进而波及整个抵押贷款市场。与此同时，房地产市场价格也会因为房屋所有者止损的心理而继续下降。这样，银行出现问题，进而影响社会稳定。

而次贷作为银行资金来源又变成基金、银行的金融产品，在社会上输送。由于欧洲购买债券金融产品相对比较多，因此次贷危机对欧洲的影响比较大，导致这一金融问题演变成世界性的问题，影响世界经济形势稳定。现在美国的次贷危机究竟对世界经济有多大影响，还在观察中，以上是从金融本身来看。再从经济关系来看，美国经济占世界经济总量的30%，所有国家和美国的贸易量都很大，欧盟、中国尤其很大。如果美国经济下滑，进口就会减少，那么与之有贸易往来的国家，如欧盟、中国的经济就会受到影响。这是当前世界经济的一个问题。

（二）欧元区的经济运行情况

欧元区经济增长比较稳健，但速度在降低。2007年第一季度，欧元区GDP增长3.1%，相对2006年加快了0.7个百分点，第二季度增长2.5%，相对2006年减慢了0.4个百分点。对于第二季度经济增长速度趋缓的主要原因，比较一致的看法是受美国经济减速的影响，或者是说受美国次贷问题的影响。因为这些欧洲国家主要是出口型国家，而且主要出口美国。欧元区1—7月的出口速度下降了3.3%，进口下降13.9%，居民消费回落了0.3%，这些对欧洲经济来讲都是一个不景气的情况。但也有好的一面，也就是就业情况比较好。1月份失业率为7.3%，到8月份失业率为6.9%，下降了一个百分点。事实上，如果就业情况不存在很大问题，消费就不会降得太快，那么经济可以维持一个基本的态势。因此，总体来看，欧元区的经济情况还是不错的。欧元相对于美元来说也升值得比较快。

（三）日本的经济运行情况

日元的升值情况也不太好。连续12—13年，日本经济萧条，一直处于零增长、负增长的状态，国内居民消费没有明显改善。近几年，日本经济出现好转主要因素是由于中国经济发展很快，中国的进出口对于其他国家和地区如欧盟、美国都是顺差，唯独对日本、中国台湾是逆差，且对日本逆差很大，也就是说日本对中国的顺差很大，对其国内经济的带动起到很关键的作用。在中国对日本的进口量很大的情况下，近两三年来，日本经济由负增长转变为正增长。从总体上来判断，现在日本还是处在复苏的过程中，并没有像欧元区、美国这样趋缓变慢的情况。预计2007年全年，日本的经济增长为2%，比2006年回落0.2%，主要原因也是净出口增长有较大回落。2006年1—3月与2005年相比，增长29.8%，2007年与2006年相比增长12.9%。同比来看，2007年和2006年占的比重较大，失业率降低，就业情况较好，1月份的失业率是4%，而8月份降到3.8%。从经济增长、就业的情况来看，日本和欧洲有点类似。因此，欧元区和日本经济的基本面比较好，但经济的增长速度又适当地放缓了一点，其根本原因还是受美国经济走下坡路的影响，对美国的出口在减少。

（四）三大经济体的经济运行情况对我国的影响

2007年以来，世界经济运行风险加大，集中表现在两个问题上，第一是金融市场出现震荡，这主要是美国的次贷问题，前面已经述及。次贷危机对欧盟国家的影响比较大，而对亚洲国家的影响相对较小。次贷问题对我国产生的影响比较弱，因为我国购买的美国金融产品，债券大概不到5000亿美元，而5000亿中与次贷相关的金融产品只占1.4%，所以说次贷问题一般对中国不会有多大影响。2008年世界经济总体估计还是平稳增长的态势，虽然坡度有所降低，但还是为我国经济发展提供了一个相对比较好的环境。

第二是初级产品持续涨价问题。初级产品市场价格不断上涨引起了国家通胀的压力上升，在中国表现得很明显。2007年以来，石油价格持续在高位上波动，这对于大多数发展中国家影响很大。中国现在一半多的石油靠进口，印度、日本等很多国家也是靠进口。所以石油的涨价对有关能源缺乏的国家，各个方面的影响是比较大的。而我国是从计划经济转轨到市场经济，还有许多方面受计划经济的影响，其中石油、燃油等方面还是很明显的，燃油还是实行计划价。笔者认为，应尽快对计划价格放开管制。现在出现一个情况，因为我国原油一半以上是进口的，在国内提炼以后按中国的计划价格卖给消费者，而成品油国内定价落后于国际定价30%以上。这个价格对消费者而言是好事，但对生产者来说，进的原油价格是国际市场价，卖出成品油的时候是计划价，中间的利润差缩小。所以生产者开始将石油出口。按照市场经济原则，这样是不能受到处罚的。现在呼吁放宽对成品油价的限制，接轨国际价格，其影响还不明确。如果跟国际接轨，那就还要带动后续其他的涨价。所以初级产品中的石油价格在高位上震荡对世界经济的影响是非常不可低估的。

此外，还有初级产品中的粮价和植物油价。2007年1—8月，世界的粮价同比上涨14%，预计全年上涨44.6%，比2006年高了4.9%；植物油同比上涨了41.6%，预计全年涨36%，比2006年高33%。因为中国的低收入者比较多，所以粮油价格上涨对于低收入居民影响很大。现在初级产品的涨价，包括煤油、石油、粮油、煤炭的涨价是我国当前似乎要出现通货膨胀的最基本因素。中国是和国际经济联系在一起的，不可能保持价格的独立性。对于通货膨胀压力的问题，目前的看法主要是两大派：一派是通货膨胀；一派是借入性涨价，或者不太准确地说是借入性通货膨胀。笔者基本上倾向于是机会性涨价，也就是初级产品涨价，它的涨价也推动其他产品的涨价，整个通货没有膨胀而是涨价。而且笔者认为机会性涨价利多于弊。中国9亿多农民收入很低，取消农业税之后，每年对每个种粮农民百十元的补助并不能使农民的收入状况得到实际改善。要真正改善农民的收入状况，就要使农民付出的劳动、生产的产品能换取其应该得到的收入。如果农民种下来的东西不值钱，就不能改变其地位、提高其收入，进而缩小城乡的差距。所以说，这样的涨价是应该的。还有，对石油价格实行管制也是违背市场规律的。我国的基础产品，如石油、粮食、植物油、棉花等，过去都是列为战略产品。战略产品对经济影响是很大的，必须让它进入市场经济里面，形成"市场价格"。不让它进入市场经济，结果就变成基础产品价格是扭曲的。所以，笔者认为，第一，涨价是值得的，而且这种涨价应该持续很长时间，一两年或者两三年，涨到价格不再扭曲了它就不会涨。第二，涨价的幅度不会很大，毕竟只有一部分产品的价格是扭曲的，大多数的产品是和市场接轨的。只有少数产品价格扭曲，只要货币政策控制得好，就不应该出现真正意义的通货膨胀，而只是涨价而已，是一个正常的价格。所以说，在中国实施宏观调控首先要分清现在是不是通货膨胀。

初级产品涨价对我们的另一个影响值得分析，我国现在钢铁粗钢出口量很大，原因在于：第一，我国劳动力成本低；第二，炼钢用的煤炭的价格相对国际上价格也比较低，所以出口利润比较大。我国炼钢很大比例是依靠澳大利亚、巴西的矿石，矿石涨价，成本就跟着提高，煤炭、石油价格提高，燃料的价格提高，我国出口粗钢就会受到影响减少。这样对我国经济是有利有弊的。第一，经济增长速度减缓；第二，我国初级产品出口，对中国来说并不是件好事，其实是把污染留在中国，把产品留给别人；把本来就不可再生的燃料耗尽，把产品留给别人。所以说，这个问题有利有弊，我们要正确看待。

总体上讲，因为世界经济比较稳定，中国经济发展还是较好地与国际接轨，只要金融没有出现大问题，我国经济还是能够保持适当速度增长，健康发展。

二、中国经济发展态势分析

（一）中国经济发展形势良好

我国目前宏观经济总体运行良好，形势喜人，农业增产、农民增收，工业生产保持较快增长、企业利润继续大幅增长，财政收入、国内市场销售持续快速增长，特别是工业结构调整和节能减排等方面取得了较好的成效。

（1）宏观经济运行良好。近年来，我国根据经济形势发展变化的需要，由积极的财政政策转向稳健的财政政策，经济保持平稳快速发展。2003—2007年，全国财政收入累计约17万亿元，年均增长22%；全国财政支出累计约17.4万亿元，年均增长16.1%，财政收支规模上了新台阶。

（2）农民增收的势头及时好转，工业生产保持良好增长势头。2007年，我国粮食产量预计超5万万吨，这是近几年来最好的收成。前三季度，我国农民人均现金收入增速再创新高，达到3321元，扣除物价指数实际增长14.8%，增速比2006年同期提高3.4个百分点，是1994年以来增长最好的一个时期。预计2007年农民纯收入可以达到4000元以上，增长率有望超过6%。工业生产保持好的增长势头，企业的利润大幅增长，前三季度，全国规模以上工业增加值同比增长18.5%，比上年同期加快1.3个百分点。39个大类行业全部实现盈利，其中增长加快的主要是石油加工、电气机械、钢铁、交通运输设备、电力、建材和化工以及烟草、医药、化纤、饮料和纺织等行业，增幅回落的主要是有色金属、农副食品加工、通信设备、非金属矿采选、造纸和石油开采业等行业。

（3）财政收入状况良好。2007年，前三季全国财政收入为38916.9亿元，增长31.4%，比上年同期加快了6.8%，预计2007年总财政收入将达到5.1亿元，比年初的预算超收7000亿元，这说明财政收入状况良好。轻工业的效益提高、税收增加是促使财政收入增加的重要因素。国税总局的统计显示，2007年前三季度内、外资企业所得税增长35.8%。进口环节税收的贡献也非常巨大，2007年前三季度，进口环节税收增幅达到21.7%。2007年加征证券交易印花税，也带动增收超过1000亿元。还有就是个人所得税也增加不少，虽然年初时人大把个人所得税免征额提高，个人所得税收入会减少，但实际还是增加的。这些因素都促进了财政增长，各方面因素加起来差不多超收7000亿元。这7000亿元要着重用于解决民生的问题。第一，要着重增加教育支出，重点是要增加农村教育支出。目前农村的教育条件很差，有必要调整和完善农村义务教育经费保障机制改革的相关政策，加强农村基础教育。第二，要增加社保支出，直接将一些财政收入补充社保的缺口，提高居民最低的生活保障线，扩大社保面。针对目前农村的社保还很不健全的情况，特别要全面建立和完善农村最低生活保障制度。第三，解决历史欠账，如粮食挂账等，化解财政风险。第四，促进医疗卫生事业改革与发展。全面实行新型农村合作医疗制度，提高参合标准和人均财政补助标准，建立公共卫生、医疗服务、医疗保障、药品供应保障体系。第五，削减财政赤字。原来实施积极的财政政策，发行国债，加大投资，拉动经济，留下了很大的资金缺口。现在施行稳健的财政政策，适度从紧的货币政策，应减少赤字，使财政收支基本平衡。

（4）国内市场的销售增长。2007年前三季度，社会消费品零售总额63827亿元，同比增长15.9%（9月份增长17.0%），比上年同期加快2.4个百分点，这是近年来比较好的。分地区看，城市43331亿元，增长16.3%；县及县以下20496亿元，增长14.9%。分行业看，批发和零售业、住宿和餐饮业分别增长15.8%和18.2%，其他行业增长4.6%。这个数字说明国内消费的问题。社会交易额总额在一定程度上反映国内内需消费增长，但它不是全部。我们社会交易总额增长比较快，一是由于消费支出有增长，二是由于城市化程度有进展。但是总体来说，我国内需还是不够的。据统计，1993年至2003年，我国最终消费率平均为59.5%，2004年为53.4%，2005年进一步下降到50%以下，而同期世界平均消费率为78%左右。相比之下，我国消费率大约低了20个百分点。消费需求不足，制约着国内需求的进一步扩大，使经济增长动力不足。

（二）当前中国经济发展中存在的主要问题

总的来讲，我国宏观经济当前不稳定因素非常明显。从近几年来宏观调控的实践看，在"三过"矛盾没有有效解决的同时，经济运行中又出现许多新矛盾、新问题。所谓"三过"就是投资增长过快、信贷投放过多、外贸顺差过大。"三过"的问题不解决，肯定会带来物价上涨的压力。经济要有活力，必须要有一定的物价上涨，这可以刺激各个方面比较健康、活跃。像我国，如果CPI上升2%—3%，这是正常的，但是超过了5%，就会出现通货膨胀的压力。2007年3月至2008年，我国CPI增幅连续9个月超出3%，2007年11月甚至达到6.9%的历史峰值。所以物价上涨的程度是要注意的。

还有一个更令人担心的问题就是资产价格趋高的问题，也就是房地产、股市趋高的问题。我国的资产价格一直往上涨是存在危机的。从近十几年来看，巴西、阿尔巴尼亚、泰国、日本、韩国，以及我国香港等，都存在类似问题。资产价格趋高，容易形成泡沫，威胁国家金融安全。经济处于这种状况时相当危险。1997年，东南亚国家大量外资撤出，资产价格泡沫崩溃，各国货币纷纷贬值，既是东南亚金融危机的原因也是其重要表现。中国现在的经济问题就是资产价格趋高所产生的问题。在这种情况下，经济如果出现下行"拐点"，不加强追踪监测、早作应对预案是很危险的。中国的房地产带动的产业很多，首先是钢铁，然后是能源部门，还有水泥、电解铝，都是与建筑有关的。如果资产价格出现危机，就会导致失业增加，财政收入减少，经济萧条。还有股市，股市向来是实体经济面、政治因素、心理因素三个因素的综合体现，中国的股市非市场因素更多一些。一旦心理因素这道防线冲破了，就可能在"羊群效应"之下引发股市一泻千里，进而引发一连串金融问题，所以这个问题必须引起重视。当前，我国经济处在很微妙的时期，应将研究预案、防止金融危机作为2008年经济工作的重要任务之一。

（本文发表于2008年第1期《财政监督》）

把握好调控力度　　保持国民经济平稳快速增长

中国1978年实行改革开放以来，经济有了长足发展。国内生产总值（GDP）按当年价格计算，2007年是1978年的68倍；按可比价格计算，平均每年增长9.85%。

30年来，我们在宏观调控方面既有成功的经验，也有不成功的教训。我们经历了20世纪80年代中期和90年代初期两次严重的通货膨胀期，也经历了1998—2002年长达5年的通货紧缩期。经济增长虽然总体上平稳，但是，也有过大起大落。其中，1984年GDP增长高达15.2%，而1990年却降低到了3.8%，二者相差11.4个百分点，或者说，最高增长速度是最低增长速度的4倍。

要保持经济又好又快增长，宏观经济的政策目标首先是平稳。必须坚持科学发展观，在宏观调控时，正确处理经济增长、通货膨胀与居民就业和实际收入增加的关系，这是一条基本经验，也是社会主义市场经济的本质要求。针对当前的经济状况，防止经济过热和严重通货膨胀，必须选择好宏观调控的手段并把握好调控的力度。

进入20世纪90年代，我们经历了经济过热期、紧缩期和平稳期三个典型的经济运行阶段。对这三个阶段的相关宏观统计数据及其特征进行分析，可以发现，经济增长、通货膨胀、居民收入、固定资产投资之间存在客观的数量规律，对制定宏观经济政策具有重要的参考价值。

从1992年至1996年，是经济过热，通货膨胀严重的5年；从1998年至2002年，是经济增长减速，出现通货紧缩的5年；从2003年至2007年，是经济平稳较快增长，通货膨胀适度的5年。

在1992—1996年这一时期，经济增长年平均高达12.44%，通货膨胀率年平均高达14.2%。经济增长很不平稳。增长极差（即最高增长率与最低增长率的差数）为4.2个百分点，是平稳期极差的3倍。标准差（或称标准离差）为1.89，也是平稳期的3倍。进一步分析，导致过热的主要原因是居民收入增长决定的消费增长和固定资产投资增长过快引起的。在这5年中，居民消费平均增长26%，恰好接近经济增长率与通货膨胀率之和。固定资产年平均增长33.8%，无疑是旺盛的消费需求拉动的。当时，外需并不重要，顺差不过百十亿美元。居民消费增长过快是因为收入增长超过了经济限度。5年平均，城镇居民可支配收入年均增长23.5%，最高年份（1994年）高达35.6%；农民纯收入年均增长22.4%，最高年份（1994年）高达32.5%。

在1998—2002年这一时期，经济增长明显减速可能来自三个方面的原因：一是上一时期针对经济过热的调控措施可能有些过头；二是亚洲金融危机可能有些影响；三是居民收入增长过慢，尤其是农民收入增长慢，这是最主要的原因。5年中，农民纯收入年均增长3.42%，城镇居民可支配收入年均增长8.36%，城乡收入差距迅速扩大，严重制约了消费需求。居民消费增长率由上个5年的26.0%骤降至7.3%，增长速度不到上期的1/3。通货膨胀率为-0.38%，经济中缺乏活力，人民生活改善很慢。为了改变这种状况，政府在宏观调控中作了很大努力，但效果并不十分理想。最值得总结的一点也许是我们过分相信了凯恩斯主义理论，过多地看重人的作用，而轻视了市场的作用。

在2003—2007年这一时期，经济增长平稳较快，通货膨胀适度，居民收入增长与经济增长同步，尤其是外贸发展迅速，整个经济充满了活力。经济平稳快速发展，一方面，归功于上一时期重视发展外贸，尤其是在2002年加入世界贸易组织（WTO）以后，我国进出口贸易迅速增长，顺差逐年扩大。在这一时期，外贸成了拉动经济增长的重要力量，外贸依存度（进出口总额与GDP的比值）高达60%，2007年提升到67%。另一方面，在这一时期高度重视"三农"问题，农民收入逐步提高。5年平均，农民纯收入增长10.86%，比1998年至2002年这一时期的增速提高了3倍，与城镇居民可支配收入平均增速（10.16%）同步。城乡居民收入增加刺激了消费，居民消费平均增速比1998年至2002年这一时期提高了4个百分点以上。

分析上述三个时期的数据，至少可以得出两个结论：

一是要保持经济又好又快发展，需要有适度的通货膨胀率，否则经济缺乏活力。我赞成美国前财长劳伦斯·萨默斯的观点："最优的通货膨胀率肯定是正的，或许高达2%或3%"。根据我国目前的情况，通货膨胀率只要不超过5%，经济就有可能长时间保持10%左右的增长率。

二是居民收入稳定增长，并与经济增长率同步是经济又好又快发展的充分必要条件。居民收入不仅是刺激消费的主要因素，而且在就业调查不完备的情况下，城乡居民的收入变动可以说明就业状况。所以在制订宏观经济政策时，应当将居民收入指标定为宏观调控的重要目标。

综合分析各种因素，我国近期出现经济过热和严重通货膨胀的可能性是存在的，但只要措施得力，宏观调控适度到位，这种情况是可以避免的。

经济过热归根结底是由需求过剩引起的。近期，居民消费需求和出口需求进一步加速增长的可能性不大。消费需求由居民收入决定。2008年，居民收入不大可能比2007年增长更快，居民消费需求也就不可能加速扩张。出口需求面临许多不利因素。一是美国次贷危机使美国经济有可能出现衰退，美国经济衰退会拖累世界经济增长和影响我国外贸出口；二是人民币对外升值（汇率提升）对内贬值（通货膨胀），提高了出口产品的成本，会削弱中国产品在国际上的竞争力，外贸出口有减少的可能性。然而，推动经济过热的人为因素依然较大。各地政府换届后建设热情很高，有可能推动投资继续过热。不过，在市场经济条件下，企业投资是由市场决定的。企业产品市场不扩大，出口和居民消费增幅收窄，投资也不会大幅增长。

对2007年下半年开始的过快物价上涨要认真分析原因，防止把错脉和开错处方。我认为，本轮物价上涨主要原因是由于我国价格"剪刀差"没有消除，初级产品价格过低，是在外因引导下的自发调整。这种调整是必要的、合理的，是市场作用的结果。我国农产品、矿产品和能源价格被严重扭曲，当前的状况是工业品在国际市场上的价格与国内很接近，有些产品国外还比国内便宜，但是，农产品价格比国外市场价格低很多。例如大米，无论是在美国、日本或欧洲，都比国内价格高5—10倍。在开放经济条件下，即使没有有形"传递"，也会有无形"传递"，不可能被人为长期扭曲。农产品价格"剪刀差"是产生"三农"问题的重要原因。要解决"三农"问题，就应当让农产品在市场上有合理的价格，让农民在市场上取得社会平均收益，否则农民就不愿意种商品粮、养商品猪。

初级产品价格向上调整会带动相关产品价格上涨，整个物价水平在一个时期会有较明显的上涨。然而，不合理的价格调整不会引起严重通货膨胀，通货膨胀本质上是货币供给超过了经济运行的实际需要形成的，不可能实现自动平衡，需要通过货币政策的调整才能平衡。部分产品价格被扭曲的市场调整一般会自动实现平衡。我们预计2008年二季度物价有可能逐渐平稳，全年CPI不会超过5%。

有些同志认为，本轮涨价是由于流动性过剩引起的，"是经济对国际收支失衡和人民币实际汇率偏离均衡水平进行自发调整的一部分。如果不均衡状况不改变，而均衡水平的调整就会持续下去，通胀就可能成为中期内需要应对的问题。"诠释此观点，无非是说外贸出口必须减少，人民币必须升值，否则通货膨胀就不可避免，而且是长时期的。对这些观点，我们需要保持清醒的头脑。

我们的结论是：2008年我国经济增长有可能减速，严重通货膨胀可以避免。宏观经济政策应当适时调整，要继续鼓励发展外贸出口，努力促进居民消费适度增长。为了防止出现通货膨胀，应当努力削减财政赤字，压缩政府消费性支出，调整银行存贷利差，稳定人民币币值。

为了防止经济过热和严重通货膨胀，同时保持国民经济平稳快速增长，搞好宏观调控必须综合运用财政政策与货币政策并实现两者的合理组合。当前要重点关注相关的几个重点问题。

一是关于流动性过剩问题。

所谓流动性过剩是指货币供应量超过了经济的需要，通常用广义货币供应量M2与国内生产总值GDP的比值来测度。这个比值并不是绝对的，经济中究竟需要多少货币，既与经济规模有关，还与货币的流通速度等因素有关。当前我国存在一定程度的流动性过剩问题，但是引起过剩的主要原因是"热钱"，而不是外贸顺差。因为任何外币都不能在国内市场上直接流通，企业出口产品赚回的外汇必须兑换成人民币流通，企业才能进行再生产和扩大再生产。所以，外贸顺差兑换成人民币不会额外增加流动性，是经济自身的需要。我们的政策导向应该是继续鼓励发展外贸出口，转变进出口贸易增长方式，而不是防止顺差扩大。为了解决外汇占款过多和国家外汇储备增长过快的矛盾，应当尽快改革结售汇制度。

二是关于人民币升值预期问题。

国内外一些人有意制造人民币升值预期，将有可能对我国经济形成破坏性影响。国际上有名的金融专家,包括1999年诺贝尔经济学奖获得者、"欧元之父"罗伯特·A.蒙代尔和美国斯坦福大学经济学教授,当代金融发展和金融压抑理论奠基人罗纳德·泰金农等学者都主张稳定人民币汇率。认为稳定人民币汇率有利于中国经济高增长,也有利于世界贸易。人民币升值预期不仅影响企业向海外投资,而且导致大量热钱涌入,形成流动性过剩和资产价格虚高(即房市和股市泡沫),可能引发金融危机;人民币的实际升值会影响外贸企业发展,减少就业,可能导致经济不合理减速。

三是关于房地产业市场过热问题。

近几年来房地产开发投资快速增长。2007年,全国房地产开发完成投资25280亿元,比上年增长30.2%。房地产市场健康发展直接关系民生,关系大批相关产业的发展。当前的主要问题是:房屋销售价格上涨过快,房地产市场"虚热"。"虚热"的原因之一是由房屋升值预期的投机行为形成。投机者买房不是为住而买,而是为卖而买,为出租而买,恶炒房屋价格。原因之二是获得土地转让金的政府的趋利行为形成。有关地方政府为了得到巨额土地转让金有意抬高地价,推动房屋价格上涨。针对这两个问题,政府应当运用税收杠杆阻止投机行为,用上收土地转让金的办法消除地方政府的趋利行为。

针对2008年经济运行中的不确定因素,温家宝总理担忧2008年恐怕是经济上最为困难的一年。为了防止2008年经济过热和出现严重通货膨胀,保持经济平稳快速增长,必须正确认识和分析流动性过剩、人民币升值和资产价格虚高等突出问题的性质,综合运用财政政策、税收政策和货币政策妥善解决这些问题,促进经济又好又快发展。

综合运用财政政策与货币政策并实现二者的合理组合十分重要。当前实行的是稳健的财政政策和适度从紧的货币政策组合。贯彻执行这一政策组合时,各方面应当统一认识,正确把握"稳健"和"适度从紧"的力度才能达到好的政策效果。稳健财政应当量入为出,努力削减财政赤字,以实现财政平衡为目标;适度从紧的货币政策,重点是控制信贷规模,稳定汇率,调整利率,以稳定人民币币值为目标。我们认为,从长远看,实行紧预算和宽松的货币组合可能更有利于经济健康发展。

(本文发表于2008年3月《中国信息报》)

论宏观调控中的政策定位

2008年已经过去了七个月。对七个月来的主要统计数据进行分析，经济凸显了下滑趋势。按照2007年底中央经济工作会议确定的宏观调控指导思想，国民经济保持又好又快的发展态势应该没有任何问题。但是因为人民币升值的预期太强烈，影响了外贸出口（外贸是拉动我国经济增长的重要力量，2007年外贸依存度高达67%），导致过多"非正常资金"进入境内，既损害了实体经济又损害了虚拟经济，这是引起经济下滑的基本原因。

我写这篇东西的目的不是想评论什么，更不是要批评什么。是想说明我们在经济理论方面需要研究什么，在经济管理中需要注意什么。我认为，如果不密切结合中国经济的实际深入地进行理论探索，不仅宏观调控的政策定位会出现偏误，我们的经济学也会变得苍白无力。

一、关于宏观调控的政策设计

进行经济宏观调控的政策设计一般是指财政政策和货币政策的政策工具及其组合方式。财政政策工具主要包括税制、税率、国债和预算差额的确定和调节；货币政策工具主要包括利率、汇率、信贷结构和规模、基础货币发行规模的确定和调节。

宏观调控的终极目标是经济增长、充分就业和物价稳定。宏观调控政策设计是为终极目标服务的，为了正确把握政策工具，必须认真研究终极目标的数量区间，单凭定性的概念进行宏观调控则无法正确把握政策工具。通常，作为终极目标，经济增长状况用国内生产总值（GDP）表示，物价变动用居民消费价格指数（CPI）表示，失业状况可以用居民平均名义收入水平表示（同时观察调查失业率的变化）。宏观调控部门为了协调行动，搞好宏观调控，重要任务之一是确定调控的数量目标,即确定 GDP、CPI 和居民平均名义收入增长的合理区间。为了更好地研究我国宏观经济政策的设计问题,下面,我们先对美国 20 世纪 90 年代的宏观经济政策设计作简要说明。

20 世纪 90 年代,美国的经济政策和宏观调控的经验值得借鉴。克林顿政府确定的财政政策被称为"积极的财政保守主义"政策①。这种财政政策把温和的再分配(积极成分)与预算约束(保守主义成分)结合起来,既包括大规模削减开支,也包括适度增税,同时扩大劳动收入所得税抵免。美联储确定的货币政策也许可以被表述为以大约 3% 的"皈依通货膨胀目标"(Convert inflation targeting)②。在通胀目标之前加"皈依"或改变信仰(convert)作修饰,包含了与传统货币政策的两个重要改变:第一,不强调货币供应量目标。时任美联储主席格林斯潘说过:"总量似乎并不能可靠地显示经济发展和价格压力"③,因此,美联储通过设定联邦基金利率的目标值来执行其货币政策。第二,不追求低通胀率目标。时任财长萨默斯说过:"最优通货膨胀率肯定是正的,或许高达 2%或 3%"④。美联储默认了这个主张。由此,在整个 20 世纪 90 年代美国宏观调控政策目标的数量范围大体是:GDP 增长 5% 左右;居民平均名义收入增长 4%(或失业率 5%)左右;CPI3% 左右。由于有明确的宏观调控目标,在长期削减赤字的同时辅之以宽松的货币政策,美国经济在整个 20 世纪 90 年代保持了稳定增长。

二、中国宏观调控终极目标的数量范围研究

实行改革开放 30 年来,我国经济有长足发展。30 年来,我们在管理宏观经济方面既有成功经验,也有失败教训。既经历过高速发展期,也有过衰退期。我们经历了 20 世纪 80 年代中和 90 年代初两次严重的通货膨胀期,也经历了 1998—2002 年长达 5 年的通货紧缩期。经济增长虽然总体上平稳,但是,也有过大起大落。其中 1984 年 GDP 增长高达 15.2%,而 1990 年却降低到了 3.8%,

---

① 杰弗里·法兰克尔等编,徐卫宇等译:《美国 90 年代的经济政策》,中信出版社,2004 年 7 月第 1 版,引言。
② 同上,第 21 页。
③ 同上,第 15 页。
④ 同上,第 6 页。

二者相差 11.4 个百分点。经验证明，要保持经济又好又快发展，宏观经济政策必须设计合理，而且适时调整政策工具和调控力度。宏观调控的目标必须明确，而且要保持相对稳定。否则，经济容易出现大起大落。

进入 20 世纪 90 年代，我们经历了比较典型的经济过热期、紧缩期和平稳期三个典型的经济运行阶段。我们对这三个阶段的相关宏观统计数据（见文末附表）进行分析，可以发现，经济增长、通货膨胀、居民收入、固定资产投资之间存在客观的数量规律，对制定宏观经济政策具有重要参考价值。

现在，我们分别对三个时期的数据进行分析。A 时期即 1992—1996 年，是经济过热，通货膨胀严重的 5 年；B 时期即 1998—2002 年，是经济衰退，出现通货紧缩的 5 年；C 时期即 2003—2007 年，是经济平衡较快发展，通货膨胀适度的 5 年。

表 1 分别给出了 A、B、C 三个时期 GDP 增长、CPI 增长和居民收入增长的水平，同时也给出了衡量年度变动的标准差，标准差可以说明数据的稳定程度，间接说明经济增长、CPI 水平、居民收入水平是否平稳。

表 1　　　　A、B、C 时期的 GDP、CPI 和居民收入增长

	A 时期 (1992—1996 年)	B 时期 (1998—2002 年)	C 时期 (2003—2007 年)
GDP 增长平均水平	12.4	8.2	10.6
标准差	1.89	0.59	0.62
CPI 增长平均水平	14.1	−0.4	2.6
标准差	7.11	0.89	1.61
城镇居民收入 增长平均水平	23.5	8.4	12.4
标准差	8.51	2.66	3.00
农村居民收入 增长平均水平	22.4	3.4	10.9
标准差	8.13	1.39	3.43

注：表中城镇居民收入为可支配收入；农村居民收入为纯收入。所有数据均依据 2007 年《中国统计年鉴》的数据整理。

如表 1 所示，GDP、CPI 和居民收入增长稳定性最差的是经济过热的 A 时期。经济增长率年平均为 12.4%，虽然只比经济平稳的 C 时期高 1.8 个百分点，

但是标准差却是经济平稳时期的 3 倍,说明经济增长很不稳定;通货膨胀率年平均高达 14.1%,比平稳时期高 11.6 个百分点,比同时期经济增长高 1.7 个百分点;居民收入年均增长 20% 以上,超过同时期经济增长将近一倍。

分析表 1 中的数据可以得出如下结论。

第一,居民收入稳定增长,其增长水平与经济增长水平协调,是保持经济又好又快发展的必要条件。因为居民收入增长,是刺激消费增长进而刺激投资增长的基本因素,从而也是拉动内需的原动力。

第二,要保持经济又好又快发展,需要有适度的通货膨胀,否则经济缺乏活力。因为物价适度上涨,可以刺激企业扩大再生产,从而也可以带动投资增长。

第三,结合表 2 进行分析,居民收入增长超过经济增长,是引起经济过热的重要原因。同样,居民收入低于经济增长,也是引起经济衰退的重要原因。经济过热,总需求大于总供给,出现通货膨胀;经济衰退,总需求小于总供给,出现通货紧缩。在 A 时期,居民消费平均增长 26%,恰好接近经济平均增长率 12.4% 与平均通货膨胀率 14.1% 之和;在 B 时期居民消费平均增长 7.3%,也恰好接近经济平均增长率 8.2% 与平均通货膨胀率 -0.4% 之和。通货膨胀看起来是由货币总量过多引起的,但是,多发行的货币只有在成为居民收入,进而转化为实际购买力时才有可能形成通货膨胀。否则,多余的货币只能滞留在银行或者虚拟经济中,而不会出现物价普遍上涨。

表 2　　　　　　　　　固定资产投资和居民消费增长

	A 时期 (1992—1996 年)	B 时期 (1998—2002 年)	C 时期 (2003—2007 年)
投资增长平均水平	33.8	11.9	25.8
标准差	19.59	4.45	1.52
消费增长平均水平	26.0	7.3	12.0
标准差	5.70	1.21	2.61

注:表中固定投资为全社会固定资产投资;居民消费为当年价居民消费。所有数据均依据 2007 年《中国统计年鉴》的数据整理。

综合以上分析,可以得出如下结论:为了保持经济活力,促进经济稳定、较快发展,在现阶段条件下,我国宏观调控的终极目标 GDP 增长在 9%—11%;

CPI 在 3%—5%；城乡居民的名义收入增长（城镇居民可支配收入和农村居民纯收入加权平均）在 10%—12%。固定资产投资增长虽非终极目标，但是它是宏观调控中的重要工具变量。固定资产投资增长除了决定于居民消费增长之外，还决定于外贸出口规模和基础设施、公共设施建设规模。

依据我国目前的情况，我认为固定资产投资的实际增长控制在 15%—20%，可能比较适宜。

三、关于流动性过剩和人民币升值

流动性过剩和强烈的人民币升值预期，影响了近两年来我国宏观调控中货币政策的定位，是一个值得认真反思和探讨的问题。

（一）对流动性过剩的认识

所谓流动性过剩是指货币供应量超过了经济的需要，通常用广义货币供应量 M2 与国内生产总值 GDP 的比值来测度。这个比值并不是绝对的，经济中究竟需要多少货币，既与经济规模有关，还与货币的流通速度等因素有关。当前我国存在一定程度的流动性过剩问题，但是并不严重。而且引起过剩的主要原因是"热钱"，而不是外贸顺差。因为任何外币都不能在我国市场上直接流通，企业出口产品赚回的外汇必须兑换成人民币流通，企业才能进行再生产和扩大再生产。所以，外贸顺差兑换成人民币不会额外增加流动性，是经济自身的需要。我们的政策导向应该是继续鼓励发展外贸出口，转变进出口贸易增长方式，而不是刻意防止顺差扩大。为了解决外汇占款过多和国家外汇储备增长过快的矛盾，应当尽快改革结售汇制度，而不应该打压外贸出口。

对流动性过剩的过头估计，直接导致对通货膨胀不切实际的预期，从而使央行的中介目标定位在货币总量和通货膨胀目标上。更为糟糕的是将流动性过剩的"罪过"记在外贸顺差上，于是，又加强了人民币升值的汇率目标。我始终认为，这样的货币政策定位，从理论到实际都值得认真考量。

（二）关于人民币升值预期的认识

人民币升值预期产生在"虚构"流动性过剩之前。在进行人民币汇率制度改革时，升值预期甚嚣尘上。我不理解，人民币为什么要升值，也不知道人民币大幅升值究竟有什么好处。我认为，国内外一些人有意制造人民币升值预期，将有可能对我国经济形成破坏性影响。国际上有名的金融专家，包括1999年诺贝尔经济学奖获得者、"欧元之父"罗伯特·A.蒙代尔和美国斯坦福大学经济学教授，当代金融发展和金融压抑理论奠基人罗纳德·泰金农等学者都主张稳定人民币汇率。认为稳定人民币汇率有利于中国经济高增长，也有利于世界贸易。人民币升值预期不仅影响企业向海外投资，而且导致大量"热钱"涌入，形成流动性过剩和资产价格虚高，可能引发金融危机；人民币的实际升值会影响外贸企业发展，减少就业，有可能导致经济衰退。

主张人民币大幅升值的理由除了前面所说的"流动性过剩"之外，还有以下几种说法。

一是购买力平价（PPP）说。依据购买力平价方法测算，个别国际组织认为人民币币值被大大低估。他们认为，人民币与美元的比价应该在2:1左右，甚至有人认为接近1:1。购买力平价方法不过是一个学术研究中的方法，目前根本不可能用来决定汇率，也没有任何国家考虑过用此方法来决定汇率。购买力平价方法只考虑了各国货币在本国市场上购买同质商品价值，而没有考虑不同国家的收入水平差别。比如，美国市场上一市斤大米一美元，中国市场上一市斤大米二元人民币，我们不能依此简单认为，人民币与美元的比价为2:1。因为美国居民的月平均收入3000美元，而中国居民的月平均收入只有500元人民币。换句话说，中国居民一个月的劳动收入只能换回250市斤大米，而美国居民一个月的劳动收入可以换回3000市斤大米。所以，购买力平价方法根本不能用作决定汇率的依据。

二是强势货币说。一个经济强盛的国家需要本币成为强势货币并无异议。但是，强势货币不等于本币要升值。真正的强势货币是币值长期稳定的国际结算货币。只有币值稳定，货币才有信誉，信用程度才会高，才有可能成为国际结算货币。

三是反通货膨胀说。我们是一个出口大于进口的国家。国内市场的商品，尤其是消费品，基本上都是国内产品，提高人民币汇率对国内市场的价格水平不会产生影响。当前消费价格指数（CPI）上升的主要原因是食品涨价。食品涨价成分占CPI上升幅度的80%以上。食品涨价的根本原因是因为国内市场上农产品价格被长期扭曲,涨价是市场现象,而不是货币现象。被扭曲的价格在市场作用下会自动涨价,也会自动稳定。货币政策,汇率改变,对国内市场价格发挥不了多大作用。从全局看,人民币升值非但不能抑制通胀,反而会助长通胀。因为外贸用美元结算,每年出口赚回上千亿美元必须兑换成人民币才能流通。通胀的本质是货币贬值,在国内市场上流通的上千亿美元,要兑换上万亿元人民币,在兑换人民币的过程中已经被贬值了。

四、关于经济稳定与金融稳定

保持经济稳定较快增长的前提条件是金融系统稳定,包括银行稳定和货币稳定。当前,我国金融稳定的基础条件比较好。其一是连续几年财政收入大幅增长,财政赤字逐年减少;其二是连续多年外贸出口增长强劲,外汇储备充足。这两条是保持金融稳定的坚实基础。

但是,影响金融不稳定的因素也在增多:

第一,投机冲击有可能引发金融危机。经验证明,投机冲击是引发金融危机最主要的原因。1973年墨西哥货币危机,1978年阿根廷货币危机以及1997年亚洲金融危机,都是由投机冲击引发的。当前,我国投机冲击既来自国外,也来自国内。近两年来,由于人民币升值预期强烈,国际投机资本通过各种渠道进入境内。仅2008年上半年,外汇储备增长2806亿美元,扣除外贸顺差990亿美元,外商直接投资524亿美元,还有1292亿美元的来源及去向都不很清楚。"热钱"的存在,会对资本市场的冲击很大。另外,由于存款利息率长期偏低,游离在金融体系之外的民间资本越积越多,形成的投机冲击力量也不小。投机冲击对股市和房市构成了严重威胁。

第二,不良贷款有可能引发银行和货币"双重危机"。当前,由于中央政府和地方政府推行经济政策存在不一致性,同时在转型过程中银行内部管理制度尚不够健全,导致了信贷扩张。政府担保的"打捆贷款"和房地产贷款中的不良贷款的数额很难预计,其严重性不可忽视。

要保持经济持续稳定增长,必须特别重视维护金融稳定。要认真研究在社会主义市场经济条件下的货币理论和货币政策,仔细研究社会主义市场经济条件下的宏观经济和微观经济数据,准确把握金融市场的变化动态和宏观调控的重点。建议央行当前的工作重点要放在监管投机冲击和调控贷款的规模和结构上。要稳定人民币币值，在汇率和利率的形成机制研究上，应当更加重视社会主义市场经济条件下的银行利息率形成机制，促进人民币价格合理形成。

当前，我国经济中出现的主要问题，一是外贸出口下滑多；二是投机冲击隐患大；三是地方政府和企业贷款需求旺盛，贷款规模难以控制；四是国际初级产品价格高位运行，推动了国内生产价格（PPI）升高，可能会影响居民消费价格（CPI）自行稳定。在这种情况下，货币政策的中介目标需要研究泰勒规则下的"组合式目标"[①]。由此，人们在研究格林斯潘的"遗产"时认为："仔细地研究所有数据，然后将利率设定在恰当的水平上。"我认为这一思想值得我们研究和思考。

五、小结

第一，我国经济体制与西方经济体制有很大差别，学习西方经济学要与中国经济实际相结合，许多理论原则不能生搬硬套，应切忌食洋不化。在制定宏观经济政策时要从有利于本国经济发展着眼，对所谓"经济全球化""金融国际化"也不能脱离自己的实际去"化"。各国的发展水平、经济体制，千差万别。要真正做到"全球化""国际化"，还有很长很长的路要走。我们不能以牺牲自己的根本利益，去迎合别人喧嚣的"全球化"和"国际化"。这是我想说明，但是本文没有直接说明的一点。

第二，宏观调控应该有明确的调控数量目标。定性的政策口号既不好执行又不好检查。如果各宏观管理部门理解有偏差，就有可能失之毫厘，差之千里，不利于形成协调一致的宏观调控行动。本文提出的宏观调控终极目标是通过研究三个不同时期的统计数字提出来的，实证分析证明了美国20世纪90年代宏观调控的部分经验，尤其证明了劳伦斯·萨默斯的观点：最优的目标通货膨胀率应当高于零。

第三，流动性是否过剩，人民币为什么要升值，我认为缺少理论研究和实

---

① K·F. 齐默尔曼主编，申其辉等译：《经济学前沿问题》，中国发展出版社，2004年4月第1版，第15页。

证分析。由此，我们的货币政策不可能不出现偏差。过度运用存款准备金率和人民币汇率作政策工具，弊多利少。

第四，金融稳定是经济稳定的基础。当前，我国既有维持金融稳定的基本条件，即财政赤字小，外汇储备多，也存在影响金融稳定的许多因素，即投机冲击和不良贷款等隐患。为了维护金融稳定，促进经济又好又快发展，在确定货币政策的中介目标时，建议研究泰勒规则，探索"组合式目标"。要更加重视社会主义市场经济条件下货币价格的形成机制，更多地运用利息率来调节货币的供求关系。

最后要说明一点，本文由于篇幅所限，没有过多涉及我国财政政策。其实，设计宏观调控政策的核心内容，应当是财政政策与货币政策的合理组合。我在介绍美国20世纪90年代的经济政策时，提到了克林顿政府实行的是"积极的财政保守主义"政策。其中心思想是坚持量入为出的预算标准，消除上届政府的巨额财政赤字，加强社会保障，改变共和党的降税主张。不难看出，克林顿政府实行的是紧财政宽货币的政策组合。我认为这样的政策组合，值得我们研究和借鉴。尤其是在出现通胀压力和经济下滑迹象时，强调财政预算约束，适度放松货币政策，有利于抑制通胀和刺激经济增长。

附表 单位:%

年份		GDP增长率（可比价）	居民消费价格增长率（CPI）	城镇居民可支配收入增长率	农民纯收入增长率	全社会固定资产增长率	居民消费增长率（支出法，当年价）
A时期	1992	14.2	6.4	19.2	10.6	44.4	21.2
	1993	14.0	14.7	27.2	17.6	61.8	26.2
	1994	13.1	24.1	35.6	32.5	30.4	33.1
	1995	10.9	17.1	22.5	29.2	17.5	30.0
	1996	10.0	8.3	13.0	22.1	14.8	19.7
	年平均	12.4	14.1	23.5	22.4	33.8	26.0
B时期	1998	7.8	-0.8	5.1	3.3	13.9	6.3
	1999	7.6	-1.4	7.9	2.2	5.1	6.9
	2000	8.4	0.4	7.3	1.9	10.3	9.4
	2001	8.3	0.7	9.2	5.0	13.1	7.3
	2002	9.1	-0.8	12.3	4.0	16.9	6.8
	年平均	8.2	-0.4	8.4	3.42	11.9	7.3

续表

年份		GDP 增长率（可比价）	居民消费价格增长率（CPI）	城镇居民可支配收入增长率	农民纯收入增长率	全社会固定资产增长率	居民消费增长率（支出法，当年价）
C 时期	2003	10.0	1.2	10.0	5.9	27.7	8.1
	2004	10.1	3.9	11.2	12.0	26.8	12.3
	2005	10.4	1.8	11.4	12.8	26.0	11.6
	2006	11.1	1.5	12.1	10.2	23.9	12.5
	2007	11.4	4.8	17.2	15.4	24.8	—
	年平均	10.6	2.6	12.4	10.9	25.8	11.1

（本文发表于 2008 年 8 月总第 1789 期《理论动态》）

今年最重要的问题就是"保就业"

至 2 月 20 日，国家实施新的保增长调控已有 100 多天。

这 100 多天，中国经济发生了重大的变化——1 月份贷款数量开始猛增，钢铁价格开始上涨，工业企业开工率上升，股市开始反弹。不过，也存在一些不好的消息——2009 年头两个月用电数字仍在负增长，全国港口吞吐量下滑，失业率仍居高不下。

这些相互"矛盾"的数字，各方解读大相径庭，有人说经济已经开始好转，有人说仅仅是"小阳春"。

目前国家统计局正在加紧统计，预备以短期月度数字来捕捉经济新的信号。全国人大常委、财经委副主任、九三学社中央副主席贺铿，此前做过国家统计局副局长，对统计数字有自己的独特视角，同时，作为财经专家，他也经常对中国经济进行深度分析，并提出政策建议。

在全国"两会"即将召开之际，本报记者对他进行了专访，由他解释一下这些"矛盾"。他认为，自 2008 年 11 月来中国经济的走势已经到达底部，继续下行的可能性不大。虽然宏观形势看好，但他依旧对实际经济中的问题表示了担忧：经济结构调整推进缓慢，信贷激增带来的坏账可能，GDP 崇拜挤压民生投入。此外，在专访中，他在多个回答中都强调，保就业是各级政府今年各项工作的重中之重，"多数人找不到工作才可怕。"他说。

一、经济已到底部，结构问题仍存

《21 世纪》：你怎么看待目前中国的经济形势，下行趋势还会维持多久？

贺铿：我的判断是，自 2008 年 11 月来中国经济的走势已经到达底部。继续下行的可能性不大。

中国经济形势与世界金融危机有关系，但并不是非常明显。目前，中国经济要说有问题，主要是结构存在问题，比如投资率很高，消费率很低，某些行业畸形发展——钢铁行业年产能达4亿吨以上，汽车年生产能力达到1300多万辆，房地产企业4万多家，这些行业与经济发展水平不协调。这些结构性问题的调整期不可能很短，要想经济很快进入一个正常发展期，我认为不大可能。

我国2009年一季度的经济情况应该不会比上年四季度差，2009年全年形势我没有那么乐观，但是也坏不到哪里去。目前良好的经济形势，主要与中央正确的宏观经济政策有关，但也不能盲目乐观，要认清中国的经济现状，慢慢地继续调整，不能操之过急。

总体上看，我们应该对中国未来的经济形势有信心。

《21世纪》：那么你如何看待目前的宏观调控政策？

贺铿：从以往的经验看，我国的宏观预判往往有点滞后，出了问题后又有点着急。今后我们要做到，第一，不要着急，人从主观上都是想一下子改变形势，但经济运行有自己的规律，要慢慢来。第二，在整个经济运行的过程中，要重视经济学界的理论观点，不要盲目。在政策指导思想上要注意民生，保证就业。

《21世纪》："保就业"和"保增长"之间的关系如何协调？

贺铿：2009年GDP增长率是否能达到8%，我们不要把这个问题看得太重。从2009年的宏观政策来看，如果各方面都能够落实，GDP增长率达到8%还是有可能的。我个人认为，2009年最重要的问题应该是就业。

保GDP增长还是保就业，这是非常不同的。这几年，我们把GDP这一问题放在了过分重要的位置上，这没有必要。各级领导在经济工作过程中还是要以民生为本。如果就业率较高，居民收入增加，需求就会增加，GDP增长的问题也就解决了；反之，工作都找不到，经济形势很难好转。因此要关注民生、关注就业，让二者相互作用。

《21世纪》：目前找工作的人很多，但是企业又说招不到人，这是怎么回事？

贺铿：这还是个结构性的问题，就是说总量需要找工作的人多，但是有技能的人少，但是企业又需要有技能的。目前我国技术人才较少，需要今后多方面加强培训，这个问题并不可怕，可怕的是大多数人找不到工作。

二、通缩可能仍然存在

《21世纪》：我们观察到一些"矛盾"现象，想请你分析一下。首先，1月份信贷增速很快，流动性会不会失控？

贺铿：2009年1月份，我国新增人民币贷款达到1.62万亿元。我非常担心这个问题。

目前中国只是经济下滑，而非金融危机。现在滥放贷款，未来可能会出现坏账，一旦演变成金融危机，就很难收拾了。

这里有两个问题：第一，地方政府向金融系统的贷款，由地方政府担保，由于地方换人很快，今后由谁负责是个问题；第二，贷出去这么多款，是否真正拉动内需也不清楚，如果这些钱进入了股市，那就很糟糕了。现在，国务院对于可能的坏账大量出现问题已经开始重视了。

《21世纪》：再就是，如安徽、江西等中部省份，1月工业实际增幅还在16%以上，好像没有受太多影响，但沿海地区好像压力很大。为什么区域经济如此冷热不均？

贺铿：第一，是因为二者的经济发展模式不同。沿海城市多属于外向型经济，而中部地区则是投资集中型，有了投资项目，GDP自然也上去了。第二，就要看各个地方的具体政策了。同时，每次经济普查后，各地数字也会有大的变化，比如2004年普查，广东GDP比以前多出很多，而有些地方就少了很多。所以（这个现象）还需具体分析，一时说不清的。

《21世纪》：现在农产品价格波动比较大，会引发通胀吗？

贺铿：农产品、食品价格的上涨，对农民来说是十分重要的，这并不会引起严重的通胀。相反，现在我们需要担心的是通货紧缩，我们的农产品价格正在非正常地下降。我认为中国现在还没有太多引发通胀的条件。

通缩的可能性是存在的。上一个经济周期就有先例。1998年至2002年，我国基本上是通货紧缩，2003年以后物价才开始上涨。

《21世纪》：再一个是，宏观经济向下，房地产存货高企，但价格仍居高不下，这好像是个怪圈，有点像"大萧条"时纽约的牛奶倒了老百姓也喝不到？

贺铿：现在中国房地产业的商品房供大于求严重，而老百姓又买不起房。

这说明这个行业的泡沫是最危险的。以前包括美国、巴西、香港、日本、泰国等国家和地区发生的金融危机，都与地产泡沫有关。

首先，我们要对中国的房地产泡沫有个正确的认识。它主要是大城市的问题，比如北京、上海、杭州、广州、深圳，泡沫都很严重，而在中小城市普遍就没有多少泡沫。因此，我们应该把大城市的房地产商引向中小城市，从而促进中国的城市化。房地产行业解决的是民生问题。在大城市搞两三万一平方米的商品房是不可以的，绝不可以让一些投机者借此投机。

要解决房地产的过剩，也并非解决税制体制的问题就能解决得好的。关键是地方政府有多少钱就要做多少事，钱多给老百姓多办事，钱少为老百姓少办事，但是不能让老百姓替你出钱办事。

三、直接增加低收入者的收入

《21世纪》：下一步保增长措施中，刺激消费被认为是重点。目前有很多办法，比如消费券、给低收入者直接补贴，但也存在争议，你怎么看？

贺铿：我是不赞同这种办法的。

如果有钱的话，政府可以扶持最薄弱的地方，比如农业的发展、居民的社会保障，还有医疗保障问题。总之，应该尽量增加低收入者的收入，让大家真正有消费能力。这个最重要。

发消费券、给低收入者直接补贴只是治标，而不治本，最重要的还是靠扶持就业。地方政府可以多扶持办一些老百姓都需要的企业。我举个简单的例子，在一些农村，连个像样的理发店都没有，农民有了钱是不是生活就不需要丰富呢？应该在这些方面多想些方法，促进第三产业的发展。

《21世纪》：好像的确有很多发展服务业的机会，比如校车，社会需求量大，但是没有政策支持，全国都没有发展起来。

贺铿：这涉及两个问题。第一，干什么事情不要只想"高"，要多为消费水平较低的人群考虑，要从他们的角度认识问题。这是各级领导指导思想需要转变的问题。第二，要想发展服务业，不能一来就想挣大钱，要扶持那些赚小钱的人，要想想增加了几个就业机会。

只要真正是为人民服务，为大多数百姓利益着想，这些（校车等服务业）

都是绝对可以做到的。如果你想的只是如何升官，GDP 又提高多少，那肯定解决不了这个问题。

我始终认为，要把就业问题放在首位，这才是以人为本。

（本文发表于 2009 年 2 月《21 世纪经济日报》）

关于通货膨胀预期的问题

2009年二季度以来，经济界有人对通货膨胀的预期越来越强，给现实经济生活带来一些负面影响。我赞成在宏观管理中加强通胀预期管理，但不赞成把这种预期的调子唱高，因为过度通胀预期既缺少现实依据，又有可能把人们的思想搞乱，从而影响经济的发展，甚至可能形成"预期通胀"。

一、形成当前通胀预期的主要原因

从客观上说，形成当前通胀预期的主要原因是新增贷款过量。2009年上半年，金融机构新增贷款7万余亿元，大大超过了年计划发行5万亿元的规模。按照货币主义观点，货币多了就一定要形成通胀。货币主义的创始人米尔顿·弗里德曼认为，货币供应量的变动是物价水平和经济活动变动的决定因素。根据货币主义理论，有人研究了中国的狭义货币供应量 M1 和广义货币供应量 M2 与居民消费价格指数 CPI 的关系，得出的结论是：CPI 滞后 M1 有 6 个月左右，滞后 M2 有 10—12 个月，因此预期在 2009 年下半年或 2010 年上半年一定会出现严重通胀。然而，现实往往并非如此。我国在 2009 年下半年并没有出现严重通胀。我认为，2010 年内 CPI 也不大可能高于 5%。

事实上，在缺乏财富影响效应的条件下，货币主义者无法解释货币供应量变动如何直接影响居民收入水平变动，从而影响消费需求变动的原因。也就是说，"通胀归根到底是一种货币现象"的命题，根本无法得到严格的证明。我国历史上出现的严重通胀一般都与居民收入水平变动有关，居民收入增长过快，引起消费需求过旺，物价上涨。但据有关统计数据，在 2009 年，我国超常的货币供应量并没有带来农村居民现金收入、城镇居民可支配收入的超常增长，因而不会引发通货膨胀。货币供应量的变动与居民收入水平变动不存在紧密关系。

当前，我们面临的主要问题是广大低收入群众增收困难，部分行业出现产能过剩。因此，没有理由过度预期通胀。

二、通胀预期过度的负面影响

通胀预期过度，会对经济社会造成许多负面影响。首先，通胀预期过度会冲击资本市场。我国银行存款余额高达50万亿元，社会资金十分充足。在过度通胀预期下，人们担心钱不再值钱，恐慌性地把钱投向资本市场，引起股市、房市剧烈波动，资本市场出现混乱。我们现在没有金融危机，只有经济结构失衡。调整经济结构不能一蹴而就，困难很多，如果再把资本市场搞乱，那将是灾难性的影响。其次，通胀预期过度会扰乱民心。由于我国正处在工业化、城镇化的快速推进期，城乡二元经济结构的消除还需假以时日，居民收入差距很难在短时间内缩小以至消除，如果再加上过度的通胀预期，无疑会加大低收入群众的心理压力，不利于社会的和谐与稳定。最后，通胀预期过度有可能引发"预期通胀"。我国农产品和资源产品价格长期偏低，在调整经济结构过程中，这些产品价格会合理上涨。如果通胀预期过度，农产品、食品和资源产品价格的合理上涨也会被人们误认为是通胀。又因为我国居民储蓄存款余额大，如果通胀预期过度，人们会非理性地动用储蓄，增加消费，引起消费需求过旺，形成"预期通胀"。

三、通胀界定及其宏观管理的数量目标

在经济学中，虽然通胀是一个极其重要的研究领域，但是对它的定义、测度指标和数量范围，还没有明确而统一的解释。在西方，通常认为，通胀是指"一般物价水平的一贯的和可以觉察到的增长"[①]。对于这一解释，我们需要强调：通胀不等同于部分物价调整，更不等同于资本价格变动。世界各国几乎都是用居民消费价格指数（CPI）测度通胀水平，测度的最优目标也不是CPI趋近零，更不是越低越好。正如美国克林顿时代的财长萨默斯所说："最优通货膨胀

---

① 爱德华·夏皮罗：《宏观经济分析》，中国社会科学出版社1985年版，第609页。

率肯定是正的,或许高达2%或3%。"我赞成在宏观管理中加强通胀预期管理,但是必须有明确的数量目标。在中国经济保持9%以上增长速度的情况下,CPI的调控目标应该定在3%—5%,不能低于3%,也不能高于5%。低于3%,经济就没有活力,企业家会因为产品价格低而不愿意增加投资扩大再生产,消费者也会因为预期物价进一步下降而不扩大消费。当然,通胀率高于5%,超过了居民的承受能力,也不利于经济和社会发展。对于CPI,我主张通过宏观管理保证不低于3%,不超过5%。

四、对策建议

根据以上分析,我认为在当前的宏观调控中,我国既不应过分强调货币供应量目标,也不应过分追求低通胀率目标,而应当追求"组合式目标"。为了促进经济又好又快发展,我们应当立足于扩大内需,做好以下三方面的工作。

一是尽快研究和确定各地最低工资标准,改善收入分配结构。各地消费水平不同,最低工资标准也不应当一样,各地政府应根据本地实际,制定并认真执行本地最低工资标准。为此,必须加大执法力度。凡属低于最低工资标准用人的行为,应视为违法,必须严厉处罚、坚决纠正。只有这样,低收入群众的收入才有可能逐步提高,国民收入中劳动者报酬占比才有可能逐步改善。

二是切实保护农产品价格,加大财政对农业的扶持力度。现在,我国农民收入水平尽管有较大增长,但是与城市相比,收入差距还在扩大。农村居民收入低,不但内需不可能真正调动起来,也无法全面建设小康社会。解决农村居民收入低的问题,一靠提高和保护农产品的价格,二靠加快城镇化进程,三靠财政对农村的转移支付,加大政府对农业和农民的支持力度。

三是进一步加大社会保障力度,研究解决劳动密集型企业的社会保障缴款措施。社会保障是对社会成员在生、老、病、死、伤残、失业、灾害等情况下予以物质保障的各种措施的总称。我们必须加大社会保障强度和覆盖面,不能将困难和问题转移到下一代。我国现行社会保障缴款采用的是用人单位和劳动者分担的办法。然而,劳动密集型企业一般利润低,劳动者工资水平也低,社会保障缴款困难比较大。为了减轻企业负担,提高劳动者收入水平,增加非农就业岗位,加快城镇化进程和扩大非农就业比率,我们应当研究对于一些企业的社会保障全部或部分实行由政府财政缴款的办法。只有这样,中小企业、劳动密集型企业才有可能真正发展起来,这也是调节收入分配结构,加快城镇化进程的有效办法,是扩大内需的重要措施。

(本文发表于 2010 年第 3 期《求是》)

2019年经济形势分析及2020年对策
——在博鳌企业家圆桌会议上的发言
（2019年12月6日 博鳌）

各位来宾：

上午好！

统计局公布了今年前三个季度的主要统计数据后，大家都很关心当前的经济形势。从网上评论看，对2020年的经济多数人都不很看好。统计局新闻发言人也认为经济下行压力大，"经济运行面临的风险挑战仍然比较多"，对困难不可低估。多数经济学家认为，2020年经济增速有可能"破6"。我讲三点个人认识：1. 总的情况分析；2. 经济下行原因分析；3. 2020年怎么办。

一、总的情况分析

我认为，当前经济形势的特点可以概括为"三、二、二"，即拉动经济增长的三驾马车都乏力，增长动力不足；世界经济下行和中国经济下行两个周期叠加，压力加大；经济下行与通货膨胀同时出现，宏观调控进入两难。

出现这种情况我认为并不很奇怪，是过度实行凯恩斯主义政策的必然结果。

从公布的统计数据分析，"三驾马车"乏力明显。消费，尤其是居民消费明显下降，1—10月的社会消费品零售总额，按可比价格计算，同比增长5.5%，与2010年经济下行前比较，下降了一半以上。固定资产投资，1—10月同比增长5.2%，只相当于经济下行前5年（2005—2009年）每年平均增长率26.12%的20%不到。外贸，1—10月进出口增速2.4%，只相当于经济下行之前的年平均增速的十分之一不到。

从这些数字分析，我很难得出 GDP 有 6% 以上的增长。

二、经济下行原因分析

从 2010 年开始，我国经济已经缓慢下行了 10 年，目前似乎还没有见底。原因是什么？宏观管理部门和经济学家们都没有深入探索。简单认为是"修昔底德陷阱"和"中等收入陷阱"所致。

我始终认为，经济下行的根本原因是分配结构扭曲。每年创造的财富（GDP）大量沉淀在钢筋混凝土之中，回收期很长，有些根本回收不了。资本形成率过高，最终消费率过低，居民收入差距太大，致使内需严重不足，经济发展不可持续。加之十年来宏观调控南辕北辙，一直沿着继续扩张财政、扩张货币的路子越走越远，这是经济长期下行且不见好转的主要原因。

古人云："善救弊者，必塞其起弊之源。"我们连续 20 年实行积极财政、稳健货币（实为宽松货币）政策，不仅使最终消费率低于世界平均水平将近 20 个百分点，而且政府、企业和居民部门经济杠杆率越来越高，经济泡沫越来越大，风险越积越多。

现在，在需要降杠杆、防风险情况下，一些经济学家仍希望"财政更加积极"，货币政策要"逆周期"发力（实际上是进一步"放水"）。我认为，这是抱薪救火！

我一直主张，经济学家不能教条主义，要像马克思研究"两大部类"关系一样，认真研究经济现象的内在逻辑，还要像经济计量学的创始人弗瑞希一样，认真研究经济现象的数量关系，努力做到调控措施精准。

2019 年 10 月 CPI 达到了 3.8%，通胀明显。又有经济学家解释说，这仅仅是猪肉原因，扣除猪肉因素实际上是通缩。我认为，猪肉只是原因之一，本质上这是经济泡沫的表现。因为事实上这种温和通胀一直存在，与 10 年经济下行一直相伴随。超发的货币会有两种表现形式：大部分沉淀为实物，小部分则表现为通胀。这与美国 20 世纪六七十年代，因罗斯福过度实行了凯恩斯主义政策的后果完全一样。所以，不承认、不遵守经济规律是不行的。

三、2020 年怎么办

对于 2020 年的经济走势，我基本赞同清华大学魏杰教授的四点研判，即仍然是还债高峰期，仍然是产业结构调整的关键时期，仍然是经济下行压力比较大的一年，仍然是贸易战引起的新开放格局调整的一年。

但是，针对每一个判断相应地提出来的应对之策，我有些不同的认识。

我认为2020年的外贸情况可能会比2019年好一点，但货币不可以太松。要继续把防风险当作攻坚战来打，尤其要防止房地产泡沫破灭。

我有以下建议：

一是调整财政与货币政策思路，由积极财政与稳健货币政策组合，逐渐过渡到平衡财政与灵活货币政策组合思路上来。要实行"两稳""两防""一降"措施，即稳货币供给、稳外汇储备；继续防止金融地产化和防止地产金融化；坚持降杠杆的总指导思想，不能总是寅吃卯粮。

二是继续减税降费，加强供给侧改革。通过市场配置资源，培养企业家精神和工匠精神，努力提高全要素生产率。政府要进一步厉行节约，反对炫富和铺张浪费，千方百计提高社会保障水平，改善民生；千方百计提升就业水平，增加居民收入，提高普通居民的消费能力。

三是政策要稳定、简单、透明。尤其对民营经济的政策不能总在变动之中，要一以贯之。要坚持"两个毫不动摇"，实施竞争中性的原则。

四是要改善营商环境和政治环境。充分发挥地方干部的积极性、企业家的积极性和广大人民群众的积极性，努力营造"又有集中又有民主，又有纪律又有自由，又有统一意志、又有个人心情舒畅、生动活泼"的政治局面。多干实事，少说空话、废话。政策既要具体明确，又要言简意赅，要便于落地执行。

五是深化改革、谨慎开放。改革不能停滞，更不能后退，否则人民群众，特别是企业家会迷惘，甚至会失去信心。我不赞成所谓"全面开放"提法。我认为开放是有前提条件的，是在保护国家和人民利益的前提下开放。

总之，我认为必须坚持市场化改革，在不影响国家利益的前提下扩大开放；救弊一定要"塞其起弊之源"；振兴经济一定要有"政通人和"的环境。特别是要让人家提意见，共同想办法，群策群力，因地制宜。既要防止权力过分集中，也要防止职责不清。只有这样，才能保证各地方、各机构互相监督，运转有序。只有这样，国民经济才可以慢慢地好起来。

2020 年经济形势分析与对策
——在中国管理科学研究院年会上的讲话
（2019 年 12 月 22 日 威海）

女士们、先生们：

大家早上好！

我是受命演讲，题目也是会议方（中管院）指定的。现在真正的经济学家都不讲这个题目。我虽然算不上什么经济学家，也不想讲，因为不好讲。我打算讲三个问题：

（1）2019 年的经济情况分析；

（2）经济下行压力加大的原因分析；

（3）2020 年怎么办（主要应对措施）。

一、2019 年的经济情况分析

中央经济工作会议刚刚开过，对 2019 年的经济情况作了精辟的分析，有成绩、有问题，下行压力加大。我认为，与往年相比，2019 年的公报写法、措辞非常务实。

当前的经济状况困难比较大，呈现"三、三、二"特点：其一，传统拉动经济增长的"三驾马车"都乏力。1—11 月，社会消费品零售总额按可比价增长 4.9%，相当于高速增长时期速度的三分之一；固定资产投资增长 5.2%，相当于高速增长时期速度的五分之一；进出口贸易额增长 2.4%，相当于高速增长时期速度的十分之一。其二，"三期叠加"。即经济增长速度由高速向中高速、高质量增长的转换期、结构性调整的阵痛期和前期刺激政策负面影响的消化期叠加，使经济下行压力加大。其三，经济下行与通胀同时出现。10月份CPI高达3.8%，宏观调控手段处于两难。

可见，要保证2020年经济在合理区间运行，困难不小。

二、经济下行压力加大的原因分析

我认为，经济十年来下行不止，近两年下行压力加大，至少有四方面原因：

第一，GDP分配结构严重扭曲。一般GDP分为两部分——最终消费和资本形成。按一般规律，最终消费率65%，资本形成率35%。在实施积极财政政策的1998年，中国最终消费率62.9%，尚在合理区间。之后平均每年下降1.3个百分点，至2010年，下降至45.5%。2010年后，这种扭曲的分配关系时有好转，但始终没有根本改变。采用的主要调控手段总是积极财政、扩张货币政策，因此内需越来越乏力，传统经济增长动力不断衰减。这是经济下行的基本原因。因为每年创造的财富过多沉淀于高铁、高速公路和房屋等无法短期回收的钢筋混凝土之中，经济增长质量不高，增长方式几乎不可持续。

第二，政策不稳。2018年初出现"民营经济退场论"，纪念马克思、恩格斯的《共产党宣言》发表170周年，又强调"消灭私有制"，加上国企混改，社会上出现了怀疑社会主义基本经济制度的思潮。主渠道舆论没有及时强调"两个毫不动摇"和宪法规定的保护私有财产精神，民营企业家顿时思想迷茫，以为是又一次"公私合营"到来了，比较严重地影响了民营企业家的心理预期和民营经济的发展。

第三，出现"塔西佗陷阱"。上述舆论中央没有及时表明态度，一些人误以为是中央的意思。当经济加速下行、民营企业抽资外逃现象严重时，中央领导才做调研、发讲话，开座谈会。但是，人们仍然将信将疑，出现了塔西佗现象。

第四，舆论环境不宽松。我一直认为，要经济发展好，一定要营造毛主席说的"生动活泼的政治局面"和保证"两个积极性"。我认为基层领导一味依赖"顶层设计"是不正常的，要充分发挥所有人的主动性和创造性，政策才有执行力。我们要认真分析"懒政""庸政"的原因，努力改变这种情况。

上述第1条是经济下行的基本原因，第2、3、4条原因很可能是经济下行压力加大的重要原因。

此外，中美贸易摩擦也有一定负面影响。

因此，我很赞成人民大学吴晓求教授的意见："我们对民营经济的政策不能总在变动之中，要一以贯之"，"要夯实我们的法制基础和夯实契约，同时提高市场的透明度、保持政策的连续性、实施竞争中性的原则，这样我们的经济才会企稳，CPI就会下来，这样就会避免滞胀"。我们对这些问题不可掉以轻心，要直面问题所在，冷静应对，并研究具体应对措施。要知道，恢复心理预期，需要事实和时间。

三、2020年怎么办

主要应对措施中央经济工作会议公报已经说得很详细，问题是各家解读有所不同。

我认为主要是稳政策和坚持供给侧结构性改革。

其一，政策一定要稳。稳字当头，稳中求进。继续实施积极的财政政策和稳健的货币政策。但是财政不可以过多加大赤字，要在支出方面做文章，要减少一般性支出，保民生、保运行、保工资。货币政策要灵活适度，在保证经济合理运行的基础上引导资金流向增长乘数较大的制造业，促进经济高质量增长。总的原则是不能再加杠杆，要把防止系统性风险放在首要位置上。房地产政策要坚持"房住不炒"定位，要稳房价、稳地价、稳预期。要防止出现煽动炒房的舆论，引导房地产业健康发展。要千方百计稳定金融市场，提高上市公司质量，推动创业板、新三板改革。要为社会资金寻找合理的投资渠道。建议试建立一些"保本基金"上市，引导社会资金进入股市，以达到提升市场信心、帮助部分企业解决融资难融资贵目的。保守估计，中国目前有5亿左右中产阶级人口（按家庭年收入6万—50万元计），闲置的社会资金数额巨大，应该引导这些闲置资金投放到实体经济中去。"保底"的资金由财政或者由企业筹集。

其二，始终坚持供给侧结构性改革。供给侧结构性改革思想提出了多年，2017年正式写入了党的十九大报告。这几年取得了一些成绩，但是我认为成效不显著。主要原因是理论界不够重视，地方领导不够理解。我想说说我的认识。

第一，什么是供给侧结构性改革？所谓供给侧结构性改革就是充分运用市场机制，引导供给侧要素合理流动、科学组合，达到提高全要素生产率的目的，实现经济高质量增长。供给侧要素分为五大类：劳动、资本、土地、管理制度和科技进步。全要素生产率高低是由管理制度和生产力水平决定的，企业应该在管理创新、技术创新方面下功夫。我国全要素生产率水平低下，有专家研究指出，我国全要素生产率水平只相当于美国的43%，差距很大。政府必须在鼓励企业创新、提高生产力水平上定政策、想办法。

第二，供给侧结构性改革的着力点是什么？我认为是通过市场调整结构，实现企业转型升级。由于生产要素过去主要是政府安排，形成了不合理的生产结构、区域结构、投入结构、排放结构、经济增长动力结构和分配结构。城乡和东中西部发展不平衡，中西部和乡村发展不充分。生产方式粗放，增长动力主要靠投资，且有害物质投入多，对环境破坏很大。这些问题必须通过立法和市场来解决。财税政策要让创新者多得利，不创新者少得利、不得利。

第三，政府怎么抓供给侧结构性改革？我认为主要做好四件事：（1）改革政府，改善营商环境。建立小政府、服务性政府。政府要管好负面清单，保证所有企业平等竞争。（2）督促企业创新，建立现代企业制度；（3）继续减税降费，减轻企业负担，促进生产发展；（4）抓好民生工作。地方领导守土有责，要让辖区内人民生活方便、和谐、安详。

第二部分

收入分配

收入分配不合理是影响内需不足的主因之一

全国政协委员、九三学社中央委员、国家统计局副局长贺铿认为，当前影响经济健康发展的主要原因之一是收入分配不合理，并表现在以下三个方面。

一、居民实际收入增长率与经济增长率不协调，破坏了 GDP 支出结构的比例关系

按经济发展规律要求，居民的实际收入增长率与经济增长率应基本保持一致。但近 30 年来，我国居民实际收入增长率长期低于经济增长率，导致最终消费需求在 GDP 支出中的比例下降，由 20 世纪 60 年代的 80% 以上下降到 90 年代的 60% 以下。按 1998 年的统计数据计算，我国最终消费在 GDP 支出中的比重比世界平均水平低 11 个百分点。1994—1998 年，我国 GDP 增长率为 9.5%，而居民实际收入增长率只有 5.3%，相差近一半。扩大生产而居民收入增长缓慢，必然导致国内有效需求不足和生产能力相对过剩，出现供过于求的经济失衡状况。

二、居民收入差距过大，社会财富向少数人集中，影响了消费需求

有关研究资料表明，我国现在 6 万亿的储蓄存款中，有 80% 属于不到 20% 的储户；1998 年的基尼系数为 0.457，超过合理范围（0.3—0.4）15—52 个百分点；城乡居民收入差距指数为 3.71，比国际平均指数（1.7）高一倍还多。如果收入差距过大，财富集中到少数人手里，多数人手里钱不多，消费需求就不可能保持上升。

三、农产品市场销售价格偏低,农村居民收入增长缓慢

农产品市场价格偏低是农村居民收入增长缓慢、城乡居民收入差距过大的直接原因。我国农村人口约9亿,占总人口的75%,农村居民收入增长缓慢,严重制约了购买力水平的提高,直接影响了国内消费需求增长。按社会消费品零售总额计算,1998年农村居民购买的消费品只占总量的40%。农村居民的平均购买力水平不及城镇居民的1/4。

(本文发表于2000年第12期《领导决策信息》)

研究调节收入分配关系

改革开放以来,我国城乡居民收入有了大幅度提高,但当前也存在一些影响我国经济健康发展的因素,我认为其中一个重要因素是收入分配不合理。在改革过程中,由于收入分配政策不规范,拉大了居民收入差距,出现了财富向少数人集中的现象。少数人收入高,多数人收入低,是引起国内需求不足的重要原因。

收入分配不合理,影响经济健康发展,主要表现有三个方面。

第一,居民实际收入增长率与经济增长率不协调,损坏了GDP支出结构的比例关系。

依据经济发展的规律,居民的实际收入增长率与经济增长率应当基本保持一致。否则,GDP支出结构就不可能保持稳定的比例关系,国民经济就不可能协调发展。但是,近30年来,我国的居民收入增长率与经济增长率不协调。居民的收入增长率长期低于经济增长率,导致最终消费需求在GDP支出中的比例持续下降,由20世纪60年代的80%以上下降到90年代的60%以下。30年中,最终消费支出比例下降了20多个百分点,这种情况在世界各国少有。按1998年的统计数据计算,我国最终消费在GDP支出中的比重比世界平均水平低11个百分点。1994—1998年五年平均,我国GDP增长率为9.5%,而居民实际收入增长率只有5.3%,收入增长率比经济增长率将近低一半。我们曾经有过积累率过高影响了国民经济健康发展的经验教训,经济学界也研讨过所谓"最佳积累率为25%"的问题。尽管固定不变的最佳积累率为25%的观点不一定正确,但是,收入增长率长时期低于经济增长率,国民经济的发展会受到影响则是确定无疑的。因为盲目扩大生产而居民收入增长缓慢必然导致国内有效需求不足和生产能力相对过剩,出现供过于求的经济失衡状况。

第二,居民收入差距过大,影响了消费需求和社会稳定。

居民收入差距过大，社会财富向少数人集中，历来是引发经济危机和社会不稳定的重要原因。中国的历史证明了这一点，20世纪二三十年代的资本主义经济危机也证明了这一点。

当前，我国居民收入差距扩大是一个不容忽视的社会问题。有研究资料表明：我国现在将近6万亿元的储蓄存款，其中80%属于不到20%的储户；1998年的基尼系数为0.457，超过合理范围（0.3—0.4）15—52个百分点；城乡居民收入差距指数为3.71，比国际平均指数1.7高一倍多。这些数据充分显示，我国居民收入差距已经很大。

一般经济学理论认为，在既定财富规模条件下，分配比较合理均等，可支配收入用于消费的部分就越大。如果收入差距过大，财富集中在少数人手里，多数人手里钱不多，消费需求就不可能保持上升。因为多数人没有增加消费支出的能力，少数人增加消费支出很有限。这是引起当前消费需求不足的重要原因。

在我国出现收入差距过大，财富逐步向少数人集中的原因很多，主要有以下三种：首先是监控机制不健全，改革政策不配套，出现了国有财富向私人流失的现象；其次是证券市场不规范、金融秩序混乱，出现了社会资金向少数人集中的现象；再次是制度内与制度外两种分配体系并存，在工资制度之外允许各单位"创收"，增发"津贴"或"奖金"，拉大了行业、部门之间的收入差距，出现了分配混乱现象。分配混乱和分配不公是当前我国比较突出的经济问题和社会问题，既是滋生腐败的温床，又是涣散民心的腐蚀剂，必须认真整治。

第三，农产品市场销售价格偏低，农村居民收入增长缓慢。

我国农产品在国内市场上，销售价格偏低。与国外市场销售价格比较，至少要低一半。以大米为例，在大多数国家都是一公斤售价约2美元，而在中国市场上目前还不到0.4美元，只相当国际市场销售价格的五分之一。尽管大米的质量有差异，但是，我们毕竟是用中国大米养活了中国人。我们有12亿多人口，人均耕地很少，这是我们的基本国情。中国不可能靠进口粮食来养活自己的人民，也不可能靠出口粮食去换取需要的外汇。我希望以所谓农产品国际交易价格与我国市场销售价格相比较的同志不要忘记了这一基本国情，也不要对国外农产品市场销售价格比所谓国际交易价格高许多倍的事实视而不见。美国、法国、澳大利亚、加拿大等农产品出口大国总是千方百计保护本国农户利益，农产品国际交易价格低与他们的保护政策密切相关。我们应当提高警惕，不能以所谓国际交易价格为理由，在国内市场上损害农民的利益。

农产品市场销售价格偏低是农村居民收入增长缓慢、城乡居民收入差距过大的直接原因。我国农村人口约9亿，占总人口的75%。农村居民收入增长缓慢，严重制约了购买力水平的提高，直接影响消费需求增长。按社会消费品零售总额计算，1998年农村居民购买的消费品只占其中的40%。农村居民的平均购买力水平不及城镇居民平均购买力水平的四分之一。按几种基本耐用消费品每百户平均拥有量比较，1998年底洗衣机城市为90.7台，农村为22.8台，相差近4倍；电冰箱城市为76.1台，农村为9.3台，相差8倍多；彩色电视机城市为105.4台，农村为32.6台，相差3倍多；照相机城市为36.3架，农村为2.2架，相差16倍多。这些数据既说明城乡居民消费水平差距很大，也说明开发农村市场的潜力很大。

针对以上情况，我认为在继续推进社会主义市场经济体制建设的同时，政府的宏观调控和政策导向应当把重点放在规范收入分配关系上。如果说"二战"后的美国经济发展还算顺利，我以为并非凯恩斯主义或罗斯福新政的功劳，而是一系列旨在减少赤字、增加分配公平性和优化资源利用的税制设计和财税政策的功劳。因此，政府在宏观调控和政策导向方面要充分利用税收杠杆调节收入分配关系；要建立健全的监控体系，恢复和加强严格的会计制度，防止腐败现象；要严格规范分配制度，根治双重分配体系下产生的分配混乱现象；要扩大就业，提高城镇低收入居民的收入水平；要提高农产品价格，逐步缩小城乡居民的收入差距。我相信，如果在调节收入分配关系和提高居民收入水平方面有了成效，我国国民经济就会进一步健康发展。

（本文发表于2000年第8期《现代领导》）

收入分配行为与社会公平原则

学界正在对收入分配问题进行讨论，中心议题是关于收入分配的原则。党的十六届五中全会提出：要"完善按劳分配为主体、多种分配方式并存的分配制度，坚持各种要素按贡献参与分配，更加注重社会公平，加大调节收入分配的力度，努力缓解地区之间和部分社会成员收入差距扩大的趋势。"在理解"更加注重社会公平"的意义时，引发了关于"效率优先，兼顾公平"是否可以作为收入分配原则的讨论。这场讨论十分有意义，它有利于厘清某些长期模糊不清的概念，正确区分生产者行为和政府行为。

一、关于"收入"和"收入分配"概念

"收入"和"收入分配"是两个不同意义的概念。前者属于生产者行为，后者属于政府行为。讨论收入分配原则，应当将生产者行为和政府行为区分开来，不可混为一谈。

（一）"收入"概念

"收入"要从创造的财富意义上理解，有"国民收入"和"个人市场收入"两种意义。国民收入是通过生产过程所得到的社会总产品扣除了各类消耗之后的余额，亦即各种生产要素在某种组合下，一年中通过经济活动创造的新价值。个人市场收入是一年中"通过个人的经济活动和资本的收益所获得的货币"[1]。依据定义，市场经济条件下的国民收入应该等于个人市场收入之和。国民收入是从宏观意义上定义，个人市场收入是从微观意义上定义。国民收入和个人市场收入都

---

[1] ［德］K. F. 齐默尔曼：《经济学前沿问题》，中国发展出版社2004年版，第289页。

是从生产者角度定义的在一定时期内（一般为一年）新创造的价值。生产者创造价值或获得收入，必定讲效率、讲生产要素的贡献率大小，任何经济活动都要求以最低成本实现既定目标。任何时候效率原则都是生产者创造财富的基本原则。

（二）"收入分配"概念

"收入分配"要从对收入进行分配的行为意义上理解，是将收入或财富分配到具体单位和个人的政府行为。通过财税等政策工具进行收入分配的最终结果即"个人可支配收入"。个人可支配收入可定义为市场收入加转移收支减个人所得税和强制性社会保障贡献后的总价值，亦即一年中个人所获得的最终收入价值。在统计实践中，通常以居民户经济作为收入接受单位，一个居民户的可支配收入等于居民户中所有成员的市场收入加转移收支之和减相应的个人所得税和法定性出资（如交纳社会保险金和捐赠等）[①]。

研究个人收入时有一个现实问题需要探讨，即个人收入是否需要区分企业所得和个人所得问题。在市场经济条件下，"个人"既是生产者又是消费者。任何"个人"都需要将自己所拥有的财产或生产要素投入到一定的经济活动中去，从经济活动中获得收入用于扩大生产和提高个人消费购买力。如果分别从生产者和消费者去理解个人收入概念，个人收入就有必要区分企业所得和个人所得。区分企业所得和个人所得的现实意义是防止规避个人所得税和重复征税。民营企业家的市场收入总有一部分用于扩大生产，一部分用于提高个人消费。用于扩大生产的部分只需要缴纳企业法定出资（法律规定的企业税和费），而不需要缴纳个人所得税；用于个人消费部分只需要缴纳个人法定出资（法律规定的个人所得税、社会保险金和捐赠等），而不需要缴纳企业法定出资。现在，由于没有区分企业所得和个人所得，一方面存在规避个人所得税现象，另一方面又出现了重复征税现象。为了完善社会主义市场经济体制，发展社会主义市场经济，这两种现象都应当避免。我们要鼓励民营企业家将合法经营的劳动所得和工作所得用于扩大再生产，用于回报社会。

分析国民收入的实物构成，很有必要区分企业所得和个人所得。因为企业所得对应生产资料，决定资本形成规模；个人所得对应消费资料，决定居民消

---

① ［德］K. F. 齐默尔曼：《经济学前沿问题》，中国发展出版社2004年版，第289—290页。

费水平。要促进社会和谐、经济协调，政府在调节收入分配时，不但要调节个人收入差距的大小，还要调节企业所得和个人所得的分配比例。这就是政府调节收入分配时必须贯彻的社会公平原则。

二、如何理解"社会公平"原则

我们先讨论个人所得的社会公平问题。社会公平不等于平均主义。个人禀赋和财产有差异，对收入进行分配不可能、也不应该搞平均主义。公平是相对的，政府的责任是控制分配不公平程度，将收入分配格局调节到既能形成激励机制，又能保持社会稳定与和谐的范围内。在社会主义社会，政府运用各种政策工具调节收入分配时应当考虑让经济社会发展的成果惠及所有社会成员。收入分配差距过小、社会福利过高，会影响激励机制的形成；收入分配差距过大、社会保障程度过低，会影响社会的稳定与和谐。政府需要在激励与和谐之间确定一个"度"。这个"度"是包含社会激励和社会和谐的最优解。为了求得这个最优解，测度收入分配不公平程度便成了各国政治家、社会学家和经济学家共同关注的重要问题。

准确测度收入分配不公平程度十分困难。在实证研究中有许多种方法可以用来分析收入分配的不公平程度。但是，在如何精确比较个人收入水平和保持多大收入差距才算公平上，很难取得共识。比较认可、也比较通用的方法是依据描述收入分配的洛伦茨曲线计算基尼系数和对五等级（将家庭收入水平由低向高排列，共分五组，每组20%）收入份额大小进行比较，其中最低收入等级份额和最高收入等级份额的比较尤为重要。但是，等级份额大小的合理性判断尚无定量标准。一般认为，最高收入家庭和最低收入家庭比较少，中产阶级比例大，是和谐社会的重要标志。基尼系数以0.4为警戒线，当一国或一个地区的基尼系数大于0.4时，便认为收入分配差距过大，出现了社会不公平。

与收入分配公平程度有关的另一个问题是"防止贫困"的标准。关于贫困的理论认为，在经过初次分配、再分配之后的个人可支配收入至少能维持其最低生活标准[①]。但是，评估最低生活标准又是一个很有争议的问题。比较说得通

---

① ［德］K. F. 齐默尔曼：《经济学前沿问题》，中国发展出版社2004年版，第323页。

的标准是"贫困线被定义为中等净等价收入的50%"。通常将这一贫困定义称之为V·富克斯定义①。V·富克斯理论之所以说得通，是因为它将不同国度、不同地区的贫困标准定义在相对水平上。既考虑了收入的相对水平，又考虑了支出的相对水平。所谓"净等价收入"是依据居民户规模调整了的可支配收入。调整的理论认为，居民户的消费是可以共享的，例如看电视，一个人和两个人或多个人都可以用一台电视机，两个人或多个人的家庭比一个人的家庭要省钱，居民户消费可以实现规模经济。由此可见，用简单算术平均方法计算平均收入水平进行比较并不合理，应当用加权平均方法计算。在研究中，假设家庭的第一个成年人的权数为1，第二个成年人的权数为0.7，非成年人的权数为0.5。于是，当三口之家的可支配收入为3000元时，若不考虑家庭规模经济假设，按简单算术平均法，则平均可支配收入为1000元；若考虑家庭规模经济假设，按加权平均法，则平均净等价收为3000元÷2.2=1364元。

再考虑贫困程度问题，依据上面计算的平均净等价收入1364元，按照V·富克斯贫困线计算方法，其贫困标准为682元，也就是说，只要平均净等价收入低于682元的家庭就是贫困家庭。

三、关于"效率优先，兼顾公平"的分歧

关于"效率优先，兼顾公平"是否可以作为收入分配原则，存在严重分歧。大体有四派观点。第一派认为必须坚持"效率优先，兼顾公平"为收入分配原则，认为如果要反对效率优先，兼顾公平，必须提出三个证明：第一，以经济建设为中心要改；第二，建立和完善社会主义市场经济体制目标要改；第三，收入分配制度不应该首先起激励作用②。第二派认为"效率优先，兼顾公平"这一提法只适用于社会主义初级阶段的一段时期，不适用于整个时期③。第三派认为，初次分配侧重效率，再分配侧重公平④。第四派即本文的观点。我们认为，首先要弄清"效率"与"公平"所针对的对象，而后再弄清其间的关系。事实

---

① [德] K. F. 齐默尔曼：《经济学前沿问题》，中国发展出版社2004年版，第305页；[美] 劳埃德·雷济兹：《微观经济学》，商务印书馆1989年版，第432页。
② 《特供信息》，2005.41，（总626）。
③ 《特供信息》，2005.40，（总625）。
④ 《特供信息》，2005.44，（总629）。

上，效率和公平分别是创造财富和分配财富的原则，并非绝对相悖的，不存在谁优先和兼顾谁的逻辑关系。

"社会公平"是任何政府都应该坚持的收入分配原则，不但在再分配时要坚持，在初次分配时也要坚持。初次分配是对市场收入的分配，分配的结果在宏观层面形成投资率和消费率，在微观层面形成来自财产的个人市场收入和来自劳动的个人市场收入。在初次分配中，社会公平原则要求投资率保持合理，要求来自劳动的个人市场收入逐渐扩大。政府在初次分配过程中，主要通过教育和培训创造平等的就业机会和通过规范劳动力市场和金融市场创造公平的竞争机会来实现初次分配的公平性和合理性，同时也通过征收遗产税调节社会公平程度。随着政府对市场的不断改进，投资与消费比例的合理性和个人市场收入分配的公平程度在逐步提高。许多国家的数据表明，平均收入中来自劳动收入部分在缓慢增长，来自财产收入或资本收入部分在缓慢下降。以美国为例，1900—1909年，国民收入中平均有30.6%来自资本。经过逐步调节，近几十年已缩减到了20%以下①。2002年美国的投资率为18.05%，消费率为86.04%。在再分配过程中为了坚持社会公平原则，政府着重考虑的是调节收入分配不公平程度和减少贫困。为了实现社会公平，政府在再分配过程中通过税收工具、财政转移收支和强制性社会保险制度，以实现减少贫困和增加收入分配公平度。税收工具与财政转移支付相比较，多数国家更重视转移支付方法。转移支付是因社会义务发生的支付，包括救济、抚恤、捐款、社会馈赠等。在一些国家的转移支付几乎从摇篮到坟墓都包了下来。转移支付用于低收入阶层的比例相当大，有研究结论说："转移支付对收入分配作用较之税收对收入分配作用大得多。对所有家庭说，在减少不平等方面，转移支付要占四分之三，而税收只占整个变化的四分之一。"②依据世界各国的经验，要解决我国的"三农"问题，很有必要进一步加大对农村和农民的财政转移支付力度。

四、如何认识"更加注重社会公平"

提出"更加注重社会公平"是因为我国收入分配中已经出现了比较严重的

---

① [美]劳埃德·雷济兹：《微观经济学》，商务印书馆1989年版，第412—413页。
② [美]劳埃德·雷济兹：《微观经济学》，商务印书馆1989年版，第428页。

社会不公平,并非要改变市场化的发展方向,甚至也不存在要由"先富"向"共富"转换。重要的是规范收入分配方式,完善收入分配制度,加大收入分配调节力度。

由于我国社会经济处在转型时期,收入分配理论和收入分配方式都比较混乱。初次分配不规范,再分配也不规范。生产者行为与政府行为相混淆,社会保障体系不完善。各种因素综合作用,使收入分配差距不断扩大,初次分配和再分配都出现了失衡情况。

首先,从初次分配情况分析,我国投资率和消费率已严重失衡。以2000年为例,世界平均投资率和平均消费率分别为22.9%、75.3%,我国同期分别为36.8%、61%。若从长期趋势分析,差别还要更大。近些年,我国投资率不断趋高,消费率不断趋低。至2004年,投资率已高达44.16%,消费率已降至52.98%。由于投资率过高,引导钢铁、水泥、电解铝等建材行业畸形发展,导致煤、电、油、运全面紧张。整个国民经济几乎到了不可持续发展的边缘。

其次,从再分配情况分析,城乡之间、地区之间和社会成员之间收入差距不断扩大。2004年,世界银行公布的我国基尼系数为0.46,大大超过了警戒线。2000年,收入分配按五等级分,我国最高收入等级份额高达50.24%,最低收入等级份额只占4.72%。而在1973年,美国最高收入等级份额为41.1%,最低收入等级份额为5.5%,其收入分配差距明显比我国小。2004年我国城镇居民人均可支配收入(9421.6元)是农民人均纯收入(2963.4元)的3.2倍,若考虑社会保障和社会福利等因素,有人估计城乡收入差距相差10倍以上。如果不考虑可支配收入和纯收入的口径差别,按城乡人口加权平均,2004年我国人均收入为5645.2元,依照V·富克斯贫困线定义,我国2004年的贫困标准为人均年收入2822.6元。尽管这一定义及其计算都很粗略,但足以说明我国社会成员收入差距过大、贫困人数过多这个基本事实。

根据收入分配格局失衡这一基本事实,党的十六届四中全会提出要调节收入分配格局,促进"五个统筹"发展的战略思想,这是非常及时、完全正确的。党的十六届五中全会又决定要加大调节收入分配的力度,努力缓解地区之间和部分社会成员收入差距扩大的趋势;要控制固定资产投资规模,努力调整投资与消费比例关系;要扎实推进社会主义新农村建设,进一步做好"三农"工作;要着力解决人民群众最关心、最直接、最现实的利益问题,推进和谐社会建设,等等。所有这些措施的目的都是实现社会公平。在建设社会主义社会的过程中，应当将社会公平原则贯彻始终，我们没有任何理由要将实现社会公平与完善社会主义市场经济体制的目标对立起来。实现社会公平有利于构建和谐社会，与以经济建设为中心并不矛盾。

五、简短结论

收入分配问题既是经济学家长期研究的重大课题，也是政治家长期关注的重大课题。本文有以下主要结论。

第一，讨论收入分配问题应当区分生产环节和分配环节。不能将生产者行为和政府行为混为一谈。效率和公平分别适用于社会再生产过程的生产环节和分配环节，收入分配是分配环节的政府行为，而不是生产环节的生产者行为。政府调节初次分配和调节再分配都应当坚持社会公平原则。效率和公平不存在谁优先和兼顾谁的逻辑关系。

第二，社会公平不等于平均主义。社会主义社会的政府在调节收入分配格局时应当根据具体情况，在形成社会激励机制和构建和谐社会中找到一个最优解，合理把握收入分配差距范围，尽可能减少贫困人口。

第三，我国收入分配格局出现了比较严重的失衡情况，政府应当同时加大对初次分配和再分配的调节力度。要着力改善投资与消费的比例关系，缩小收入分配的差距，提高低收入人群的收入水平，努力扩大居民消费比例，促进国民经济健康发展。

第四，要改革财政和税收体制，充分运用财政和税收工具调节收入分配格局。要高度重视财政转移收支对实现社会公平的基础性作用，扩大和完善社会保障体系，努力将"三农"问题解决好。

（本文发表于 2006 年 1 月总第 1694 期《理论动态》）

收入分配公平是和谐社会的基础

当前,对改革收入分配制度的认识比较混乱。我国现行收入分配制度和分配结果不利于构建社会主义和谐社会,初次分配和再分配都出现了失衡状况。如果不认真研究收入分配制度改革理论,正确认识收入分配行为中实现社会公平原则的意义和途径,就有可能偏离改革方向和影响构建和谐社会。在《收入分配行为与社会公平原则》[①]一文中我们详细讨论了"收入分配公平"的意义,指出:"公平是相对的""社会公平不等于平均主义"。也讨论了调节收入分配格局"应当同时加大对初次分配和再分配的调节力度"和"都应当坚持社会公平原则"的基本思想。本文着重讨论收入分配公平与构建社会主义和谐社会的关系,以及如何正确认识收入分配差距和调整收入分配格局的指导思想。

一、社会产品的分配形式是决定社会性质的重要因素

社会产品分配形式是社会生产关系中的重要方面。生产关系决定社会性质,从而社会产品的分配形式是决定社会性质的重要因素。马克思主义者变革社会生产关系的终极目的是形成合理的社会产品分配形式。通过分配,使参加生产的社会成员分到应有的产品份额。

我们承认,在社会主义初级阶段,由于个人禀赋和个人占有的财产有差异,通过收入分配得到的产品份额也应当有差距。但是,在改革产品分配制度时一定要坚持消灭剥削、消除两极分化和最终实现共同富裕的社会主义原则。否则,就会偏离改革方向,甚至产生对抗性社会矛盾。

分配的对抗性是原始社会末期以来产生对抗性社会矛盾的根本原因。要构

---

① 见《理论动态》第1694期。

建社会主义和谐社会和坚持社会主义市场经济改革方向，就必须消除分配中的对抗性因素。要通过各种途径，努力减少分配中的不公平性，这是政府在调节收入分配格局的过程中，始终应当坚持的基本原则。

在非社会主义市场经济条件下，尽管政府在调节收入分配格局时也贯彻"公平"原则，但是，由于阶级利益的局限性，产品分配中的对抗性不可能避免，因为剥削行为不可能避免。

社会主义市场经济与非社会主义市场经济的本质区别是通过国家政权建立起来的法律制度以及由此建立起来的社会秩序，坚持了限制剥削和最终消灭剥削的原则。我们在讨论收入分配原则和设计社会产品分配形式时，不能忽视这一原则。即或是在讨论初次分配中的市场收入分配原则时，也绝对不可以抽象地谈论所谓效率优先问题。从微观上看，初次分配的结果是个人市场收入。个人市场收入，定义为一年中"通过个人经济活动和资本的收入所获得的货币"[①]。依据这一定义，个人市场收入等于来自劳动的收入和来自资本的收入之和。为了限制剥削和最终消灭剥削，必须合理规定来自资本的收入比例。来自劳动的收入份额逐渐增加，来自资本的收入份额逐渐减少，这是提高收入分配的公平程度的普遍趋势，也是限制和消灭剥削的唯一途径。即使是非社会主义市场经济国家，为了维护政权稳定，体现社会公平，许多国家的数据也表明，平均收入中来自劳动收入部分在缓慢增长，来自资本收入部分在缓慢下降。以美国为例，在20世纪30年代经济大恐慌之后，平均收入中来自资本收入部分下降了三分之一，由30.6%下降到了20%以下。

二、中国收入分配的现状

我国收入分配差距在不断扩大，初次分配和再分配结果都出现了比较严重的失衡这是不争的事实。这一事实不仅不利于构建和谐社会，也严重影响了国民经济的健康发展。1998年以来，我国社会需求增长缓慢，居民消费增长乏力，经济增长的原动力不足，其根本原因就是收入分配格局失衡。从初次分配结果看，由于经济增长的内在机制，即由居民消费增长决定投资增长，从而决定经

---

① [德] K. F. 齐默尔曼：《经济学前沿问题》，中国发展出版社2004年版，第289页。

济增长的机制没有形成,过度依靠基本建设投资增长来支撑经济增长,严重影响了资本形成率与最终消费率的客观比例关系。近10年来,我国居民的最终消费率(居民消费/GDP)降低到45%左右,比世界平均水平65%低了20个百分点。居民消费率低,是因为劳动报酬率(年人均可支配收入/年人均GDP)低。依据1990年的有关国际统计资料计算,美国的劳动报酬率为55.4%,韩国为67.8%,而2005年,我国的劳动报酬率仅为45%。从再分配结果看,我国城乡之间、地区之间和社会成员之间收入差距在不断扩大。1985年,我国城镇居民人均可支配收入与农村居民人均纯收入比较,相差1.85倍,到2005年,扩大到3.22倍,与国际平均数(1.7倍)比较,差距高了近一倍。依据住户调查资料计算,城镇居民20%高收入家庭的人均可支配收入与农村居民20%低收入家庭人均纯收入比较,2000年相差14.09倍,2005年扩大到21.46倍。2004年,世界银行公布的我国基尼系数为0.46,大大超过了警戒线,而同为发展中国家的印度是0.338。2000年,收入分配按五等级分,我国最高收入等级份额为50.24%,最低收入等级份额为4.72%,而美国最高收入等级份额为41.1%,最低收入等级份额为5.5%,其收入分配差距明显比我国小。

研究收入分配我们关心的是分配结果。因为研究收入分配的统计方法,包括消费率、投资率、劳动报酬率、基尼系数、贫困标准等,都是以国民核算资料和住户调查资料为依据的。国民核算资料和住户调查资料的收入分配都是分配结果,而不是起点,也不是过程。统计分析以统计资料为依据,反映的是一般趋势。分析经济问题必须遵循一般规则,不可感情用事。否则,无法得到客观结论。从我国初次分配和再分配的结果分析,并进行国际比较,收入分配关系失衡,出现了比较严重的社会不公平,妨碍了经济健康发展,不利于构建和谐社会,这个结论应该是比较客观的。依据这一结论,我们必须改革收入分配制度。党中央及时提出要更加注重社会公平、调节收入分配格局、促进"五个统筹"发展的战略思想是非常必要、完全正确的。

产生收入分配结果不公平的直接原因是收入分配制度不规范、收入分配方式混乱。要解决收入差距过大问题,首先要规范工资制度。第二要扩大税收调节的作用。第三要加大财政转移支付的力度。通过规范工资、税制和财政转移支付制度,努力促进社会公平。因此,改革收入分配制度,要包括改革工资制度、税收制度和财政制度,要实行综合性改革、综合性治理。

三、改革收入分配制度的指导思想

改革收入分配制度一定要坚持社会主义方向,这是基本的指导思想。邓小平说:"社会主义的本质是解放生产力,发展生产力,消灭剥削、消除两极分化最终实现共同富裕。"① 从改革收入分配制度的角度来理解,有以下三点需要认真研究,统一思想。

第一,要强调发展经济。发展经济是促进社会公平的基础。经济发展了,就业可以更加充分,税收和财政调节的力度也可以不断增强。因此,发展经济是促进社会公平的基础。同时,要发展经济,就必须解放和发展生产力。解放和发展生产力就必然要理顺生产关系中的社会产品分配关系和提高生产力中的劳动者经验和技能水平,这是促进社会公平的保证条件,或者说是保证收入分配公平的起点和过程问题。分配形式必须与生产力发展水平相适应,适应则促进生产力发展,不适应则阻碍生产力发展。政府在确定社会产品分配形式时必须贯彻社会公平原则才能真正做到与社会生产力水平相适应。但是,社会公平是相对的。政府的责任是依据生产力发展水平将收入分配格局调节到既能形成激励机制,又能保持社会稳定与和谐的范围内。这里需要强调,生产力发展水平与社会公平原则不是相互对立的关系,也不是只有当生产力水平提高了、经济发展了,才需要强调社会公平原则。生产力发展水平和社会公平程度都是相对的,在建设社会主义社会的过程中,应当将社会公平原则贯彻始终,并且依据具体情况进行合理调整,使之在动态中相互适应。

第二,要强调消灭剥削。即使在社会主义初级阶段,至少也要限制剥削。但是,什么是剥削,还应当深入研究和认识。在古汉语中,剥削一词意指侵削他人财物。在马克思主义经济学中,剥削一词与劳动价值论和阶级斗争学说相联系,认为剩余价值学说揭示了资本主义剥削的秘密。但是,我们很赞成江泽民同志 2001 年 7 月 1 日《在庆祝中国共产党成立八十周年大会上的讲话》中说的"我们应该结合新的实际,深化对社会主义社会劳动和劳动价值理论的研究和认识"的观点。根据这一观点,我们有必要重新研究和认识剥削的时代意义。

---

① 《邓小平文选》第三卷,人民出版社 1993 年版,第 373 页。

我们认为,在研究社会主义分配问题时,确定个人的非剥削收入应当注意两点:首先,收入是通过个人的诚实劳动(包括投入资本要素)所获得的合法收入;其次,个人的合法收入应当区分为扩大生产用和提高个人消费用两部分,前者称为"企业所得",后者称为"个人所得"。对于企业家,他们的合法收入中,可能会有一部分是他人的剩余劳动创造的。如果将他人剩余劳动创造的价值用于扩大再生产,而不是用于个人消费,则可以认为是对社会的贡献,而不是攫取的剥削收入。这就是江泽民同志说的判断人们政治上先进与落后的标准要"看他们的财产是怎么得来的以及对财产怎么支配和使用"①。为了限制剥削,我们应当规定企业收入中的劳动报酬率,规定雇员和工人的最低工资标准。对企业家的个人所得部分也要进行合理的调节。

第三,要强调最终实现共同富裕。在社会主义初级阶段要实现真正意义的共同富裕也许不可能。但是,在社会主义初级阶段制定收入分配原则,改革收入分配制度的指导思想不能忘记最终还要实现共同富裕。为了最终能实现共同富裕,制定现阶段的收入分配政策应当注意三点:其一,要限制收入分配差距和减少贫困人口。个人收入水平保持多大差距算合理,不容易取得共识。比较认可,也比较通用的准则是五等级收入份额分析和基尼系数描述法。一般认为,在五等级收入份额的比较中,最高收入家庭和最低收入家庭比较少,中等收入家庭比例大,这是和谐社会的重要标志。基尼系数以 0.4 为警戒线,当基尼系数大于 0.4,就认为出现了社会不公平。关于贫困的标准,一般认为 V·富克斯定义比较合理。即"贫困线被定义为中等净等价收入的 50%"②。其二,要逐步扩大社会保障覆盖面,提高社会保障强度,加强财政与税收杠杆的调节力度。从世界各国的经验看,为了实现社会公平,政府在再分配过程中通过税收工具、财政转移支付和强制性社会保险制度,是减少贫困和增加收入分配公平度的有效途径,我们应当高度重视进一步加强和扩大社会保障。其三,要逐渐增加劳动收入的比重,减少资本收入的比重。当前,我们实施的按劳分配为主体,各种分配方式并存的分配制度是正确的。然而,为了走向共同富裕,坚持社会主义改革方向,我们不宜过分强调按资分配的思想。因为凭借对生产资料或货币资本的占有,毕竟是获取剥削收入的必要条件。我们应当采取措施,努力增加

---

① 《江泽民文选》,人民出版社 2006 年版,第 287 页。
② [德] K. F. 齐默尔曼:《经济学前沿问题》,中国发展出版社 2004 年版,第 305 页。

劳动收入份额，减少资本收入份额。

改革收入分配制度，调节收入分配格局，解决收入分配差距过大问题是构建社会主义和谐社会的需要。和谐社会包括经济的和谐、政治的和谐和人与自然的和谐。在这三种和谐中，经济和谐是基础。经济和谐最重要的是社会产品分配方式合理。产品分配方式一定要有利于促进生产力发展，有利于社会稳定。故此，构建社会主义和谐社会一定要搞好收入分配制度改革，改革收入分配制度一定要坚持社会主义方向，这就是本文的基本结论。

（本文发表于2006年第9期《科学决策》）

收入分配已到极不公平的边缘

网易财经《意见中国——经济学家访谈录》栏目两会前专访了第十一届全国人民代表大会财政经济委员会副主任委员、国家统计局原副局长贺铿。作为统计局前领导的贺铿忧心收入分配差距问题,谈到统计局和民间机构所统计的基尼系数的差异,他认为民间数据并不靠谱。他说:"(民间数据的)可靠性显然是不能跟国家统计局相比的,它有多少个住户调查资料呢?它取样又是根据什么取的呢?这都是问题。"以下为访谈节选。

网易财经:收入差距现在也是大家一直都比较关注的问题,贫富差距现在好像也越来越大了,国务院也刚刚出了收入分配改革方案的意见,但是有人觉得这个还是比较虚,那么对这个收入分配改革方案,您怎么看?

贺铿:收入分配不公平,这个我在两年前就说过,已经到了极不公平的边缘。我的根据一个是国内的舆论和一部分老百姓有强烈的反映,另一方面就是世界银行年年都公布一些各国的基尼系数,我们的基尼系数应该说也是到了极不公平的水平上。2012年国家统计局又公布了数字,这个数字尽管有各种各样的舆论,但是这个数字我跟世界银行做了一些比较,应该说还是比较接近的,过去我也说,基尼系数大概对中国内地有三种:一个是中国社科院的,一个是香港的,一个是世界银行的。香港的他们肯定是偏高一点,我个人认为是偏高一点,世界银行的应该是相对比较客观,也就是在0.5附近,这个数字不算小,从这个数字来看也说明我们的收入分配是相当不公平的,差距很大。这个问题不抓紧进行,一部分群众的意见很大,内需也起不来。

网易财经:您刚才说基尼系数,还有2012年12月的时候,在国家统计局之前,西南财经大学也公布了一个中国的基尼系数,那个系数超过了0.6,跟国家统计局公布的这个(数据)差距比较大,因为您原来也是统计方面的专家,那么您觉得造成这个差异最主要的原因可能是什么?

贺铿：这个基尼系数的测算还是比较复杂的，必须是建立在比较可靠的，国外叫家计调查，我们叫住户调查，必须得建立在这个基础上。西南财大这个数字，人家也问过我，我的回答是觉得那个东西有点不靠谱，他们作为一个科研，我想发布他们的数字也无可非议，但是它的可靠性显然是不能跟国家统计局相比的，它有多少个住户调查资料呢？它取样又是根据什么取的呢？这都是问题。

（本文为2013年3月网易财经《意见中国——经济学家访谈录》节选）

第三部分

小康社会

为全面建设小康社会奠定坚实经济基础的十三年

党的十三届四中全会以来,全国各族人民在以江泽民同志为核心的党中央领导下,高举邓小平理论伟大旗帜,坚持走中国特色社会主义道路,我国国民经济建设取得了举世瞩目的伟大成就,为全面建设小康社会和国民经济的大发展奠定了坚实的基础。

一、综合国力持续增强,经济结构不断优化

综合国力持续增强,国际地位明显提高。13年来,不论国际国内发生什么情况,党中央都始终坚持以经济建设为中心,用发展的办法解决前进中的问题,从而保证了我国经济不断克服前进中的困难,持续快速健康发展。我国国内生产总值由1989年的16909亿元增长到2001年的95933亿元,按可比价格计算增长1.92倍,年均增长9.3%,提前实现了国内生产总值比1980年翻两番的目标。经济的快速增长缩小了中国与发达国家的差距。根据国际货币基金组织估算,与1989年相比,2001年中国的经济总量已由世界第八位跃居第六位,超过了加拿大和意大利,仅次于美国、日本、德国、法国、英国,且与前五位的差距也明显缩小。

主要工农业产品产量居世界前列,商品短缺基本结束。1989年以来,随着社会主义市场经济建设进程的加快,市场供求关系实现了由卖方市场向买方市场的转变。市场上绝大部分商品供应充裕,主要农产品产量保持快速增长。截至2001年,谷物、棉花、油菜籽、水果、猪牛羊肉等产品产量稳居世界第一位,茶叶居第二位,甘蔗居第三位,大豆居第四位。特别值得关注的是,奶类生产

由1989年的世界第十八位提高到第八位，反映十几年来人民生活水平和消费结构发生了积极变化。主要工业产品产量中，钢和发电量在1989年均居世界第四位，到2000年分别跃居世界第一位和第二位，这两种产品位次的变化反映了我国经济实力的变化。另外，截至2000年，彩色电视机、煤、水泥、化肥产量居世界第一位，棉布、化学纤维产量居第二位。

经济结构持续优化，产业升级逐步进行。党的十三届四中全会以来，我国加快了结构调整的步伐，在发展农业和轻工业、加强基础产业、基础设施建设的同时，大力发展第三产业，产业结构逐渐趋于合理。三大产业的结构显现出农业比重趋于下降、第二产业比重稳步提高、第三产业比重逐渐提升的演进趋势。2001年，第一、第二、第三产业增加值占国内生产总值的比重分别为15.2%、51.2%和33.6%，与1989年相比，第一产业增加值的比重下降了9.8个百分点，第二产业和第三产业增加值的比重分别上升8.1个和1.6个百分点。产品短缺的状况基本结束，一度制约中国经济发展的一些瓶颈产品，如原材料、燃料动力、交通运输的紧张状况成为历史。

二、三大产业全面发展，社会商品极大丰富

农业生产稳步发展，农产品供应充足。2001年农业增加值达14610亿元，扣除价格因素，比1989年增长60.4%，平均每年增长4.0%。农业综合生产能力提高，主要农产品供求基本平衡。粮食产量在1996年突破5亿吨大关，表明我国粮食综合生产能力已经达到了一个新的水平。粮食实现了由短缺向总量平衡、丰年有余的历史性转变；棉花生产在适应纺织工业结构调整的同时，受到出口及库存变化的影响，年际间产量波动较大，但供需仍然达到了总量平衡有余；油料产量稳步增长，2001年产量达到2865万吨，比1989年增长1.21倍，年均增长6.8%；肉类总产量2001年达6334万吨，比1989年增长1.41倍，年均增长7.6%；渔业快速发展，2001年水产品产量已达4381万吨，比1989年增长2.8倍，年均增长11.8%。农产品产量的不断增长，为社会提供了丰富的生产生活资源，大大提高了我国人民的物质生活水平，改善了生活质量。2001年，肉、蛋、奶、水产品的人均占有量分别达到49.8公斤、18.3公斤、8.1公斤和34.4公斤，分别比1989年增长1.12倍、1.86倍、1.38倍和2.34倍。我国用占

世界 10% 的耕地，解决了占世界 22% 人口的温饱问题。

工业生产快速增长，生产能力迅速提高。1989 年以来，市场经济体制逐步建立，国有企业改革不断深化，工业生产实现了有质量、有效益的增长。1989—2001 年，工业增加值年均增长速度达 12.6%，2001 年工业增加值已达到 42607 亿元。主要工业产品产量快速增加，2001 年末，发电量达到 14780 亿千瓦小时，比 1989 年增加 9107 亿千瓦小时；原油 16500 万吨，增加 2736 万吨；化肥 3397 万吨，增加 1594 万吨；钢 15266 万吨，增加 9107 万吨；汽车 233 万辆，增加 175 万辆；半导体集成电路 63.6 亿块，增加 62.3 亿块。

第三产业长足发展，保障和支持经济发展的能力大为增强。生产的增长促进了批发和零售贸易餐饮业的发展。2001 年批发和零售贸易餐饮业增加值达到 7824 亿元，平均每年增长速度为 6.4%。在积极吸引外资进入商业领域后，具备世界水平的大型综合商厦在城市不断涌现。适应经济增长的要求，运输邮电业发展迅速。到 2001 年，运输邮电业增加值达到 5222 亿元，平均每年增长速度为 10.3%。在交通运输方面，货物周转量由 1989 年的 25591 亿吨公里增至 2001 年的 47590 亿吨公里；旅客周转量由 6075 亿人公里增至 13155 亿人公里。邮电通信业飞速发展，各个领域的信息交流方式由以邮件、电话、电报为主进一步发展为包括移动电话、传真、传呼、电子邮件（E-Mail）、数据传输在内的先进快捷的交流方式。与此同时，各种新兴服务业应运而生，大大方便了人民群众的生活，支持了经济的发展。

三、基础设施建设步伐大大加快，经济发展后劲持续增强

党的十三届四中全会以来，随着我国综合国力的增强，基础产业和基础设施投资迅速增长。1989—2001 年，基础产业和基础设施基本建设投资总额为 62516 亿元，年均增长 25.4%。基础产业和基础设施累计建成投产大中型项目 1553 个，其中，农林牧渔水利业 106 个；能源工业 687 个；原材料工业 241 个；交通运输邮电通信业 481 个；城市公共服务业 38 个。我国最大的两项水利工程——长江三峡工程和黄河小浪底工程都实现了截流并进入施工高峰，其中小浪底工程已经发电；世界最大的抽水蓄能电站广州蓄能水电站竣工；重点建设项目京九铁路、南疆铁路、南昆铁路等全线通过竣工验收；全长 1262 公里、投

资393亿元的我国第一条国道主干线京沪高速公路全线贯通；青藏铁路、"西电东送"等一大批重点建设工程相继开工；对长江、黄河和鄱阳湖、洪湖、太湖、淮河、滇池等大江大河的综合治理也取得阶段性成果。

交通运输能力日益扩大，运输结构趋向合理。铁路营运里程1989年为5.69万公里，2001年增加到7.01万公里；公路里程1989年为101.4万公里，2001年达到170万公里，公路等级明显提高，其中高速公路从无到有，已达到1.94万公里。内河航道经过疏浚，通航条件大大改善，通航里程由1989年的10.9万公里增加到2001年的12.15万公里。民用航空是我国发展最快的运输方式，到2001年底，民用航空开通了1143条国际、国内航线，构成了四通八达的蓝天运输网。管道运输伴随石油工业的成长迅速发展，输油（气）管道里程由1989年的1.51万公里增加到2001年的2.8万公里。

邮电通信设施发展迅速，覆盖面迅速扩大。已建成包括光纤、数字微波、程控交换、移动通信等覆盖全国、通达世界的公用电信网，通电话乡镇的比重达100%。目前，进入长话自动网的县市比重达100%，电话网规模容量迅速扩大。全国电话交换机总容量已由1989年的1034.7万门，增加到2001年的2.06亿门。移动通信、数据通信从无到有，迅猛发展，到2001年底我国的移动通信用户已达14522万户。固定电话和移动电话用户均居世界第一位。中国互联网自1996年正式开通以来，在短短的几年内，得到了迅速发展，截至2001年底，全国国际互联网用户已达到3656万户，与1997年相比，互联网用户增长了200多倍。

四、对外经济联系日趋密切，对外开放水平不断提高

对外贸易规模不断扩大，在世界贸易中的地位不断提高。1989年我国进出口总额为1117亿美元，2001年达到5098亿美元，年平均增速达15.0%。在世界上的排位，1989年为第14位，2001年仅次于美国、德国、日本、法国和英国，列第6位。

利用外资规模不断扩大。2001年，实际使用外商直接投资497亿美元，1989—2001年累计3814亿美元。外商投资的平均项目规模由20世纪80年代初的120万美元，90年代初期的130多万美元，增加到90年代后期的300多万美

元。外商投资领域逐步拓宽，直接投资开始由农业、工业、交通、饮食娱乐业等领域向邮电通信、商品零售、金融保险拓展。大公司、大财团来华投资增多，世界500强企业中已有约400家在华投资。

外汇储备达到一个较高水平。1989年，我国外汇储备为56亿美元，2001年迅速增加到2122亿美元，仅在日本之后居世界第二位。

五、城乡居民生活水平大幅度提高，总体上达到小康水平

城乡居民收入水平快速提升。从农村居民看，1989年，农民人均纯收入仅602元，2001年达到2366元，平均每年实际增长4.3%。城镇居民收入加速增长，2001年，城市居民人均可支配收入6860元，比1989年增加了5484元，扣除价格因素，实际年均增长率达到7.1%。与此同时，贫困人口也大量减少，到2001年，农村贫困人口仅剩2900多万，比1989年减少7000多万。

居民消费结构持续优化。恩格尔系数（食品消费比重）逐年下降，城乡居民生活质量持续提高。从农村居民看，1989年恩格尔系数为54.8%，2001年降至47.7%，已进入小康。从城镇居民看，1989年城市居民恩格尔系数为54.5%，在温饱上徘徊，进入90年代，城市居民生活水平稳步提高，恩格尔系数逐年下降，1994年降至50%以下，开始进入小康，2001年降至37.9%，由小康转向了富裕。

居民生活质量明显提高。从耐用消费品拥有量变化情况看，农民家庭经历了从"老四大件"到"新四大件"的转变。1989年前，农民的主体选择是自行车、缝纫机、钟表和收音机等"老四大件"，1989年后，电视机、电冰箱、洗衣机、电风扇等"新四大件"成为农民的新追求。到2001年，农民平均每百户拥有彩色电视机54.4台，比1989年增加14倍；电冰箱13.6台，比1989年增加14倍；洗衣机29.9台，比1989年增加2.7倍；电风扇129.4台，比1989年增加2.8倍。现代家庭生活的许多耐用消费品，如电话、移动电话、空调、电脑等也开始进入农民家庭。2001年，农民每百户拥有电话机34.1部、移动电话8.1部、空调1.7台、组合音响8.7台。城镇居民家庭则经历了从"老四件"到"新六件"（彩色电视机、电冰箱、洗衣机、录音机、电风扇和照相机）再追求轿车、电脑的转变。2001年城市居民家庭平均每百户拥有彩色电视机121台，

比1989年增长1.3倍；电冰箱82台，增长1.2倍；洗衣机92台，增长21%；电风扇171台，增长32.6%；照相机40架，增长1.3倍。另外，每百户还有影碟机43台，录放像机20台，组合音响24台，家用电脑13台。从住房的变化情况看，农村住房面积增加、质量提高。2001年农民人均住房面积为25.7平方米，比1989年增加了8.5平方米，增长49.4%。其中：砖木结构的住房13.8平方米，比1989年增长了4.5平方米，增长48.4%；楼房面积6.9平方米，比1989年增加了6平方米，增长6.5倍。城镇居民住房条件明显改善，抽样调查资料显示，2001年城镇居民人均居住面积14.1平方米，比1989年增长53.3%；城镇居民家中人均居住面积低于4平方米的拥挤户从1989年的5.7%下降到0.8%；住房中有自来水的家庭从1989年的79.8%增长到95.2%，有厕所浴室的家庭从1989年的43.3%增加到80.7%；使用空调或暖气取暖的家庭从1989年的23.9%增加到48%；使用管道煤气、天然气或液化石油气作为燃料的家庭从1989年的37.6%增加到78.7%。

　　13年来的辉煌成就，是在新中国成立以来特别是改革开放以来的成就基础上取得的，是我们党领导全国人民艰苦奋斗的成果，是我们在新世纪继续前进、实现第三步战略目标的坚实基础。当然，经济发展中也存在一些困难和问题：在国民经济实现持续、快速、健康增长的同时，由于结构不合理造成的经济增长质量不高的问题还很突出；城镇化率低，就业压力比较大；在东部地区经济实现快速增长的同时，中、西部特别是西部经济发展还存在制约因素；城乡之间、地区之间、各收入阶层间居民收入差距扩大，社会保障滞后加大了城乡部分群众生活的困难，人均资源短缺与环境污染比较严重，环境保护和可持续发展面临挑战等。这些问题需要高度重视并认真加以解决。我们相信，在胡锦涛同志为总书记的中共中央领导下，高举邓小平理论伟大旗帜，全面贯彻"三个代表"重要思想，认真落实党的十六大精神，一定可以迎来中华民族伟大复兴的光辉未来。

　　（本文发表于2002年第6期《民主与科学》）

全面小康什么样
——《人民日报》记者朱剑红访国家统计局副局长贺铿

记者：江泽民同志在党的十六大报告中提出，要在本世纪头二十年，集中力量，全面建设惠及十几亿人口的更高水平的小康社会。我们知道，在20世纪末，我国人民生活总体上已达到了小康水平，现在又提出全面建设小康社会的意义何在？

贺铿：建设小康社会是邓小平同志最早在1979年提出的，是他对社会主义现代化建设目标的一个简单通俗的描述。党的十二大和十三大对小康标准在理论上进行了完善。1991年在党中央、国务院制定的《关于国民经济和社会发展十年规划和第八个五年计划纲要》的报告中，对小康的内涵作了如下描述："我们所说的小康生活，是适应我国生产力发展水平，体现社会主义基本原则的。人民生活的提高，既包括物质生活的改善，也包括精神生活的充实；既包括居民个人消费水平的提高，也包括社会福利和劳动环境的改善。"

20世纪80年代，许多地方尚未解决温饱问题，所以，从当时的实际情况出发提出的小康社会，是一个低标准的小康社会。邓小平同志在1984年说："所谓小康，从国民生产总值来说，就是年人均达到八百美元。"根据世界银行《1990年世界发展报告》的分类，人均国民生产总值545美元为低收入国家，545—2200美元为中下收入国家，2200—5999美元为中上收入国家，6000美元以上为高收入国家。

全面建设小康社会在党的十五大就提出来了，而党的十六大进一步作为党在新世纪新阶段的奋斗目标被提出，这是我们国家和社会发展进入新阶段的标志。全面建设小康社会就是要建设全面的小康社会，是一次全面而深刻的社会变革过程，而不是单纯指提高发展水平。

记者：那么，全面小康社会是什么模样呢？

贺铿：要理解"全面建设小康社会"，先要理解人民生活总体上达到小康水平究竟有哪些内容。

1991年国家统计局与计划、财政、卫生、教育等12个部门的研究人员组成了课题组，按照党中央、国务院提出的小康社会的内涵确定了16个基本监测指标和小康临界值（见文后）。

用综合评分方法对这16个指标进行测算，1990年全国小康实现程度为48%，2000年为96%。到2000年，尚有三个指标没有达到小康标准，即农民人均纯收入为1066元，实现85%；人均蛋白质日摄入量为75克，实现90%；农村初级卫生保健基本合格县比重实现80%。分地区来看，东部基本实现，中部实现78%，西部实现56%。

根据这个测算结果，我们可以豪迈地向全世界宣布：一个12亿多人口的发展中大国，人民生活总体上达到了小康水平。在新世纪，我们就是在这个基础上全面建设小康社会。

记者：这么说，我们已经总体达到小康水平是有具体的衡量指标的。那么这个小康水平，与我们要全面建设的小康社会有何区别？

贺铿：首先是范围不一样。20世纪根据我国的国情，我们建设小康社会侧重点在解决温饱，提高物质文明的水平。而邓小平同志提出的小康社会决不单纯指物质文明，还应该包括精神文明和政治文明的建设。因此，江泽民同志在党的十六大报告中提出的"使经济更加发展、民主更加健全、科教更加进步、文化更加繁荣、社会更加和谐、人民生活更加殷实"，是对小康社会更全面的描述，是对小康水平提出了更高的要求。

第二个不同就是标准不一样。我们在小康水平上全面建设小康社会，应该有新的标准。比如，我们的国内生产总值到2020年要力争比2000年翻两番，那么，按此目标，人均GDP就应该超过3000美元，符合世界银行2000年关于世界各国收入水平四类划分标准的中上收入国家的水平。其他相关指标也是如此。在党的十六大以后，我们将抓紧研究用哪些指标来描述全面小康社会。可以肯定的是，在对全面建设小康社会的进程实行监测或量化时，不仅要提高反映人民生活水平的统计指标的临界值，而且要全面反映精神文明和政治文明的发展进程。

小康基本标准

（1）人均国内生产总值2500元（按1980年的价格和汇率计算，2500元相当于900美元）；

（2）城镇人均可支配收入2400元；

（3）农民人均纯收入1200元；

（4）城镇住房人均使用面积12平方米；

（5）农村钢木结构住房人均使用面积15平方米；

（6）人均蛋白质日摄入量75克；

（7）城市每人拥有铺路面积8平方米；

（8）农村通公路行政村比重85%；

（9）恩格尔系数50%；

（10）成人识字率85%；

（11）人均预期寿命70岁；

（12）婴儿死亡率3.1%；

（13）教育娱乐支出比重11%；

（14）电视机普及率100%；

（15）森林覆盖率15%；

（16）农村初级卫生保健基本合格县比重100%。

（本文发表于2002年11月《人民日报》）

小康生活和全面小康社会的标准

在进入新世纪，刚刚跨越小康生活的门槛之后，党的十六大又提出了全面建设小康社会的宏伟目标，为全国人民勾画出了未来20年生活的美景。从"总体上达到小康水平"到"全面建设小康社会"，小康的内涵也在与时俱进，得到不断丰富和发展，成为亿万人民努力和奋斗的目标。

一、小康概念

小康概念最早见于《礼记》，是战国时期儒家的政治主张。经过千百年的流传和时代的变迁，人们不断地赋予小康概念新的内涵。到现代，小康是指介于温饱与富裕之间的一个经济发展阶段。建设小康社会是邓小平理论的重要内容之一，是对社会主义现代化建设目标的一个简单通俗的描述。邓小平同志1979年12月在会见日本时任首相大平正芳时说："我们提出四个现代化，最低目标是在本世纪末达到小康社会。"1984年他又进一步说明："所谓小康，就是到本世纪（即20世纪）末，国民生产总值人均800美元。"1987年党的十三大把实现小康正式确定为我国现代化建设的第二步战略目标，1991年七届人大四次会议通过的《中华人民共和国国民经济和社会发展十年规划和第八个五年计划纲要》，对小康作了详细的描述："我们所说的小康，是适应我国生产力发展水平，体现社会主义基本原则的人民生活的提高，既包括物质生活的改善，也包括精神生活的充实；既包括居民个人消费水平的提高，也包括社会福利和劳动环境的改善。"其中进一步提出，"要在发展生产的基础上改善人民生活，使人民生活逐步由温饱达到小康，生活资料更加丰裕，消费结构趋于合理，居住条件明显改善，文化生活进一步丰富，健康水平持续提高，社会服务设施不断完善。"因此，邓小平同志所提出的在20世纪末实现的小康社会的重点是人民生活水平的提高，它有三个本质特征：第一，是物质文明和精神文明相统一的小康社会；第二，是体现社会主义基本原则的小康社会；第三，还是低标准的小康社会。根据世界银行《1990年世界发展报告》的分类，人均国民生产总值545美元为低收入国家，545—2200美元为中下收入国家，2200—5999美元为中上收入国家，6000美元以上为高收入国家。人均国民生产总值800美元在世界上尚处于中下收入水平的低限附近。

二、小康水平评价指标体系和标准

要切实有效地反映和监测全国小康的实现程度，必须有科学的评价方法。为此，国家统计局1991年成立了专门的课题组，开展中国小康问题的研究。1992年，国家统计局课题组提出了《中国小康标准》，并取得了初步研究成果；20世纪90年代中期，国家统计局又会同原国家计委和农业部共同研究制定出了《全国小康生活水平基本标准》，使得衡量小康水平有了看得见、摸得着的尺度（见表1）。

表1　　　　　　　　　全国小康生活水平基本标准

指标类型	指标名称	单位	指标临界值		
			1980年	小康值	权数
一、经济水平	1. 人均国内生产总值	元	778	2500	14
二、物质生活					48
收入	2. 人均收入水平				16
	（1）城镇人均可支配收入	元	974	2400	6
	（2）农民人均纯收入	元	315	1200	10
居住	3. 人均居住水平				12
	（1）城镇人均使用面积	平方米	5.5	12	5
	（2）农村人均钢砖木结构住房面积	平方米	4.5	15	7
营养	4. 人均蛋白质摄入量	克	50	75	6
交通	5. 城乡交通状况				8
	（1）城市每人拥有铺路面积	平方米	2.8	8	3
	（2）农村通公路行政村比重	%	50	85	5
结构	6. 恩格尔系数	%	60	50	6

续表

指标类型	指标名称	单位	指标临界值		权数
			1980年	小康值	
三、人口素质					14
文化	7. 成人识字率	%	68	85	6
健康	8. 人均预期寿命	岁	68	70	4
	9. 婴儿死亡率	‰	34.7	31	4
四、精神生活					10
	10. 教育娱乐支出比重	%	3	11	5
	11. 电视机普及率	%	11.9	100	5
五、生活环境					14
	12. 森林覆盖率	%	12	15	7
	13. 农村初级卫生保健基本合格以上县百分比	%	—	100	7
总计	共16项分指标				100

注：表中价值量指标均按1990年价格计算。

从指标的总体设计看，指标体系由经济实力、物质生活、人口素质、精神生活、生活环境五个方面构成，并细化为16项具体指标，指标基本上囊括了反映小康生活水平的主要方面。

小康标准的关键是指标临界值的确定。我们确定指标临界值采取了多种方法，有的用计量经济模型确定，有的用国际公认的标准确定（如恩格尔系数、基尼系数），有的用横向对比法确定，也有的用专家法确定。指标权重的确定同样有多种方法，如专家法、多元统计分析法等。其中经济水平、精神生活和生活环境五个方面的权重分别为14%、48%、14%、10%和4%。反映物质生活水平的指标权重最大，因为它是反映人民生活水平的核心指标。

此外，我们还分别制定了农村和城镇小康监测指标和标准，这主要是考虑到我国城乡之间存在着较大差异，用一套标准很难准确反映城镇和农村居民的生活水平状况，需要制定出城镇标准和农村标准作为全国标准的细化和补充，这里就不作详细介绍了。

三、小康进程的监测计算

小康实现程度即实际值距小康临界值有多远。国家统计局采用的是区间距离实现程度方法测算的。就是将小康临界值(即小康生活阶段的初始值或称下限值)作为温饱阶段的上限值,将1980年或20世纪80年代初的指标作为温饱阶段的初始值即下限,确定出温饱生活阶段这一区间,此区间的距离用Y表示;某指标由温饱初始值达到现值构成的距离,说明该指标达到的一种数量水平,该距离用X表示,则指标小康实现程度就是指X与Y的比值的百分比程度即(X/Y)×100%。一般X位于温饱区间内,如果X等于或大于Y,则实现程度为100%,反之则为零。总体小康实现程度为各指标实现程度与其权重乘积之和。

小康实现程度计算公式为:

小康实现程度 = (即期值 − 1980年值) / (小康值 − 1980年值) × 100%

根据《全国小康生活水平基本标准》测算,到2000年底,全国小康实现程度约为96%。从全国标准的5个方面16项指标看,反映经济水平、精神生活、人口素质的指标已达到小康标准,反映物质生活、生活环境指标的小康实现程度分别为95.8%和90%,也接近实现(见表2)。由此,可以得出如下结论:经过全党和全国各族人民20年的艰苦努力,我们胜利实现了现代化建设"三步走"战略的第二步目标。一个十二亿多人口的发展中大国,人民生活总体上达到了小康水平。

我国人民生活总体上达到小康水平,这是中华民族发展史上一个新的里程碑。但是总体实现小康并不等于完全实现小康,也不等于所有地区及社会经济的各个方面都实现小康,我国的小康发展水平还很不平衡。分地区看,东部基本实现,中部实现78%,西部实现56%。东部和中部地区基本实现小康,而西部大部分地区尚未实现小康。事实上,到2000年,全国也还尚有三个指标没有达到小康标准,即农民人均纯收入为1066元,实现85%;人均蛋白质日摄入量为73克,实现90%;农村初级卫生保健基本合格县比重实现80%。同时,我们还应清醒地认识到,小康标准中规定的数量界限是达到小康生活水平的下限值,达到这个标准只是刚刚跨入小康社会的门槛。同国际比较,它还属于中等偏下收入国家的水平,较中等发达国家的生活水平还有较大差距,还需要长时间的艰苦努力。21世纪,要实现全面建设小康社会的目标,任务将是十分艰巨的。

表2　　　　　　　　　　　全国小康综合评价值

指标类别	指标名称	单位	实际值			小康值	小康实现程度(%)	
			1980年	1990年	2000年		1990年	2000年
一、经济水平	1. 人均国内生产总值	元	778	1634	3850	2500	49.7	100
二、物质生活							50	95.8
收入	2. 人均收入水平							
	(1) 城镇人均可支配收入	元	974	1523	2925	2400	38.5	100
	(2) 农民人均纯收入	元	315	686	1066	1200	41.9	84.85
居住	3. 人均居住水平							
	(1) 城镇人均使用面积	平方米	5.5	9.45	14.9	12	60.8	100
	(2) 农村人均钢砖木结构住房面积	平方米	4.5	11.06	19.76	15	62.5	100
营养	4. 人均蛋白质摄入量*	克	50	62	73（估算数）	75	48	90
交通	5. 城乡交通状况							
	(1) 城市每人拥有铺路面积	平方米	2.8	6	9.1	8	61.5	100
	(2) 农村通公路行政村比重	%	50	74	≥85	85	68.6	100
结构	6. 恩格尔系数	%	60	56.8	45	50	32	100
三、人口素质							66.9	100
文化	7. 成人识字率	%	68	77.7	93.28	85	57.1	100
健康	8. 人均预期寿命	岁	68	70	71.4	70	100	100
	9. 婴儿死亡率	‰	34.7	32.9	28.38	31	48.6	100
四、精神生活							47.2	100
	10. 教育娱乐支出比重	%	3	6.27	11.67	11	40.9	100
	11. 电视机普及率	%	11.9	59.1	100	100	53.6	100

续表

指标类别	指标名称	单位	实际值			小康值	小康实现程度（%）	
			1980年	1990年	2000年		1990年	2000年
五、生活环境							23.3	90
	12. 森林覆盖率	%	12	13	16.55	15	33.3	100
	13. 农村初级卫生保健基本合格以上县百分比★	%	—	13.3	83（1999年数）	100	13.3	80.4
总计	共16项分指标						48.3	96.6

注：表中价值量指标均按1990年价格计算。

四、小康内涵的丰富与发展：从总体小康到全面小康

江泽民同志在党的十五大报告中指出："展望下个世纪，我们的目标是，第一个十年实现国内生产总值比2000年翻一番，使人民的小康生活更加宽裕，形成比较完善的社会主义市场经济体制。"他在去年的"七一"讲话中还指出："十二亿多中国人不仅解决了温饱问题，而且总体上达到小康水平。"在刚刚闭幕的党的十六大上，又更加明确系统地提出了全面建设小康社会的目标，即

——在优化结构和提高效益的基础上，国内生产总值到2020年力争比2000年翻两番，综合国力和国际竞争力明显增强。

——社会主义民主更加完善，社会主义法制更加完备，依法治国基本方略得到全面落实，人民的政治、经济和文化权益得到切实尊重和保障。基层民主更加健全，社会秩序良好，人民安居乐业。

——全民族的思想道德素质、科学文化素质和健康素质明显提高，形成比较完善的现代国民教育体系、科技和文化创新体系、全民健身和医疗卫生体系。

——可持续发展能力不断增强，生态环境得到改善，资源利用效率显著提高，促进人与自然的和谐，推动整个社会走上生产发展、生活富裕、生态良好的文明发展道路。

这一系列重要讲话深刻阐明了总体小康、更加宽裕的小康与全面建设小康社会的关系，使小康的内涵得到了进一步的丰富与发展。

小康社会是一个历史范畴，在我国经过了由空想到科学的飞跃。这个飞跃是由邓小平和江泽民同志完成的。邓小平和江泽民同志借用小康社会这个名词，

用历史唯物论的观点对小康社会赋予了全新内容。坚持解放生产力，发展生产力，消灭剥削，消除两极分化，最终实现共同富裕的社会主义原则，把建设小康社会的目标落实在三个文明建设上。因此，我们在全面建设小康社会的过程中，要在"全面"二字上下功夫，始终要坚持社会主义的基本原则。不能只注重发展经济而忽视制度建设，也不能片面追求平均水平，而忽视全面发展和共同富裕。加强社会主义市场经济体制和各项制度建设，是全面建设小康社会的重点；解决收入分配差距扩大，城、乡和东、中、西部经济发展水平不平衡问题，是全面建设小康社会的难点。如果不抓住重点解决难点，我们在建设小康社会的过程中就不可能真正体现社会主义的基本原则，从而也不可能建成真正高标准的社会主义小康社会。

（本文发表于 2002 年 12 月总第 187 期《中华儿女》）

全面建设小康社会将是一次深刻社会变革过程

全面建设小康社会是党的十六大在新世纪新阶段向全党和全国人民提出的宏伟奋斗目标。再经过一二十年的努力，要使我国经济更加发展，民主更加健全，科教更加进步，文化更加繁荣，社会更加和谐，人民生活更加殷实。也就是说，全面建设小康社会就是要建设全面的小康社会，就是要在经济、政治和文化等各个领域深入进行改革，这将是一次深刻的社会变革过程。

在 20 世纪末，我们经过 20 年的艰苦奋斗，胜利实现了"三步走"发展战略的第二步目标。在人均国内生产总值只有 270 美元、城乡居民年收入水平不足 150 美元的基础上，使人民生活水平大幅度提高，总体上达到了小康水平。虽然这个小康水平并不很高，而且发展不平衡，但是这个成绩来之不易，这是中华民族发展史上一个新的里程碑。到 2001 年，我国人均国内生产总值已超过 900 美元，城乡居民年收入接近 500 美元，在世界上我们进入了中下收入国家的水平。随着居民收入的不断提高，居民的生活质量和消费结构也发生了很大变化。若用恩格尔系数，即居民用于购买食品的支出占消费总支出的比重来评价，2001 年我国城镇居民已进入富裕阶段，恩格尔系数为 37.9%；农村居民也进入了小康阶段，恩格尔系数为 47.7%。按照国家统计局联合 12 个部门的研究人员进行研究，在 1991 年参照国际标准，并结合我国具体实际所确定的小康标准进行测算，到 2000 年在 16 个评价指标中已有 13 个指标达到或超过了小康水平。只有农民人均纯收入、人均蛋白质日摄入量和农村初级卫生保健基本合格以上县比重三个指标尚未完全达到要求，但也分别实现了 85%、90% 和 80%。

在人民生活总体上达到了小康水平的基础上全面建设小康社会，将是一个伟大而艰巨的奋斗目标。只要我们坚持高举邓小平理论伟大旗帜，全面贯彻

"三个代表"重要思想，我们就一定可以实现这个宏伟目标。在全面建设小康社会的过程中，一定要抓住重点，明确难点，在"全面"二字上狠下工夫，对上层建筑和经济基础实行整体推进，努力建成让绝大多数人民生活更加殷实，全社会更加和谐的小康社会。

全面建设小康社会的重点有两个。其一是法制建设和制度建设，法制健全、制度完备是实现全面小康社会的保证条件，也是重要标志。在小康社会里绝大多数的干部和公民应该能做到非法勿言，非法勿动，一切都按法律和制度行事，只有这样才是真正有序与和谐的社会；其二是培育"中产阶级"。这里的"中产阶级"并非按生产资料占有情况划分的政治意义上的阶级，而是代表国民素质水平的社会群体。全面的小康社会应当是以中产阶级为主体的社会。中产阶级不仅有较高的收入水平，更应当有较高的道德水准和文化素质。他们讲诚信、守法纪，热爱国家，热爱人民，热爱事业。如果没有形成这样的中产阶级而且成为社会的主体，我们就不能认为真正建成了全面的小康社会。

全面建设小康社会所面临的主要难点是解决收入差距扩大，城、乡和东、中、西部经济发展水平不平衡问题。我国城乡经济发展水平差距很大，而且城镇化率很低，这将是全面建设小康社会的重要制约因素。根据2000年全国人口普查资料，目前我国城镇化率仅为37%左右。而世界平均水平为47%，发达国家为75%，发展中国家为38%，最不发达国家为22%。因此我国要实现全面的小康社会，进入中等发达国家水平，在发展农村经济，提高城镇化率方面还面临着相当艰巨的任务。东、中、西部的经济发展水平差距也很大。2001年，我国东部11省市人均GDP已达到1600美元，而西部12省区市人均GDP只有610美元。东部最发达的上海市人均GDP已达到4500美元，而最不发达的西部省还只有350美元，相差近13倍。

全面建设小康社会应当是民主、法制、文明的社会。因此，全面建设小康社会一定要坚持社会主义的基本原则，解放生产力，发展生产力，消灭剥削，消除两极分化，实现共同富裕。要深入研究我国的国情，从实际出发，抓住重点，解决难点，提出新的思路，采取新的举措，开创新的局面。

（本文发表于2002年12月总第1583期《理论动态》）

总体小康水平与全面小康社会

在20世纪末,我们胜利实现了现代化建设"三步走"战略的第一、二步目标,人民生活总体上达到了小康水平。党的十六大又适时提出了在21世纪头一二十年全面建设小康社会的奋斗目标。这是凝聚党心、鼓舞民心的宏伟目标,是邓小平关于社会主义建设理论的延伸和发展。本文的主题是阐述总体小康水平与全面小康社会的关系,并说明全面建设小康社会的重点和难点。

一、小康社会概念

小康社会这一概念源于《礼记》,是我国战国时期儒家所说的"天下为家"的社会。儒家所设想的小康社会有三个特征:其一是私有制社会。"今大道既隐,天下为家,各亲其亲,各子其子,货力为己。"其二是封建世袭,国家安定的社会。"大人世袭以为礼,城郭沟池以为固。"其三是礼治文明的社会。"礼义以为纪,以正君臣,以笃父子,以睦兄弟,以和夫妇,以设制度……"总之,礼是"天之经也,地之义也,民之行也"。

儒家思想的小康社会是一种理想或空想,因为他们还不能认识经济基础与上层建筑的辩证统一关系,没有,也不可能提出包括物质文明建设、精神文明建设和政治文明建设的全面主张。

邓小平和江泽民同志用历史唯物论观点为小康社会这个概念赋予了全新的内容,主张在建设小康社会的过程中,要坚持解放生产力,发展生产力,消灭剥削,消除两极分化,最终实现共同富裕的社会主义原则,把建设小康社会的目标落实在物质文明、精神文明和政治文明三个文明建设上。邓小平同志1979年12月接见时任日本首相大平正芳时首次提出了中国20世纪末的目标是实现小康。在1979—1992年的13年中,他有十余次谈到建设小康社会的问题,每次都与坚持社会主义方向和在中国如何建设社会主义的问题相联系。他说："十一届三中全会以后，我们探索了中国怎么搞社会主义。归根结底，就是要发展生产力，逐步发展中国的经济。第一步到本世纪末翻两番，达到小康水平。第二步，再花三十年到五十年时间，接近发达国家水平。"他还说："所谓小康社会，就是虽然不富裕，但日子好过。我们是社会主义国家，国民收入分配要使所有的人都得益，没有太富的人，也没有太穷的人，所以日子普遍好过。"1992年，邓小平同志在"南方谈话"中进一步强调："走社会主义道路，就是要逐步实现共同富裕。"他认为，一部分地区先发展起来，先发展起来的地区带动后发展的地区，社会主义制度应该而且能够避免两极分化，解决的办法之一就是先富起来的地区多交税和实行技术转让，支持不发达地区。但是太早这样办也不行，"什么时候突出地提出和解决这个问题，在什么基础上提出和解决这个问题，要研究。可以设想，在本世纪末达到小康水平的时候，就要突出地提出和解决这个问题"。江泽民同志适时提出了这个问题："我们要在本世纪头二十年，集中力量，全面建设惠及十几亿人口的更高水平的小康社会，使经济更加发展、民主更加健全、科教更加进步、文化更加繁荣、社会更加和谐、人民生活更加殷实。"要使"工农差别、城乡差别和地区差别扩大的趋势逐步扭转"；要"以共同富裕为目标，扩大中等收入者的比重，提高低收入者收入水平"。由此可见，我们建设小康社会与儒家倡导的小康社会根本不同，我们所建设的是社会主义性质的小康社会。

二、关于总体小康水平

根据邓小平同志建设社会主义的战略思想，到20世纪末我国经济实现了国内生产总值翻两番的目标，人民生活总体上达到了小康水平。2001年，我国人均GDP已超过900美元，在世界上我们由低收入国家达到了中下收入国家的水平。按照1991年国家统计局联合12个部门的研究人员进行研究、结合我国实际、参考国际标准所提出的小康评价指标进行测算，到2000年底，16个评价指标中已有13个指标达到或超过了小康标准，只有农民人均纯收入、人均蛋白质日摄入量和农村初级卫生保健基本合格县百分比三个指标没有完全实现，但分别实现了85%、90%和80%（详见文后附表）。这个成绩来之不易，这是中华民族发展史上一个新的里程碑。

三、总体小康是低水平的、不全面的、发展很不平衡的小康社会

江泽民同志在党的十六大报告中指出:"必须看到,我国正处于并将长期处于社会主义初级阶段,现在达到的小康还是低水平的、不全面的、发展很不平衡的小康,人民日益增长的物质文化需要同落后的社会生产之间的矛盾仍然是我国社会的主要矛盾。"

第一,生产力水平还很落后。2000年我国人均GDP达到900美元,按世界银行1990年的分类标准,我们还处在中下收入组的下限附近(低收入组≤545美元,中下收入组545—2200美元,中上收入组2200—5999美元,高收入组≥6000美元)。我国GDP总量2002年可望达到1.2万亿美元,居世界第6位。但是,按比例算还不到世界经济总量32万亿美元的4%,而美国占30%,日本占15%,欧洲占31%,三大经济体合计占世界经济总量的76%。2001年我国居民年收入人均500美元,是1980年的三倍多,但是与发达国家比较我们还是很低。美国人均年收入超过了2万美元,英、德、法、意也在1.5万美元以上,刚刚进入中等发达国家水平的韩国也超过了6500美元。

第二,城乡二元经济结构还没有改变。我国城镇化率很低,按2000年人口普查资料推算城镇化率只有36.2%,而发达国家的城镇化率为75%,发展中国家的城镇化率为38%,世界平均城镇化率为47%。

第三,城乡和地区差距扩大的趋势没有扭转。从总体小康的实现程度看,东部11省市全部实现小康,中部8省实现78%,西部12省市区实现56%;从城乡小康实现情况看,到2000年16个指标中城镇全部达到了标准,农村有三个指标没有达到;从经济发展水平看,东部11省市人均GDP2001年为1600美元,而西部12省市区为610美元,相差2.6倍,其中上海市已达到4500美元,而贵州省只有350美元,相差13倍;从城乡居民的收入差距看,1990年农村人均纯收入686.3元,城镇人均可支配收入1510.2元,相差2.2倍。2000年农村人均纯收入2253.4元,城镇人均可支配收入6280元,相差2.8倍。2001年农村人均纯收入2366.2元,城镇人均可支配收入6859.6元,相差2.9倍。预计2002年

城乡居民的收入差距将超过3倍。城乡居民收入差距不断扩大。

第四,经济体制还不完善,民主法制建设和思想道德建设还存在不容忽视的问题。

四、全面建设小康社会的重点和难点

全面建设小康社会应当在"全面"二字上下功夫,对上层建筑和经济基础进行整体改革,努力建成让最广大人民生活更加殷实,全社会更加和谐的全面小康社会。全面小康绝不单指物质文明,还应加强精神文明和政治文明建设。全面小康社会应当是民主、法治、文明的社会。在人民生活总体达到了小康水平的基础上全面建设小康社会,将是一个伟大而艰巨的奋斗目标。为顺利实现这一目标,在全面建设小康社会的过程中,应当明确重点、抓住难点。

全面建设小康社会的重点有两个:其一是法制建设和制度建设。法制健全、制度完备是实现全面小康社会的保证条件,也是重要标志。在小康社会里,所有干部和大多数公民都应做到非法勿视、非法勿听、非法勿言、非法勿动,一切都按法律和制度办事,只有这样才是真正有序与和谐的社会。其二是加强国民教育,培育"中产阶级"。这里的"中产阶级"并非按生产资料占有情况划分的政治意义上的阶级,而是代表国民素质水平的社会阶层。经过一二十年的努力,那些经济上比较殷实、思想文化和道德素养比较高的"中产阶级"应当成为中国全面小康社会的主体。培养"中产阶级"并非易事,必须在文化教育、法制建设、道德建设等方面全方位地开展工作,努力培育一代讲诚信、守法纪、热爱国家、热爱人民、热爱事业、有文化、有道德的社会公民。如果没有形成这样的"中产阶级"而且成为社会主体,我们就不能认为真正建成了全面小康社会。因此,加强国民教育,培育"中产阶级",发挥其作为先进文化的创造者和消费者的积极作用,成为当务之急。

全面建设小康社会所面临的主要难点是解决居民收入差距扩大,城、乡和东、中、西部经济发展水平不平衡问题。解决发展中存在的问题只能用发展的方法来解决。要加快改革,尽快形成经济正常增长的机制,保持国民经济的健康、稳定增长。充分运用宏观调控手段,促进城、乡和地区经济平衡发展;努力规范分配秩序,扩大中等收入者比重,提高低收入者收入水平。

附表: **全国小康水平基本标准及实现程度**

指标类别	指标名称	单位	实际值				小康值	小康实现程度（%）	
			1980年	1990年	2000年	2001年		1990年	2000年
一、经济水平	1. 人均国内生产总值	元	778	1634	3850	4104.6	2500	49.7	100
二、物质生活								50.0	95.8
收入	2. 人均收入水平								
	（1）城镇人均可支配收入	元	974	1523	2925	3137	2400	38.5	100
	（2）农民人均纯收入	元	315	686	1066	1111	1200	41.9	84.85
居住	3. 人均居住水平								
	（1）城镇人均使用面积	平方米	5.5	9.45	14.9	15.5	12	60.8	100
	（2）农村人均钢木结构住房面积	平方米	4.5	11.06	19.76	20.74	15	62.5	100
营养	4. 人均蛋白质摄入量	克	50	62	73（估算数）	73（估算数）	75	48.0	90
交通	5. 城乡交通状况								
	（1）城市每人拥有铺路面积	平方米	2.8	6	9.1	11.6	8	61.5	100
	（2）农村通公路行政村比重	%	50	74	≥85	≥85	85	68.6	100
结构	6. 恩格尔系数	%	60	56.8	45	45	50	32.0	100
三、人口素质								66.9	100
文化	7. 成人识字率	%	68	77.7	93.28	93.28	85	57.1	100
健康	8. 人均预期寿命	岁	68	70	71.4	71.4	70	100.0	100
	9. 婴儿死亡率	‰	34.7	32.9	28.38	28.38	31	48.6	100
四、精神生活								47.2	100
	10. 教育娱乐支出比重	%	3	6.27	11.67	13.69	11	40.9	100
	11. 电视机普及率	%	11.9	59.1	100	100	100	53.6	100
五、生活环境								23.3	90
	12. 森林覆盖率	%	12	13	16.55	16.55	15	33.3	100
	13. 农村初级卫生保健基本合格以上县百分比	%	—	13.3	83（1999年）		100	13.3	80.4
总 计	共16项分指标							48.3	96.6

注：表中价值量指标均按1990年价格计算。

（本文发表于2003年第1期《民主与科学》）

全面小康社会的统计评价标准和监测方法探讨

为了顺利实现全面建设小康社会的奋斗目标,有必要提出全面小康社会的量化标准,并且进行有效监测,定期公布监测结果,让全国人民了解全面建设小康社会的具体进程。本文依据十六大精神,阐述了全面小康社会的科学内涵和特征;研究了建立全面小康社会评价标准的原则;提出了统计指标体系、指标临界值和评价方法。我所提出的这些原则、标准和评价方法都是很粗浅的,目的是希望通过研讨起抛砖引玉的作用,尽快完善全面小康社会的定量化标准和科学的评价方法,为全面建设小康社会服务。

一、全面小康社会的科学内涵和基本特征

量化标准应当以定性分析为基础。为此我们有必要深入研究小康社会的建设内容、科学内涵和基本特征。

江泽民同志在党的十六大报告中对全面建设小康社会的目标作了全面阐述。归结起来有四个方面的内容:(1)国内生产总值(GDP)到2020年力争比2000年翻两番,综合国力和国际竞争力明显增强,人民过上更加富足的生活;(2)依法治国的基本方略全面落实,人民的政治、经济和文化权益得到切实尊重和保障;(3)全民族的思想道德素质、科学文化素质和健康素质明显提高;(4)促进人与自然的和谐,可持续发展能力不断增强。这四个方面的内容是对全面小康社会的建设内容最系统、最全面、最准确的诠释。然而,这些内容除了GDP要在20年内再翻两番是一个定量化标准之外,其他内容都是定性说明。我们的研究任务就是依据这些定性说明,提出恰当的统计指标和全面小康标准

即临界值，并运用适当的统计方法进行监测和评价。

理解小康社会的建设内容，应当对小康社会的科学内涵有比较深入的了解。

小康社会是一个历史范畴，其思想在中国影响深远，盛行千年而不衰，是普通百姓追求安定富裕生活的美好向往。"小康"一词最早源出《诗经》："民亦劳止，汔可小康。"一般是指凭自己的劳动可以维持中等水平生活的家庭经济状况。提出小康社会模式始于战国时期的儒家，在《礼记》的"礼运"篇中作了比较全面的阐述。儒家构想了两种社会模式——"大同社会"和"小康社会"，小康社会比较大同社会要低一等次。儒家构想的小康社会有三个主要特征：其一，是私有制社会，"今大道既隐，天下为家。各亲其亲，各子其子，货力为己"；其二，是封建世袭，国家安定的社会，"大人世及以为礼，城郭沟池以为固"；其三，是礼治文明的社会，"礼义以为纪，以正君臣，以笃父子，以睦兄弟，以和夫妇，以设制度，以立田里，以贤勇知，以功为己"。这就是说，在小康社会里，需要以"礼义"作为纲纪，以维护其社会制度和秩序。

礼治是儒家所倡导的小康社会的核心内容，也是儒家的基本治国思想。子产在《左传·昭公二十五年》中写道："夫礼，天之经也，地之义也，民之行也"。孔子在《论语·为政》中提出："齐之以礼"；在《论语·颜渊》中又要求人的言行必须符合周礼："非礼勿视，非礼勿听，非礼勿言，非礼勿动"；在《论语·为政》中还说："道（导）之以政，齐之以刑，民免而无耻；道（导）之以德，齐之以礼，有耻且格"。荀子在《荀子·大略》中说："礼者，政之挽也。为政不以礼，政不行矣。"可见，"礼"是儒家治国安邦和实现小康社会构想的基本思想。

儒家思想有许多积极的成分，是中华民族的一笔宝贵精神财富。但是，儒家关于小康社会的构想，历史和阶级的局限性决定它只能是空想。主要原因有两点：其一，儒家代表的是封建贵族的利益，没有也不可能提出"消灭剥削，消除两极分化，最终实现共同富裕"的小康社会概念；其二，儒家夸大了礼治的作用，不懂得在阶级社会里，管理国家的方式应当以法治为主的道理。尽管法是体现统治阶级意志的行为规则，有鲜明的阶级性，但它总归是在"公平""正直""正义"等语义上由国家制定或认可的，总比单纯的"齐之以礼"的人治、德治思想进步一些，有效一些。法是上层建筑的重要组成部分，由经济基础决定，为经济基础服务。儒家不可能认识经济基础与上层建筑的辩证统一关系，更不可能提出包括物质文明建设、精神文明建设和政治文明建设的全面政治主张。儒家虽然强调礼治，但也主张兼采法治。孔子在《左传·昭公二十年》中说："政宽则民慢，慢则纠之以猛。猛则民残，残则施之以宽。宽以济猛，猛以济宽，政是以和。"这里的宽猛相济，也就是礼法并用。我们进行社会主义政治文明建设，目标是要建设社会主义的民主、法治社会。社会主义的民主、法治社会也应当是法治与德治相结合的社会。但是，法治和德治主次要清楚，而且我们所说的德治也不等于儒家的礼治。这里的德治主要是指公民的道德素质，公民的道德素质是依法治国的基础。法治是前提，德治是基础，二者的关系不可颠倒。

邓小平同志借用小康社会这个名词，用历史唯物论观点为小康社会赋予了全新的内涵，使儒家构想的小康社会由空想变成了科学。邓小平同志所提出的在中国建设小康社会的思想，始终都与他探索在中国怎么搞社会主义，怎么实现现代化联系在一起。1979年12月他在会见日本首相大平正芳时首次提到小康社会这一概念。他说："我们的四个现代化的概念，不是像你们那样的现代化的概念，而是'小康之家'"。过了4年之后，1984年3月25日，他在《发展中日关系要看得远些》中又说："这个小康社会，叫做中国式的现代化。翻两番、小康社会、中国式的现代化，这些都是我们的新概念。"再过一年，1985年4月15日他在《政治上发展民主，经济上实行改革》中具体阐述了怎么搞社会主义和建设小康社会的问题，他说："从何处着手呢？就要尊重社会经济发展规律，搞两个开放，一个对外开放，一个对内开放。……对内开放就是改革。改革是全面的改革，不仅经济、政治，还包括科技、教育等各行各业。"他还说："搞社会主义现代化建设，没有这两个开放不行。同时，还要使人民有更多的民主权利，特别是要给基层、企业、乡村中的农民和其他居民以更多的自主权。在发扬社会主义民主的同时，还要加强社会主义法制，做到既能调动人民的积极性又能保证我们有领导有秩序地进行社会主义建设。这是一整套相互关联的方针政策。"① 邓小平同志还论述了小康社会的分配问题。他说："所谓小康社会，就是虽不富裕，但日子好过。我们是社会主义国家，国民收入分配要使所有的人都得益，没有太富的人，也没有太穷的人，所以日子普遍好过。"② 由此可见，邓小平同志对小康社会从经济基础到上层建筑的内涵都作了全面的论述。

---

① 《邓小平文选》第三卷，第210页。
② 《邓小平文选》第三卷，第161页。

大家知道，关于社会主义初级阶段理论是邓小平对马克思主义理论最重要的贡献之一。那么社会主义初级阶段究竟是怎样的一种社会模式呢？我认为小康社会就是邓小平同志所构想的关于社会主义初级阶段的一个具体发展阶段的社会模式。因此，全面小康社会的本质特征就是它的社会主义性质。小康社会的社会主义性质具体表现为通过两个开放解放生产力，实现发展生产力；通过消灭剥削和改善分配关系消除两极分化，实现共同富裕。发展生产力和共同富裕的目标都需要有完善的市场体制和健全的法制保证，这也是建设全面小康社会的重点所在。

二、建设和评价小康社会的基本原则

根据邓小平和江泽民同志阐释的全面小康社会的科学内涵和基本特征，建设和评价小康社会不可只注重经济发展水平，还要着重考虑社会发展水平；不可只注重总量水平或平均水平，还要着重考虑城、乡和东、中、西部的均衡发展水平；不可只注重居民的一般收入水平，还要着重考虑共同富裕程度；不可只注重全民的健康水平，还要着重考虑全民的文化素质和思想道德水平；不可只注重经济基础方面的问题，还要着重考虑上层建筑，特别是民主与法制建设方面的问题。总之，要从物质文明、精神文明和政治文明三方面全面建设和全面评价。但是，研究评价标准时又不可能面面俱到。只能抓住最基本的方面进行评价。既要体现小康社会的科学内涵特征，又要抓住主要矛盾和主要方面。为此，提出以下原则。

（一）坚持可测度、可比较的原则

可测度是建立定量化评价指标的前提。可测度包括可以数量化和数量变化的显著程度。数量化即评价指标可以用数字来描述；显著程度是指指标数量的上升或下降是否能准确说明事物变化水平或性质。例如，军事人员数占劳动力总数的比重这一指标是一些国际组织的统计机构经常使用的指标，我认为这一指标就没有显著性，每10年也不会变化1个百分点，即使变化了也说明不了本质性问题，对于评价小康社会没有什么实际意义。因此，对那些指标数字变化小、对小康社会进程说明不很确定的指标，我们就认为是非显著性指标，在选择评价指标时要尽可能避免选用非显著性指标。

可比较是建立定量化评价指标体系的目的。可比较包括纵向比较和横向比较。纵向比较即按时间进程进行比较，目的是要反映自身进步的情况；横向比较主要指国与国之间的比较，目的是要反映中国在世界上所处的位置或水平。坚持可比较原则就必须认真考虑建立评价指标体系时要从中国的国情出发，要以中国现行统计指标目录和相关的国际组织的统计指标目录为基础。1998年讨论的联合国发展援助框架（UNOAF），即"共同国家评价"指标框架可以作为重要参考之一。

（二）坚持按小康社会的科学内涵进行全面评价的原则

社会由经济基础和上层建筑构成。根据邓小平同志和江泽民同志阐述的小康社会科学内涵，建设和评价小康社会的进程应当全面考虑物质文明、精神文明和政治文明三方面的内容。还要注意克服江泽民同志所指出的"现在达到的小康还是低水平的、不全面的、发展很不平衡的小康"问题，要通过评价努力促进经济和社会全面、均衡发展。

（三）坚持统筹城乡经济和社会发展的原则

建设和评价小康社会必须改变城乡二元经济结构的现状。要努力提高城镇化水平和扩大非农就业领域；要加快发展农业生产力，较大幅度提高农民收入水平和较快发展农村经济。在评价全面小康社会时，选择指标和确定临界值时都应当尽可能少用城乡二重标准。我认为使用二重标准不利于促进改变二元经济结构的现状。

（四）坚持以提高经济和社会发展质量为主的原则

建设和评价小康社会不能单纯追求数量和发展速度，要在提高经济和社会发展质量方面下功夫。经济、社会发展质量的基本标准应当是"国力增强""社会和谐"和"日子普遍好过"。建立评价指标体系时要切实体现发展质量标准。

三、全面小康社会评价指标体系的框架设想

根据全面小康社会的内涵及评价原则，初步设想全面小康社会评价指标体

系应包括经济发展水平、文教与卫生发展水平和社会发展水平三个子系统。

（一）经济发展子系统

经济发展水平包括综合国力、国际竞争力和人民生活水平等三个方面。可选用以下指标来描述：

(1) 人均GDP。人均GDP指标是衡量国力的重要指标。按2000年世界银行的分类标准，低收入组国家的人均GDP≤750美元；中下收入组国家的人均GDP在756—2995美元；中上收入组国家的人均GDP在2996—9265美元；高收入组国家的人均GDP≥9266美元。在考虑总体小康水平时，邓小平同志提出了国民生产总值20年翻两番和人均800美元的奋斗目标，实际上我们提前翻了两番，到2000年我国人均GDP达到了856美元。党的十六大又提出了在2000年的基础上，经过20年再翻两番的奋斗目标。根据这一基本目标，考虑人口增长因素，我认为实现全面小康社会的人均GDP应定在3500美元之上，由中下收入组国家进入中上收入组国家的中下水平。

(2) 出口商品中机械及运输设备的比重。机械及运输设备是生产资料的代表品，科技含量高。出口商品中机械及运输设备的比重可以说明一国的综合国力和国际竞争力。按照我国海关历年商品分类金额统计，我国出口商品中机械及运输设备的比重由1980年的4.6%已增至2000年的33.1%。前10年增长缓慢，1990年为8.9%，平均每年增长不到0.5个百分点。后10年增长明显加快，平均一年上升2个百分点，反映了我国20世纪八九十年代的综合国力和国际竞争力大大增强的实际。我们希望在全面建设小康社会的过程中，继续保持20世纪90年代的发展势头，将2020年的临界值定为50%。

(3) 人均可支配收入。人均可支配收入指标与人均GDP指标相关，人均GDP水平高，可支配收入水平也高。2000年我国人均可支配收入约450美元，占人均GDP的52.5%，比一般国家低2.5个到3.5个百分点。考虑改善收入分配不合理因素后，实现全面小康社会的人均可支配收入应定在2000美元左右。实现这一奋斗目标并不容易，在2000年的基础上，要使居民收入提高约4.5倍，平均每年提高7.8%。而在前20年，即1980—2000年，居民收入只提高3.2倍，平均每年提高6%。因此全面小康社会必须在增加居民收入，特别是增加农民收入方面下工夫。还应当改善初次分配结构。

（4）居民居住条件。与中等发达国家比较，我国居民的居住条件普遍较差，尤其是占人口总数约70%的农村居民居住条件很差。半数以上的住房没有自来水和现代卫生设施。没有安全饮用水的居民人数也不少。在监测总体小康水平建设进程时，用人均居住面积这个指标来衡量居住条件。实际上，住房质量差异很大。我认为居住面积不能准确地反映居民的居住条件好坏，建议监测全面小康社会建设进程时要着重考虑居民住房的质量标准和外部环境好坏。全面建设小康社会要实实在在地改善居民的居住条件。可考虑用以下四个指标来综合反映居民的居住条件：一是有自来水供应的成套住房居住率；二是燃气（管道煤气、罐装煤气和沼气）普及率；三是森林覆盖率；四是城市人均公共绿地面积。根据2000年人口普查资料和有关统计资料推算，我国有自来水供应的成套住房居住率为46%，燃气普及率为27%，森林覆盖率为16.5%，城市人均公共绿地面积6.8平方米。建议到2020年上述指标分别达到75%、65%、23.5%和12平方米。

（5）营养结构。随着生活水平提高，人民生活殷实，营养结构合理总体上会有保证。我建议重点监测1/5低收入人群的营养结构，即依据居民住户调查资料测算，要求到2020年时，20%最低收入人群的恩格尔系数小于50%和蛋白质人均日摄入量大于75克，达到2000年全国的平均水平。

（6）信息产品消费系数和社会信息化指数。我们全面建设小康社会的时期正处在社会信息化过程中。社会的信息化程度和家庭消费支出中对信息产品支出的比重应当是衡量经济发展水平和社会进步的重要指标。建议用社会信息化指数来描述社会信息化程度，用信息产品消费系数来描述家庭现代化程度。社会信息化指数计算方法可在我们所作的《中国信息化水平测算与比较研究》基础上进行简化，或者用GDP比重法和就业结构分析法来测算社会信息化发展水平。国际上有不少国家用这一方法测度国家的信息化发展水平，并认为这两个指标同时超过50%时就是信息社会。通常称这一测度方法为"波拉特方法"。按照波拉特的测算，美国在20世纪60年代末基本实现了社会信息化，成为信息化社会。他依照美国的国民收入核算账户和投入产出表计算，1967年美国信息活动增加值占GDP的46.2%，信息劳动力占总就业人数的50%。我建议我们监测小康社会建设进程也采用"波拉特方法"测算，并将2020年的临界值都定为50%，基本进入信息社会。

（二）文教与卫生发展子系统

文教与卫生发展水平是显示国家发达、民族进步和社会文明的重要标志，可以细分为几个子系统进行更深入的研究。依据抓主要矛盾和矛盾的主要方面的思想，我认为描述文教与卫生发展水平的核心指标应当是人口素质和社会生产力发展水平。可以用下面的统计指标来评价。

（1）每百万人拥有的科技人员数由目前的650人提高到2500人左右，提高3.8倍，相当于韩国1999年（2663人）的水平。

（2）全员劳动生产率由2000年的1427美元/人提高到6000美元/人，提高4.2倍，相当于韩国2000年（18923美元/人）水平的1/3。

（3）每千人口病床位数由1999年的2.4张提高到16张，提高6.7倍，相当于日本1990年的水平。

（4）每千人口医生数由1999年的1.7人提高到2.7人，相当于美国1998年的水平。设置这一指标是为了对指标（3）进行补充。

（5）大学生粗入学率由1998年的6.2%提高到40%，相当于韩国1990年（38.6%）的水平。因为粗入学率是不同年龄的在校人数与适龄人口之比，统计时相对困难且误差率比较难把握，可以用"高等教育人口比例增长率"这一指标作补充。

（6）高中教育普及率2020年达到100%。

（三）社会发展子系统

社会发展水平的评价标准应当充分反映社会的和谐与进步程度。和谐与进步的社会必然是高效、公平、公正、文明的社会，同时是可持续发展的社会。可使用如下统计指标来评价。

（1）城市化率。城市化水平既反映经济发展水平又反映社会进步程度。当前发达国家平均城市化率为75%，发展中国家平均城市化率为38%，最不发达国家的平均城市化率为22%，世界平均城市化率为47%。根据2000年全国人口普查资料推算，我国城市化率为36.2%，比新中国成立初提高了约26个百分点，平均每年提高0.5个百分点。依据城市化率越高，提高城市化水平的进程越快的规律，我认为今后20年的城市化进程可以加快，到2020年实现城市化率

55%的目标，平均每年提高1个百分点是完全可能的。

（2）收入分配公平度。收入分配比较公平，不出现两极分化是社会和谐的保证条件，也是社会主义小康社会的重要特征，应当是我们评价小康社会的重要标准。收入分配既不能搞平均主义，也不能搞两极分化。搞平均主义，社会就没有激励机制；搞两极分化，社会就不会稳定。我建议用基尼系数和城乡收入差距来测度收入分配公平度。并建议城乡合并计算的基尼系数到2020年由目前理论界计算的0.45降至0.35；城乡收入差距在2020年由目前的3:1降至1.5:1。

（3）公民对政府的满意程度。小康社会是民主、法治、政治文明的社会，人民的政治、经济和文化权益应当得到切实尊重和保障。但是，政治文明很难量化，我建议用公民对政府的满意程度来描述。可以选择政府办事是否公正、是否坚持了依法行政、对社会治安是否满意、公民的合法权益是否受到保护等内容进行抽样调查，用特尔菲方法进行民意评价。这不仅可以评价小康社会的政治文明水平，而且可以对政府行为实行适时、有效的监督。

（4）财政供养人数。我国财政供养人数过多，机构臃肿，人民负担太重。减少财政供养人数，合理设置机构，既是减轻人民负担的需要，也是提高行政效率的需要。目前我国有6000余万人由财政供养，平均20—25人供养1人，而50年代初期是294人供养1人。希望通过行政机构和事业单位的改革大大减少财政供养人员，争取到2020年实现250人供养1人的目标。

（5）可持续发展指数。增强可持续发展能力是推动社会发展的根本途径。可持续发展的核心问题是促进人与自然的和谐。因此，保护生态环境，提高资源利用效率，实现人口合理增长，保证充分就业是可持续发展的基本内容。建议用受沙漠化影响的土地系数、环境污染系数、能耗系数、人口自然增长率和失业率等指标综合计算一个可持续发展指数，描述生产发展、生活富裕、生态良好的社会文明程度。

（6）社会保险覆盖率。社会保险覆盖率是反映社会保障体系健全度的重要指标。计算社会保险覆盖率应当是全口径的，即包括城市和农村。不包括农村的社会保障体系无论怎么健全，也不符合全面小康社会的要求。

四、统计监测方法

对全面小康社会的建设进程进行统计监测，宜选用简单的统计方法。分三个方面来说明。

第一，对设定的监测指标要进行规范、准确地观测。可以进入政府统计制度内的尽可能进入制度内，并对指标口径、统计方法都作严格规定，分省进行统计。

第二，不能进入政府统计制度内的监测指标要由专门机构精心设计调查方案，定期进行非全面调查。采用抽样调查方法进行调查时一般应以全国为总体或以省为总体。抽样方案和调查方法都不能随意变改，必须确保纵向可比。一些综合性指标，比方说"公民对政府的满意程度"，问卷设计要简单明了，保证能客观反映人民的主流意向。

第三，对全面小康社会的建设进程进行综合评价，建议继续运用评价总体小康水平时的"无量纲综合方法"①。确定权数宜采用专家法或特尔菲方法。

附表：全面小康社会评价指标体系

子系统	序号	指标名称		2000 年值	2020 年值（临界值）
经济发展子系统	1	人均 GDP		856 $	3500 $
	2	出口商品中机械及运输设备的比重		33.1%	50%
	3	人均可支配收入		450 $	2000 $
	4	居住条件	有自来水的成套住房居住率	46%	75%
	5		燃气使用率	27%	65%
	6		森林覆盖率	16.5%	23.5%[1]
	7		城市人均公共绿地面积	6.8m²	12m²
	8	营养结构	最低收入 1/5 人口的恩格尔系数	—	50%
	9		最低收入 1/5 人口的蛋白质摄入量	—	75 克
	10	社会信息化程度	信息产品消费系数	—	—
	11		信息产业增加值占 GDP 比例	—	50%
	12		信息劳动者占总就业人数的比例	—	50%

---

① 谢鸿光、文兼武主编：《中国小康之路》，中国统计出版社，2000 年第 1 版，第 25 页。

续表

子系统	序号	指标名称		2000年值	2020年值（临界值）
文教卫生发展子系统	13	每百万人拥有科技人员数		650人	2500人
	14	全员劳动生产率		1427 $	6000 $
	15	每千人口病床数		2.4张	16张
	16	每千人口医生数		1.7人	2.7人
	17	大学生粗入学率		6.2%	40%
	18	高等教育人口比例增长率		—	—
	19	高中教育普及率		—	100%
社会发展子系统	20	城市化率		36.2%	55%
	21	收入分配公平度	基尼系数	0.45[2]	0.35
	22		城乡居民收入差距	3:1	1.5:1
	23	公民对政府的满意度		—	—
	24	财政供养比		20—25:1	250:1
	25	可持续发展指数		—	—
	26	社会保障覆盖率		—	—

注：[1] 国家林业局规划数。

[2] 社会科学院估算数。

（本文发表于2003年4月总第1596期《理论动态》）

全面建设小康社会的难点重点在农村
——兼论城乡居民收入差距扩大问题

邓小平同志说:"所谓小康社会,就是虽不富裕,但日子好过。我们是社会主义国家,国民收入分配要使所有的人都得益,没有太富的人,也没有太穷的人,所以日子普遍好过。"在 20 世纪末,我国人民生活总体上达到了小康水平,这只是一个平均概念,而且还是低水平的。平均概念的低水平小康并不是日子普遍好过,因为城乡"二元"经济结构没有改变,地区差距扩大的趋势没有扭转,贫困人口还为数不少。因此,全面建设小康社会必须解决收入差距扩大和改变"二元"经济结构问题,重点和难点就是"三农"问题。

"二元"经济结构没有改变,要害是"三农"问题没有解决。农业生产力落后,农民增收困难,农村经济发展缓慢,已经成为我国社会主义建设中的全局性问题。

"二元"经济结构的第一特征是城市化水平低。旧中国是一个落后的农业国,新中国成立初期我国城市化率只有 10% 左右。经过半个多世纪的发展,我国工业化取得了很大成绩,但是工业化还远没有完成。根据 2000 年全国人口普查资料推算,我国城市化率为 36.2%。如果考虑 1.3 亿进城打工的农民中还有很多人并没有完全在城市立住脚跟这一因素,真正的城市化率很可能会低于 35%。而发达国家平均城市化率为 75%,世界平均城市化率为 47%。我国现在的城市化率只比最不发达国家的平均城市化率 22% 高 13 个百分点左右,比发展中国家的平均城市化率 38% 还低 2—3 个百分点。在农村人口比例大的情况下,加快城市化进程并非易事。城市化不是一个简单的地域概念,也不是一个简单的户籍制度改革问题。关键是要拓展非农就业岗位,认真解决农村剩余劳动力转移问题。新中国成立 50 余年来,我国城市化率只提高了 26 个百分点,平均每年提高约0.5个百分点。我国还有8亿左右农业人口，如果每年提高城市化率1个百分点，则需要转移约800万农业人口到城市，至少每年要新增加400万—500万个非农就业岗位才能实现。

"二元"经济结构的第二特征是城乡居民收入差距大。城乡居民收入差距大是一个世界性、历史性问题。在过去的50余年里，为了缩小城乡差距，政府曾经采取了许多措施发展农村经济，虽有收效，但没有解决问题。党的十一届三中全会后，首先从农村经济体制改革入手，成功地实现了家庭承包责任制，采用大幅度提高8类农副产品价格的办法，有效地缩小了工农产品价格剪刀差，一度使农民的收入大幅增升，使城乡居民收入差距有所减小。1978—1990年，城乡居民收入水平平均差距为2.28倍，1991—2000年又反弹到2.63倍。1991年在我们制定总体小康监测标准时，曾经希望缩小城乡居民收入差距，确定按1990年不变价计算，到2000年时城市居民平均收入水平为2400元，农村居民平均收入水平为1200元，将收入差距减小到一半。但是，2000年的监测结果是城市居民平均收入水平达到了2925元，而农村居民的平均收入水平只有1066元，相差2.74倍。收入差距不但没有缩小，反而呈扩大的趋势。最近两年城乡居民收入差距又进一步扩大，2001年为2.9倍，预计2002年将超过3倍。值得注意的是，农村居民收入是按农民纯收入计算的，包含了柴草、蔬菜等自产自用的产品价值，并非全部是货币收入。农民纯收入非但不是可支配的货币收入，农民还需要使用自己的货币收入去支付城市居民不需要支付的许多非生活开支。因此，城乡居民的实际收入差距比我们所计算的差距还要大得多。

"二元"经济结构的第三特征是城乡居民的社会福利和社会保障明显不同。农民基本上没有社会保障。生、老、病、死完全自力更生。社会福利也很少，甚至连本应享受的九年义务教育权利也没有完全实现。没有社会保障和社会福利的农民还要用血汗钱去养一批编制外的乡（镇）、村干部和民办教师。

解决"三农"问题的根本途径是发展农业生产力和拓展非农就业岗位。发展农业生产力和拓展非农就业岗位二者相辅相成。发展了农业生产力就会出现剩余农业劳动力，拓展了非农就业岗位就可以吸纳剩余劳动力。农业生产力高度发展，非农就业岗位大量增加，城市化水平才会真正提高。因此，所谓城市化，实质上是非农化。在全面建设小康社会过程中，与其讲要加快城市化进程，不如讲要加快非农化进程。当前有些地区的城市化已经走入了误区，希望这些地区的领导尽快从误区中走出来，去认真拓展非农就业岗位，切实提高最广大人民的收入水平，努力实现邓小平同志提出的"日子普遍好过"的小康社会建设目标。

非农化的基本目标是提高农民收入水平，缩小城乡居民的收入差距，促进在全社会范围内实现共同富裕。为此，加快非农化进程的主要措施有三条。

第一，推进农村改革。农村改革包括农村政府机构改革，税费改革和农产品购销体制改革等，改革的方向是尊重农户的市场主体地位和保护农民的根本利益。

第二，加大财政转移支付力度。邓小平同志在"南方谈话"中说过，避免两极分化的办法之一就是"先富起来的地区多交点利税，支持贫困地区的发展"。要解决"三农"问题，不加大财政转移支付力度，完全依靠农民自力更生是难以实现的。工业化初期没有农村支持城市不行；工业化取得成绩之后，解决"三农"问题没有城市支持农村也不行。现在必须用财政转移支付的办法加强农村基础设施建设，改善农民的生产和生活条件，增加农村社会福利。还应着手建立农村社会保障制度。要特别注重发展农村教育事业，提高农村劳动力素质。

第三，鼓励和引导发展劳动密集型的中小企业。根据中国的国情，我们在很长时间内，发展工业的方针应当以知识密集型产业为主导，劳动密集型产业为主体。不坚持知识密集型产业为主导，我们就不可能实现跨越式发展，国家也不可能真正强盛；不坚持劳动密集型产业为主体，就不可能解决7.5亿劳动力的就业问题和实现非农化。劳动密集型产业通常适合中小企业规模，发展中小企业是所有国家实现工业化的共同经验。中国不可能、也不应该跨越中小企业发展阶段。发展中小企业要认真总结发展乡镇企业时期的经验和教训。应当尊重市场规律，坚持政企分离和科学决策。要允许各类资本进入，最好以民营为主。只要"依法经营、照章纳税、维护职工合法权益、保护环境和不浪费不破坏资源"，就应当鼓励发展。

上述三条措施中包含了许多工作内容。最根本、最重要的工作内容有两项：第一项是在农村改革中要建立精简、统一、效能的农村基层政府；第二项是大力发展农村教育事业，提高农村劳动力素质。这两个问题不解决，"三农"问题就不可能解决。

（本文发表于2003年第4期《安徽工作》）

全面建设小康社会是邓小平理论的发展

全面建设小康社会是党和国家在21世纪头一二十年的奋斗目标。江泽民同志在党的第十五次代表大会上作了明确部署：我们在第一个十年，要实现国内生产总值比2000年翻一番，"使人民的小康生活更加宽裕，形成比较完善的社会主义市场经济体制"；在第二个十年，要"使国民经济更加发展，各项制度更加完善"；到本世纪中叶，要"基本实现现代化，建成富强民主文明的社会主义国家"。

建设小康社会是邓小平理论的重要内容之一，是对社会主义现代化建设目标的一个简单通俗的描述。邓小平同志1979年12月在会见日本首相大平正芳时说："我们提出四个现代化，最低目标是在本世纪末达到小康社会。"1984年他又进一步说明："所谓小康，就是到本世纪（即20世纪）末，国民生产总值人均800美元。"根据邓小平同志的思想，1982年党的十二大提出了按1980年不变价计算，力争在上世纪末使全国工农业总产值（当时在统计上尚未进行国民生产总值核算）翻两番的经济建设目标；1987年党的十三大正式将实现小康列为"三步走"发展战略的第二步目标。经党的十二大和党的十三大关于小康理论的丰富和发展，1991年在党中央、国务院制定的《十年规划和"八五"计划纲要》中对小康的内涵作了如下描述："我们所说的小康，是适应我国生产力发展水平，体现社会主义基本原则的人民生活的提高，既包括物质生活的改善，也包括精神生活的充实，既包括居民个人消费水平的提高，也包括社会福利和劳动环境的改善。"按照这一表述，邓小平同志所提出的在20世纪末实现的小康社会的重点是人民生活水平的提高。有三个本质特征：第一，是低标准的小康社会。因为人均国民生产总值800美元在世界上尚处于中下收入水平。根据世界银行《1990年世界发展报告》的分类，人均国民生产总值545美元以下为低收入国家，545—2200美元为中下收入国家，2200—5999美元为中上收入国家，

6000美元以上为高收入国家；第二，是物质文明和精神文明相统一的小康社会；第三，是体现社会主义基本原则的小康社会。社会主义的本质特征是发展生产力和实现共同富裕。

为了对建设小康社会的进程实行监测，1991年国家统计局等十二个部门的研究人员按照上述小康社会的内涵确定了16个基本监测指标和小康临界值：（1）人均国内生产总值2500元（按1980年的价格和汇率计算，2500元相当于900美元）；（2）城镇人均可支配收入2400元；（3）农民人均纯收入1200元；（4）城镇住房人均使用面积12平方米；（5）农村钢木结构住房人均使用面积15平方米；（6）人均蛋白质日摄入量75克；（7）城市每人拥有铺路面积8平方米；（8）农村通公路行政村比重85%；（9）恩格尔系数50%；（10）成人识字率85%；（11）人均预期寿命70岁；（12）婴儿死亡率3.1%；（13）教育娱乐支出比重11%；（14）电视机普及率100%；（15）森林覆盖率15%；（16）农村初级卫生保健基本合格县比重100%。用综合评分方法对上述16个指标进行测算，1990年全国小康实现程度为48%，2000年为96%。到2000年，尚有三个指标没有达到小康标准，即农民人均纯收入为1066元，实现85%；人均蛋白质日摄入量为73克，实现90%；农村初级卫生保健基本合格县比重实现80%。由此，我们可以豪迈地得出如下结论：经过全党和全国各族人民二十多年的艰苦努力，我们胜利实现了现代化建设"三步走"战略的第二步目标。一个十二亿多人口的发展中大国，人民生活总体上达到了小康水平。

实现"三步走"发展战略的第二步目标是建设小康社会的第一个阶段。第一阶段的战略重点是提高人民的生活水平。邓小平理论中的小康社会不单纯是指物质文明，它包括上层建筑和经济基础两个方面。换一句话说，建设小康社会必须同时加强物质文明、精神文明和政治文明建设。我们要将中国建成富强民主文明的社会主义国家，既要在经济上由发展中国家的水平提高到中等发达国家的水平，又要在体制上由计划经济体制过渡到社会主义市场经济体制。要完成这一历史使命，必须紧紧抓住21世纪头一二十年这个重要的战略机遇期，在人民生活总体上达到了小康水平的基础上全面建设小康社会。全面建设小康社会，不仅要使人民生活更加宽裕，国民经济更加发展，更要在完善社会主义市场经济体制和各项制度方面下功夫。在经济上要达到中上收入国家水平，在体制上要成为民主法治的文明社会。我认为这正是建设小康社会和全面建设小康社会的区别所在。全面建设小康社会对小康水平提出了更高的要求，是党的第三代领导人对邓小平小康理论的发展。在对全面建设小康社会的进程实行监测或量化时，不仅要提高反映人民生活水平的统计指标的临界值，而且要全面反映精神文明和政治文明的发展进程。要把全面建设小康社会的思想落实到发展先进生产力、发展先进文化和实现最广大人民的根本利益上来。

  小康社会是一个历史范畴，在我国经过了由空想到科学的飞跃。这个飞跃是由邓小平和江泽民同志完成的。小康社会源于《礼记》，是战国时期儒家的政治主张。儒家设想了两种社会形态：小康社会和大同社会。儒家设想的小康社会是比大同社会低一级的社会形态，概括起来也有三个特征：其一是私有制社会。"天下为家，各亲其亲，各子其子，货力为己"；其二是封建世袭，国家安定的社会。"大人世袭以为礼，城郭沟池以为固"；其三是礼治文明的社会。"礼义以为纪，以正君臣，以笃父子，以睦兄弟，以和夫妇，以设制度，以立田里"。显然，儒家所主张的小康社会与他们所主张的大同社会一样，只是一种空想。因为他们还不认识经济基础与上层建筑的辩证统一关系，没有，也不可能提出包括物质文明建设、精神文明建设和政治文明建设的全面主张。邓小平和江泽民同志借用小康社会这个名词，用历史唯物论的观点对小康社会赋予了全新的内容。坚持解放生产力，发展生产力，消灭剥削，消除两极分化，最终实现共同富裕的社会主义原则，把建设小康社会的目标落实在三个文明建设上。因此，我们在全面建设小康社会的过程中，要在"全面"二字上下功夫，始终要坚持社会主义的基本原则。不能只注重发展经济而忽视制度建设，也不能片面追求平均水平，而忽视全面发展和共同富裕。加强社会主义市场经济体制和各项制度建设，是全面建设小康社会的重点；解决收入分配差距扩大，城、乡和东、中、西部经济发展水平不平衡问题，是全面建设小康社会的难点。如果不抓住重点、解决难点，我们在建设小康社会的过程中就不可能真正体现社会主义的基本原则，从而也不可能建成真正高标准的社会主义小康社会。

（本文发表于2003年7月《中国贸易报》）

第四部分

金融与房地产

房地产业泡沫现象与调控

当前,中国房地产业中显现的问题较多。主要问题是由于官商勾结和投机炒作行为,使房价非正常上涨,产生了"经济泡沫"现象。

一、"经营城市"为官商勾结披上了合法外衣

我国房地产业官商合一或官商勾结的原因很多,其中最主要的原因是某些人提出了"经营城市"的观点。"经营城市"为官商勾结披上了合法外衣。

所谓"经营城市"其实质就是政府经营地产赚取土地转让金用来建设城市。"经营城市"的理念与政府改革的宗旨背道而驰。政府改革的基本点是政企分离,而"经营城市"的结果是政企合一。在"经营城市"的过程中,政府官员成了地产老板。有些地方政府甚至置土地使用者的利益于不顾,在城市建设的名义下大搞土地倒买倒卖。一般从倒卖政府大院的房地产开始,再在郊外圈一大块土地进行倒卖,新建政府大院。在倒卖土地过程中,政府至少可以达到一举四得的目的:一是大大改善政府办公条件,新修建的政府大院一般都气势恢宏、装修讲究;二是改善公务人员的住房条件;三是有了巨大的预算外资金可使用(据有关估计,全国的土地转让金有上万亿元);四是城市面貌大改观,有了升官的政绩。然而,由此也引发了两个不可忽视的问题:一是成千上万的拆迁房主和失地农民或者在本地政府门口静坐,或者去上级政府上访;二是部分负责倒卖土地的官员蜕化为腐败分子。一些地方政府在"经营城市"中尝到了很大"甜头",因此,对房地产业情有独钟,尽管问题多多,但是乐此不疲。

政府"经营城市",地产业变成了垄断行业,土地的价格变成了垄断价格。一些地方政府为了获取高额的垄断利润,将土地的价格不断推高,成为房价非正常上涨的重要原因之一。新建房屋成本中,土地占多少,没有公布过。依据

个案分析，可能要占70%。

根据以上分析，当前房地产业中存在的问题，在很大程度上是地方政府"经营城市"引发的。要解决房地产业泡沫化问题，促进房地产业健康发展，让房地产业真正为民生服务，地方政府必须从房地产业中退出来。各级政府为了对房地产业进行客观监管，就不应当再去"经营城市"，土地出让金应当如数上缴中央财政，仅仅规定纳入地方预算是解决不了问题的。

二、宏观调控要着重遏制"为卖而买"

房地产业泡沫通常是因为出现了"为卖而买"的虚假需求形成的。所谓泡沫经济实质上就是虚假需求经济。虚假需求由虚幻高回报率刺激而成。房地产业原本是重要的民生产业，民生问题之大，莫过于衣食住行。住房是满足居民的最终需求的最终产品。但是，在高回报率刺激下，一些人将最终产品变成了中间产品"为卖而买"，或"为出租而买"。人为炒作，虚抬购买力，推动房价大幅上涨。这是泰国、日本和我国香港当年形成泡沫经济的经验教训，应当引起我们的高度重视。

历史经验表明：金融危机与房地产泡沫的形成紧密相关。因为房地产业的高回报率预期，引导大量的社会资金、银行贷款和境外热钱大量投资房地产业，使供给大大超过实际需求。虚假需求导致房价高攀，而楼宇空置，大量占款无法实现，最终会导致经济泡沫破灭。经济泡沫破灭的表现就是金融危机。

由房地产经济泡沫导致的金融危机会比由虚拟经济泡沫导致的金融危机的危害性更大。因为房地产泡沫破灭的结果不单是使资金缩水，还伴随着大量实物财产的损失和占压大量银行资金，从而会严重制约实体经济发展和银行资金运转。

为了防止形成房地产泡沫，必须遏制"为卖而买"的炒房行为。为了遏制"为卖而买"的炒房行为，宏观调控主要靠经济手段。要通过税收杠杆调节买卖房地产的利润空间，破除高回报率的心理预期，通过征收累进交易税、物业税等手段使买卖房屋的收益减少到与银行利息接近，以防止社会资金和境外热钱过多地流向房地产业，导致供给大于实际需求。

三、商品房的套型应当由市场决定

有关政策将"90平方米以下住房占70%以上"定为调控目标。我们认为，这样的规定与每人每月30斤粮食、半斤食油、一斤猪肉的计划规定并无本质区别，完全是一厢情愿。在市场经济条件下，人们对住房消费的选择只能由市场法则来决定。人们根据自己的收入水平及具体情况，认为什么样的商品房适合自己，就选择什么样的商品房购买。我们不能因为棉花资源少，就规定服装厂必须生产70%以上的化纤原料服装，也不能因为饲养生猪的粮食短缺，就规定市面上的肉类供应牛羊肉必须占70%以上。如果政府一定要规定厂商生产什么样的商品，政府就必须包销这种商品，而且要保证厂商有利可图。否则，政府就应当放弃其规定。政府的宏观调控措施必须符合经济规律，要按经济规律办事，不能凭主观愿望办事。

有些同志认为，我国人口众多，人均资源占有量低，土地的稀缺性和不可再生性决定了我国的住房建设和消费模式，这种观点并非完全没有道理。问题是我们应当如何确定和实现适合我国国情的住房建设和消费模式。我们认为，适合我国国情的住房建设和消费模式绝对不是简单的"90平方米以下住房占70%以上"。住房消费应当多样化。我们应当通过科技创新建设多种类型的住房，既要舒适又要节约。要通过经济手段引导居民购买节约型住房。例如，我们可以按住房面积开征物业税，也可以对购买别墅或大套型住房者开征特别消费税或奢侈品消费税。居民的消费模式归根结底是由居民的收入水平决定的。收入水平高的居民希望多消费一点，政府没有理由禁止或限制。但是，政府为了保护资源要加重收税也是符合情理的、公平的。

四、政府要尽快建立廉租房制度

为了合理解决低收入者的住房问题，政府应当建立健全廉租房制度，这是许多国家的成功经验。

已经实行多年的经济适用房制度存在很多问题。之所以存在问题也是因为不符合市场经济法则。同是商品房，再分为一般商品房和经济适用商品房完全没有道理。这与当年进行价格改革时，对钢材等商品实行双轨制价格所存在的问题性质完全一样。我们建议停止建设经济适用房，认真清理已建成的经济适用房的销售使用情况。对在建经济适用房和未按经济适用房制度销售和使用的经济适用房一律由政府回购，用作廉租房。

五、结论与建议

房地产业是极其重要的民生产业,对发展经济、改善人民群众住房条件有着重大作用。但是,当前我们房地产业存在泡沫化倾向。主要原因是两个方面:一是为了"经营城市",地方利益驱使官商勾结,土地的垄断利润推动房价非正常上涨;二是"为卖而买"和"为租而买"的投资者炒作,形成了虚假需求,拉动房价非正常上涨。针对凸显的房地产经济泡沫产生的原因,宏观调控不应当直接针对房价过高和套型过大,而应当阻断"官商勾结"和遏制"为卖而买"的趋利投机行为,让房地产业真正服务民生。为此,我们建议:

第一,地方政府停止"经营城市",完全从房地产业中退出来。政府的责任是搞好城市规划,按照规划要求有计划、有步骤地进行城市建设。规划中的房地产开发用地由开发商直接与土地使用者依法协商补偿标准,政府只负责监管和协调。在对土地使用者补偿之外,由国税局征收土地征用税,上缴国库。地方政府不再收取土地转让金。

第二,为了遏制"为卖而买"的投机行为,在房产交易时按累进原则征收增值税或所得税,同时严格征缴房屋租赁收入所得税。

第三,依据套型标准征收奢侈品消费品税。依据住房面积征收物业税。引导住房建设和消费模式向舒适型和节约型发展。

第四,经济适用房制度存在问题较多,应当认真清理和整顿。政府要下大力气建立廉租房制度,解决低收入者的住房困难。建议先将在建的经济适用房和未按经济适用房制度出售和使用的经济适用房收购为政府所有,作为廉租房使用。

房地产业在我国经济中有重要地位。我们既要重视防止泡沫化趋势,又要注意保持房地产投资的合理规模。在宏观调控时要特别注意措施适当,力度适度,防止房地产业大起大落,引导房地产业健康发展。

(本文发表于 2007 年第 3 期《科学决策》)

当前应坚持人民币汇率稳定不动摇
——访十一届全国人大常委、全国人大财经委副主任委员贺铿

随着全球经济的持续复苏,美欧等国要求人民币升值的呼声不断高涨,市场对中国可能再次允许人民币一次性升值的猜测也再度兴起。人民币汇率调整成为今年两会媒体高度关注和代表委员们热议聚焦话题之一。当前人民币究竟该不该升值?人民币升值会给中国经济和世界经济带来哪些利弊影响?就此,本报记者专访了正出席全国两会的十一届全国人大常委、全国人大财政经济委员会副主任委员贺铿。

一、将世界经济失衡归咎于人民币汇率是荒谬的

记者:近来美欧等国的政客和有关专家不断发出声音,认为人民币汇率低估导致中国贸易顺差过大特别是中美贸易顺差过大,是导致世界经济失衡的重要原因之一,并据此要求人民币升值,您对此有何看法?

贺铿:将世界经济失衡归咎于人民币汇率低估,这是完全不公平的,美国应该负主要责任。第一,美国是世界各国中进出口量最大的国家。第二,美国的美元是国际结算货币而且是主要的国际储备货币,占65%左右。此外,中美两国都存在经济结构失衡问题。如果中国和美国不能解决结构性的问题,仅仅通过人民币汇率重估是不可能解决中美贸易失衡问题的。历史经验一再证明,汇率手段无法解决欧美等国的国际收支平衡,人民币即便大幅升值也无法降低发达国家对来自发展中国家低成本商品的依赖程度。日本虽然近20多年来日元不断升值,但日本的经常项目顺差却仍在增加。

美欧等国以"全球经济再平衡"为由问责人民币汇率,原因大致有三:其一是出于寻找"替罪羊"的国内政治需要;其二是以人民币为筹码打压中国,并提出诸如进一步开放金融市场等诉求;其三是中国一旦屈服于压力,即可通过预先设置的"热钱"布局,坐享人民币升值带来的财富转移。国际金融危机之后,美国等国家都认识到了发展本国实体经济的重要性,而要发展本国的实体经济,就要抵制别国的商品,抵制的途径一是制造贸易摩擦,二是避免本币升值。美中之间的外贸逆差不是我们中国造成的,更不是人民币汇率造成的,而是美国的贸易政策有问题。中国想买美国很多产品却买不到,而美国只希望中国买两种产品,第一种是转基因的大豆,吃了好不好连美国人自己都不知道;第二种是飞机。前些天温家宝总理也讲了这个意思,"我们不能总是坐着飞机吃大豆"。而其他有科技含量的商品,美国政府都有很多的限制,因此,美中贸易逆差大这就怪不得别人了。中国和德国的贸易量也很大,但是就比较平衡,德国对中国的出口技术壁垒也不像美国那么高。在中美贸易中,其实中国也不希望顺差那么大,中国外汇储备多,处理起来也会有一定的困难。

美国、欧洲等频频要求人民币升值,将世界经济失衡归咎于人民币汇率,不仅无助于解决其自身经济问题,而且不利于世界经济发展。相反,正是因为人民币在应对国际金融危机过程中保持稳定,带动了中国对外贸易的逐渐向好,中国经济率先回升向好,这对全球经济复苏作出了重要贡献。

二、站在中国的立场,我不主张人民币升值

记者:我们注意到,最近不管是奥巴马总统还是高盛经济学家以及索罗斯都在要求、建议和呼吁人民币升值,理由大致有三条,一是人民币升值符合中国的长期利益,二是有利于冷却中国过热的经济,三是能够将中国国内通胀输出给美国,防止"热钱"涌入中国。您对此有何评价?

贺铿:这样的观点我一个都不认同。我认为,国内现在还没有真正出现通货膨胀明显的趋势,即便出现了通货膨胀的趋势,人民币升值怎么就可以把这个通货膨胀解决得了呢?另外,我国经济现在还看不出过热。

从经济竞争力和国家利益角度看,汇率制度应满足本国需要,而不是满足别国的利益或要求。凡是企图迫使人民币升值的声音,都关涉着本国利益。对

此，我们要有清醒的认识。汇率怎么变化，要根据国家的利益来调整，这没有什么好隐瞒的。但是也不能因此逼迫别人去升值。

站在中国的立场，我不主张人民币升值，人民币升值一个百分点，我国外贸的整体利润率要下降2个百分点。从2007年到现在两年左右的时间内，人民币升值21%，也就是说这期间我国外贸企业的利润空间降低了42%。我2007年去大连的一个造船厂调研，该企业反映，人民币升值一个百分点，他们的企业就损失1亿元人民币。因为船只的生产周期一般在2—3年，而生产合同是在开始时用美元价格的形式签署的，而到了交货付款时人民币升值了，那美元兑换人民币少了，利润损失自然就大了。

要求人民币升值的无非是美国和欧盟等少数国家在试图通过人民币升值转嫁金融危机成本，他们是为自己的利益在喊。这方面，日本是有过教训的，20世纪80年代，美国逼日元升值。日本人顶不住了，签订了《广场协定》，结果日元一下子升值30%，此后的日本经济到现在就一直没有翻过身来，在这之前，日本经济一直是以9%左右的速度增长的。从20世纪50年代到70年代末，日本从一个战后破败的国家一举成为世界第二大经济体，在和美国的贸易中也是一直保持顺差，美国为了解决自己的逆差问题就逼日元升值，要日元升值的目的就是为了美国自己的利益。我们的一些政策制定者应该吸取这样一个教训，不能按美国人的如意算盘打。2008年我们全国人大与美国议会去磋商，我是经济代表之一，我毫不客气地讲人民币不能升值，你们也不能要我们升值，理由在于：一是非国际结算货币的汇率如何决定是一个国家的经济主权，而不是所谓由市场形成的，包括美元在内的国际结算货币，其汇率也不完全是由市场形成的。货币不是真正的商品，它不可能完全由市场决定。二是美国对中国外贸的逆差不是由于人民币兑美元的汇率造成的，而是由于美国的外贸政策造成的。

世上没有完美的汇率制度。从中国的实践来看，在稳定的基础上逐步完善人民币汇率机制，既符合中国的利益，也有利于维护世界金融系统稳定。人民币应加强自我定价和评估能力，而不能随从外部舆论简单认定价格方向，甚至盲从潮流确定价格。中国监管层应更多地考虑完善汇率制度，打破人民币单边升值预期。

三、人民币升值既不利于中国经济也不利于世界经济

记者：为什么国际社会和市场上屡屡出现这么多要求人民币升值的声音，他们主张人民币升值的理由何在？

贺铿：主张升值的理由除了外贸顺差过大引起"流动性过剩"说之外，还有以下几种说法：

一是购买力平价说。依据购买力平价方法测算，个别国际组织认为人民币币值被大大低估。他们认为，人民币与美元的比价应该在2:1左右，甚至有人认为接近1:1。但是，购买力平价方法不过是一个学术研究中的方法，目前根本不可能用来决定汇率，也没有任何国家考虑过用此方法来决定汇率。因为，购买力平价方法只考虑了各国货币在本国市场上购买同质商品价值，而没有考虑不同国家的收入水平差别。比如，美国市场上1市斤大米1美元，中国市场上1市斤大米2元人民币，我们不能依此简单地认为，人民币与美元的比价为2:1。因为美国居民的月平均收入为3000美元，而中国居民的月平均收入水平只有500元人民币。换句话说，中国居民一个月的劳动收入只能换回250市斤大米，而美国居民一个月的劳动收入可以换回3000市斤大米。所以，购买力平价方法根本不能用作决定汇率的依据。

二是强势货币说。一个经济强盛的国家需要本币成为强势货币并无异议。但是，强势货币不等于要升值。真正的强势货币是币值长期稳定的国际结算货币。只有币值稳定，货币才有信誉，信用程度才会高，才有可能成为国际结算货币。

三是反通货膨胀说。我们是一个出口大于进口的国家。国内市场的商品，尤其是消费品，基本上都是国内产品，提高人民币汇率对国内市场的价格水平不会产生影响。从全局来看，人民币升值非但不能抑制通胀，反而会助长通胀。因为外贸用美元结算，每年出口赚回上千亿美元必须兑换成人民币才能流通。通胀的本质是货币贬值，在国内市场上流通的上千亿美元，要兑换上万亿人民币，在兑换人民币过程中已经被贬值了。

记者：人民币升值对中国经济和世界经济有何影响？

贺铿：强烈的人民币升值预期和升值速度过快、幅度过大必定对国民经济

的健康发展产生消极影响。国际著名金融专家，包括"欧元之父"罗伯特·A·蒙代尔和当代金融发展和金融压抑理论奠基人罗纳德·麦金农等学者都主张稳定人民币汇率，认为稳定人民币汇率有利于中国经济高增长，也有利于世界贸易。

人民币在应对危机过程中保持稳定，带动了对外贸易的逐渐向好，中国经济率先回升向好，对全球经济复苏发挥出成效。统计显示，在2009年世界经济负增长的特殊年度，中国经济对全球增长的贡献率高达50%。

如在目前情况下出现人民币大幅升值的趋势，不仅将直接冲击刚刚复苏的中国出口，影响企业向海外投资，不利于中国经济发展，而且会导致大量国际"热钱"和国内流动资金涌入中国资本市场和房地产市场，形成流动性过剩和资产价格虚高。而如果中国金融市场出现剧烈波动，世界经济将再次陷入危机，新兴市场国家则将首当其冲。

人民币升值会影响中国外贸企业发展，减少就业，这对其他国家经济也没有好处。对美国而言，假若人民币升值令中国经济增长乏力，美国出口也会受到冲击。此外，除非美国经济进行结构性改革，否则人民币升值亦不能有效降低美国的贸易赤字。现在美国的生产成本很高，即使人民币升值，生产只会转移到其他成本更低的国家，而不会回到美国。此外，人民币升值将会提高中国制造的产品价格，令美国消费者的购买力降低。

中国已经积累了逾2万亿美元外汇储备，其中大部分投资于美国国债，如果中国外汇储备增长出现中断，将会对美国债券市场造成负面冲击，并会提高美国国债收益率，从而威胁美国经济复苏。

四、保证世界贸易公平须各国汇率维持稳定

记者：解决世界经济失衡问题，重在保证世界贸易公平，那么，如何实现世界贸易公平？

贺铿：保证世界贸易公平，维持世界经济稳定，各国汇率应该尽可能稳定。汇率变动太大，对于世界经济没有什么好处。特别是外贸额大的国家的汇率更要稳定。只有汇率稳定才能维持世界经济的平衡，保证世界贸易的公平。美国为了自己的利益，这两年美元是贬值的，但是当美国的经济到一定的时候美元

汇率也会稳定，这一点我还是相信的。

我们主张大家都维护WTO原则，维护世界贸易公平。我们的外贸还是要发展的。因为没有哪一个发达国家的发展不是依靠外贸发展起来的！美国如此，日本也如此。中国要发展，也必须加快外贸发展。

就中国而言，如果说我们外贸确实增长得太快了，要让外贸出口少一点，办法多的是，不一定非得提高人民币汇率，提高人民币汇率只会伤害我们自己的利益。我们可以将出口退税和人民币升值问题联系起来考虑，出口退税少一点，效果跟人民币汇率升值是一样的。相反，大幅度地出口退税，换来的是更大的人民币升值压力。另外，可以采取提高外贸企业的职工工资，提高最低工资标准的措施，同样可以达到加大外贸商品成本的目的，这些都是利国利民的好办法，为什么非要让美国人来逼迫我们提高人民币的币值呢？

保证世界贸易公平，不仅人民币汇率应保持稳定，美元和其他世界主要货币的汇率也应保持相对稳定。同时，建议国际储备货币必须受到国际社会的监督，因为当前的主要国际储备货币是美元，而对于美元的发行和运作没有足够的监督，这是引起国际金融危机和世界贸易不平衡的重要原因。多年来，美国为了自己的利益而改变美元的发行量和汇率。而美元在国际储备货币中的占比非常之高，达到63.9%，欧元占26.5%，英镑占4.7%，日元占2.9%。

（本文发表于2010年3月《中国信息报》）

创建金融中心要注重辐射性

转变经济发展方式，实行经济转型都应当在"实体经济"方面下功夫。我不赞同滥提"创建金融中心"，更不赞成将金融产业当作"支柱产业"来发展。世界金融危机的深刻教训是片面强调虚拟经济而不重视实体经济发展，没有正确处理虚拟经济与实体经济的关系。因此，在发生世界金融危机后许多国家都提出了"重新工业化"问题。

现代经济学概念中的虚拟经济主要是指金融业，广义而言还包括房地产业、博彩业、收藏业以及体育经济等。虚拟经济概念本质上是由马克思提出的具有信用关系的虚拟资本（Fictitious Capital）衍生出来的。在现代经济中，虚拟资本可以作为资本增值，也可以作为商品买卖，或者还可以认为它对 GDP 和税收的"贡献率"有多么大。但是，它本身并不具有价值，这一点是必须明确的道理。否则，我们在转变经济发展方式和实行经济转型过程中，就有可能将经济发展引向歧途。

金融业的功能是为发展实体经济融资，金融业的价值是附属于实体经济的，离开了实体经济，金融业无价值可言。金融产品创新是为了改善融资方式，更好地为发展实体经济服务。发展金融业的目的是发展实体经济，而不是追逐金融利润。以追逐利润为目的金融产品创新就是投机，这是产生金融危机的根源，是 2008 年国际金融危机的深刻教训，我们必须认真吸取。

在正确处理虚拟经济与实体经济发展关系的前提下，我赞成大力发展金融服务产业。目前，影响我国金融产业健康发展的主要原因有两个方面：一是对金融体系的监管不规范、不到位；二是商业银行的市场机制差。在金融行为中"投机性"和"政治性"共生，不但不利于金融产业为实体经济服务，而且容易形成金融风险。"十二五"时期是深化改革的关键时期，应该重视金融体系的市场化改革，支持、扶持金融服务产业发展。

虚拟经济与实体经济相互促进，是供给与需求的关系。实体经济发展需要有相应的金融服务作保证，良好的金融服务会促进实体经济更快发展。我国东部经济发展快与北京、上海、广东聚集了大量金融机构和相关服务产业有关，为了促进地区经济协调发展，我认为"十二五"期间应该针对一两个城市在政策上支持、扶持创建中西部金融中心，为促进中西部经济发展提供更多的资本借贷、债券发行、外汇交易和保险业服务。

因此，创建金融中心既需要有政策的支持、扶持，也需要有自身的基础条件。创建金融中心要避免盲目性，注重辐射性。到处都创建金融中心非但创建不好，实际上也是对金融中心的否定。

（本文发表于2010年第5期《经济》）

谈当前房地产市场症结和房产税问题

房地产业的主要任务是为居民的居住和公用设施盖房，因此是重要的民生产业，决不允许投机。我国正处在加速城镇化、工业化过程中，住房问题十分突出。为了解决城镇化过程中居民的住房问题，政府必须以市场为依托，努力构建适合中国国情的住房保障体系，综合运用经济的、法律的手段，辅之以行政手段促进房地产业健康发展。

一、当前房地产市场的症结是什么

宏观调控必须对症下药才能有效解决问题。2007年和2009年，我国城市住宅价出现了非正常上涨，在一部分城市形成了明显的"房市泡沫"。资产泡沫历来是由投机炒作形成的，而不是需求过旺或供给不足形成的。因此，房地产调控主要不应该是抑制居民的真实需求或者扩大有效供给，而是坚决遏制各种投机行为，包括遏制一部分地方政府炒地和社会资金炒房的投机行为。必须逼迫各类"炒家"出局，政府才有可能有序、有效地解决我国城镇化过程中的住房问题，并建立住房保障体系。

住房保障体系与保障性住房是两个不同的概念。住房保障体系针对所有居民，保障性住房只针对低收入居民。现在，我们对保障性住房理解过于宽泛，没有明确政府的具体责任。我认为，真正的保障性住房是用政府的财力，即用财政资金建设的廉租房。廉租房的产权属于政府，由政府物业公司管理。出租办法由政府制定，只保障低收入者住房的基本需求。根据我国人口众多、经济发展水平不高这样一个实际，保障面不可能太宽，标准也不可能很高。保障的对象可以规定为家庭年收入低于地方年平均收入60%—70%的家庭，保障面可能只有10%—15%的家庭。保障性住房应该重点考虑由农村转入城市的居民，因为只有当住房有保障、工作有保障才算是真正的城镇化。我国城镇化任务很重，估计近几年每年有1400万左右的农村人口转入城市，他们的住房还没有保障，政府应当认真建立住房保障体系，让转入城市的人口安居乐业。住房保障体系即廉租房、公租房、商品房供给体系，供给原则是："多建廉租房，发展公租房，补贴购买商品房。"建立住房保障体系必须明确政府的责任，政府的责任是建设、出租和管理廉租房，有效监管公租房和商品房市场。要以市场为基础建立中国特色住房保障体系。目前我国大多数居民的收入水平不高，没有购买商品房的能力。为了解决好"夹心层"的住房问题，应当大力发展公租房市场。公租房由市场运作，政府实行监管。有些国家规定公租房由非盈利机构筹资建设，按市场法则管理出租。政府应该在土地供给和税收方面给予优惠，在租赁价格方面实行严格监管。例如德国，如果租赁价超过指导价20%认为属于违法，超过50%属于犯罪，政府可以罚款或通过司法程序追究当事人的刑事责任。公租房如果由政府建设，一是建设资金没有保障，二是市场运作中监管缺失，不可能健康发展。政府在财力允许的情况下，尽量多建廉租房，建议将住宅土地转让金全数由中央财政管理，作为廉租房建设的专项资金。同时规定一个恰当比例，要求地方政府将房产税的一部分用于廉租房维修管理，以保证廉租房的建设和维修管理有稳定的资金来源。

住房保障必须维护公平原则，实行一户一宅的基本住房制度。现在在我国有少数人一户多宅，而且有快速发展的趋势。这种现象不仅脱离了中国的国情，也与世界上绝大多数国家实行的住房保障制度相悖。为了维护住房公平原则，应该对多占住房资源（包括超大住房和经营性住房）者征收财产税和所得税。对投资和投机性住房征收高额税金作为多占资源的超额补偿。开征房产税的争议很大，有的人认为土地使用权只有70年，征收房产税不合法，有的人认为老百姓收入很低，不应该再征收房产税增加他们的负担。其实前者属于不了解财产税的性质，后者属于房产税的设置原则，都是不成问题的问题。关键是要认真解决怎么征和征多少的问题。

二、如何征收城市住宅类房屋的房产税

世界各国情况表明：征收房地产税是促进房地产业健康发展的主要措施，

也是国家和地方的重要税收来源,几乎没有一个国家不设房地产税这个税种。房地产税是财产保有税,根据我国的具体情况,目前设置房地产税种应该注意以下三点:第一,不应当增加一般居民的负担,设置恰当的免税或退税标准;第二,房屋保有环节的税率不宜过低,应当达到有效遏制投机和引导居民合理消费的目的;第三,要认真清理房地产开发建设和交易阶段的税费,尽量减少房地产开发成本和交易税费,以降低房屋销售价格,减轻购房者负担。总之,在制度安排上,要让中等以上收入者通过"按揭"或资助方式买得起房但养不起多余的房,要让投机者囤不起房,让不法开发商捂不住盘。

房地产税涉及房屋和土地,涉及住房和非住房,住房中还有有产权的城镇住房和没有产权或只有小产权的农村住房,情况比较复杂。建议在土地、工业用、商业用和事业单位用房的性质以及农村住房的属性和产权等问题没有厘清之前,先开征"城市住宅类房产税"。城市住宅类房产包括有个人产权的自住房和经营性住房(出租等)。判断征税的依据是房屋产权,有个人产权的住宅无论坐落在哪里都须按所在地的规定纳税。城市住宅类房屋房产税的计税办法我主张实行"从价征税,从量免税",即按房屋评估价计税,按平均居住面积免税。例如,某户一家三口人,在不同地区有三套个人产权的住宅,总计300平方米。在甲地一套100平方米,评估价值200万元,年税率为1%;在乙地一套100平方米,评估价值150万元,年税率0.8%;在丙地一套100平方米,评估价值100万元,年税率0.6%。在不实行累进税率情况下,该户应纳税额3.8万元。如果选择甲地居住实行退免税,若甲地人均居住面积为35平方米,则退免面积为105平方米,退免税额为2.1万元,该户每年实际纳税额为1.7万元。

为了有效遏制投机行为,房产税率不宜过低。建议参照房屋预期租赁收益计算税率,并且为了引导合理消费,促进住房公平,实行超额累进税率。例如,某地有住宅100平方米,预期年租赁收益6万元。如果多余面积不超过应住面积50%,按预期租赁收益额30%征税;如果多余面积不超过应住面积100%,按预期租赁收益额40%征税;如果多余面积超过应住面积100%(含100%),按预期租赁收益额50%征税。上述100平方米住宅年应税额在1.8万元至3万元之间。如果评估价值为200万元,则年税率分三档:一档为0.9%;二档为1.2%;三档为1.5%。

设立房产税的目的主要是遏制投机,促进房地产业健康发展。为此对开发商捂盘超过一定时间的也要按一档或二档税率征税，直至卖出为止。

房产税应当尽快全面推出，让征税办法在实践中完善。

三、终止"土地财政"，保障住房土地供应

20世纪90年代，为了解决城市建设的资金，提出了"经营土地""经营城市"的理念，一部分地方政府千方百计推高住宅用地的土地收益，逐渐形成"土地财政"依赖。"土地财政"直接推高了房价是一个不争的事实，据统计，2009年住房楼面地价排在前10名的平均每平方米为26365元，比2007年推高了38.4%。

土地是人类赖以生存的宝贵资源，住房是与食品同等重要的人类生活必需品。要确保住房公平，必须确保占有土地资源的公平。由于地方政府因"土地财政"直接推高住房土地供应价，因社会资金炒房投机又直接推高住房销售价。二者相互作用，相互推动，房价出现暴涨，严重背离了正常的房价收入比。世界上大多数国家的房价收入比为1:6，即家庭平均年收入与一套基本住房的价值比为1:6。例如，三口之家平均年收入6万元，6年的总收入应该可以买一套100平方米面积的基本住房，亦即合理房价应该是3600元/m²。我国目前80%以上的家庭收入水平低于正常房价收入比，其中20%的低收入者房价收入比在1:20左右。在土地投机和住房投机的大背景下，我国出现了房地产市场畸形发展趋势，房价不断攀升。其结果是越来越多需要住房的人买不起房，而少数有钱人则开始囤积住房。有学者判断：我国正在成为世界上一户多宅最为严重的国家，土地资源正在向少数人集中，住房不公现象越来越突出。

为实现住房公平，大多数国家都重视房地产市场管理，限制地价（有的国家无偿提供土地）、房价和租赁价，以政府为主导、市场为基础向居民提供廉租房、公租房和价格合理的商品房。在我国，由于地方土地财政作祟，使得房地产市场失灵，政府也失灵。为此，应该尽快终止地方政府的土地财政办法，改革土地供应办法，保障住房的土地供应。土地供应价由补偿价和土地使用税构成。补偿价在政府依法监管下，由建设方与土地使用方协商决定，土地使用税依法由国税局征收，中央财政立专项用于全国保障房建设。为了遏制大城市过度膨胀，促进中、小城市发展，建议控制大城市住房土地供应，适当放松中、

小城市的土地供应。我们应该借鉴英国"镇村规划"和日本"把工业引向农村"的经验，着力把乡村小镇建设成青山绿水、安居乐业的小城市，让大多数的农村人口能就近找到非农就业岗位，就近安置自己的家园，尽量不走离乡背井向大城市转移的道路。

为了在 2050 年实现中等发达国家的城市化水平，使我国农村人口降低到 20% 以下，从现在起，我国平均每年要由农村向城镇转移 1600 万左右人口。解决转移人口的居住问题，国家应当尽快进行住房立法，政府应当依法扶持和发展房地产业，尽快建立适合中国国情的住房保障体系。

党的十七届五中全会提出："加强城镇化管理。"我认为当前特别重要的是要加强城市房地产市场的管理。我们应该尽快解决"新生代"的住房和让中等以上收入的人能买得起房的问题，为此，房地产调控必须坚决遏制炒房和炒地行为。开征房产税、终止地方土地财政是釜底抽薪的最好办法。

注：本文参考了郝益东先生的《中国住房观察与国际比较（第二版）》的一些观点，引用了书中某些数据。

（本文发表于 2011 年第 1 期《中国国情国力》）

第五部分

统计工作

怎样看待我国的信息化水平
——访全国政协委员、国家统计局副局长贺铿

放眼 21 世纪，信息化将成为世界经济发展的必然趋势，信息化水平将成为国民经济发展和开展国际竞争最重要的条件。在这种背景下，我国目前信息化水平怎样，如何实现在这一领域的"赶超"战略，便成了 2001 年"两会"代表的热门话题。为此，记者采访了全国政协委员、国家统计局副局长贺铿。

记者：现在，人们常挂在嘴边的一句话就是信息化，但是就信息化的定义而言，未必每个人都能描述得那么准确。请问，什么是信息化和信息能力呢？

贺铿：信息化或社会信息化是指国民经济或社会结构框架的重心从物理性空间向信息性空间转移的过程。表现为以高科技的信息技术为手段，对社会经济结构、产业结构等进行改造、改组或重新定向，通过提高产品与经济活动中信息或知识的含量，推动全社会达到更高级、更有组织、更高效率的经济发展水平。

信息能力是指一个国家生产信息产品和开发利用信息产品的综合能力。可以从信息技术和信息技术设备利用能力、信息资源开发与利用能力、信息化人才与人口素质以及国家对信息产业发展的支持状况四个方面进行测算和比较。

记者：目前，我国信息能力的总水平在国际上处于什么位置？

贺铿：信息产业部和国家统计局有关专家对世界上 28 个主要国家和地区信息能力指标进行过测算和比较。测算结果表明，目前我国信息能力总水平比较低，但发展势头很好。美国信息能力指数得分 71.76 分，是世界上信息能力最强的国家；日本信息能力指数得分 69.97 分，居第二位；澳大利亚得分 65.59 分，居第三位。美国和日本两国得分较接近，他们领导着世界信息技术和信息产业的发展方向。

处在信息能力发展第二层次的国家有加拿大、新加坡、荷兰、英国、德国、新西兰、法国，得分在50—60分。这些国家基本上是发达国家，信息能力相当于美国的68%—82%；东欧为主的一些国家处于第三层次，得分在21—50分，相当于美国的30%—56%；拉丁美洲为主的一些国家处于第四层次，得分在10—20分，相当于美国的15%—25%；信息能力较低的亚洲一些发展中国家（包括中国在内），得分在10分以下，相当于美国的13%以下。其中中国的信息能力指数得分为6.17分，仅为美国的8.6%，与韩国和巴西相比，也分别只有他们的15.3%和40.2%，中国的信息能力处于最低水平之列。

记者：国家统计局对我国各地区信息化水平进行过测算与比较，国家统计局依据什么要素来衡量国家信息化发展水平？

贺铿：为了适应信息化时代国家进行经济发展战略决策对信息化发展水平评估的需要，国家统计局研究和建立了对我国各地区信息化水平进行评价与测算的指标体系和计算方法，并据此首次对我国各地区间的信息化发展水平、发展进程、存在的问题进行了量化反映和评价，以便为我国政府制定提高国家综合国力和国际竞争力等发展战略与相关政策提供重要的量化参考依据，促进我国信息化和现代化的发展。

根据国务院信息化工作领导小组所提出的国家信息化定义和国家信息化体系框架，我们设计了包括信息资源开发利用、国家信息网络建设、信息技术应用、信息产业发展、信息化人才、信息化发展政策等六个方面的信息化水平总指数的指标体系。主要用于测算和进行国家信息化发展水平的地区间横向比较，并在此基础上拓展到纵向比较。测算结果可以量化地反映一个国家、地区或部门的信息化水平与发展态势。

记者：能透露一些测算结果吗？

贺铿：测算结果可以公开，但必须强调这是一项科学研究成果，还需要总结、完善和提高。

测算结果显示，1998年我国信息化水平总指数为25.89，其中，北京市信息化水平总指数为89.87，居全国第一位；上海市和天津市信息化水平总指数分别为71.83和48.04，居第二位和第三位；排在最后的三个省区为西藏、云南和贵州，得分分别为13.03、16.37和17.66。1995—1998年，我国信息化水平提高了73.0%，平均每年提高20.1%。从各个年份看，1996年、1997年和1998年我国信息化水平提高速度分别为16%、13%和32%，这表明我国信息化步伐正在加快。

记者：您能将全国信息化水平发展的各种类型地区进行一下比较吗？

贺铿：全国各地区信息化水平总指数测算结果的比较表明，各省（区、市）信息化水平差距较大，发展极不平衡。1998年按信息化水平总指数的得分，全国各省（区、市）可分为五种类型：

一是信息化水平最强的地区：也称信息化水平第一类地区，包括北京和上海2个直辖市，得分在70分以上，信息化水平总指数平均得分为80.85。他们是全国信息化水平最强的地区，处于全国信息化水平的前列。

二是信息化水平较强的地区：也称信息化水平第二类地区，包括天津、福建等6省（市），他们信息化水平总指数平均得分为39.61，约为最强地区得分的二分之一。

三是信息化水平中等的地区：也称信息化水平第三类地区，包括浙江、江苏等9省（区、市），他们信息化水平总指数平均得分为29.48，约为最强地区得分的三分之一。

四是信息化水平较低的地区：也称信息化水平第四类地区，包括湖南、内蒙古等10省（区），他们信息化水平总指数平均得分为21.54，约为最强地区的四分之一。

五是信息化水平最低的地区：也称信息化水平第五类地区，包括甘肃、贵州、云南和西藏等4省（区）平均得分为16.20，约为最强地区的1/5。

记者：看来，我国各省（区、市）信息化水平差距还比较大，发展也极不平衡。您认为，作为当前重要的战略任务，我国应该从哪些方面入手，才能使信息产业得到迅速发展呢？

贺铿：我认为，要使我国信息产业得到迅速发展，一是我国的信息化应走工业化和信息化相结合的道路，发挥信息能力对国民经济发展的"倍增效益"作用；二是要进一步加人对信息产业方面的投资力度；三是要建立起有利于信息化发展的法律体制和制度框架；四是要加强信息化人才的培养；五是要加大产品的信息与科技含量，提高企业的国际竞争力。

（本文发表于2001年3月《中国信息报》）

国家数据是怎样统计出来的
——专访国家统计局副局长贺铿教授

国家统计局，一个为政府高层提供决策依据、为社会公众提供各种统计和预测数字的权威部门。但不知是从什么时候开始，从这里发布的数据遭到了社会各界的普遍质疑，非议的声音不仅来自社会公众，还包括经济领域的一些专家、学者。一个直接关系到国家经济命运的政府部门，其工作让社会公众雾里看花的原因肯定是多方面的，国家统计局副局长贺铿教授就这一问题应约接受了本刊记者的专访。

一、统计数字的由来

记者：贺副局长，您是否知道长期以来社会公众中的许多人都对国家统计局发布的数字的真实性持怀疑态度？

贺铿：知道。从国内到国外，都有批评性舆论。比如国外有些人怀疑我国2001年经济增长速度没有7.3%那么高，他们的主要理由是能源和交通运输增幅偏低；而国内的一些学者以及部分政协委员、人大代表的疑问是：2001年，全国各省加起来的经济平均增长速度要比7.3%高得多，其中只有云南省略低于7.3%，国家统计局发布的2001年经济增长速度为7.3%的数字根据什么而来？到底是哪方面的数据有问题？我看这是由于许多人对中国的统计工作实际不了解所致。

记者：您能否向我们的读者介绍一下国家统计局的工作程序？

贺铿：县、乡和企业的统计数据是国家统计数据的重要来源，但国家统计数据并不是由基层统计数据简单汇总得出的。国家统计局公布的统计数据有些是由我们直属的调查队用抽样调查方法得到的；有些是通过联网直报与抽样调查相结合的方法得到的；有些数字尽管是通过逐级汇总得到，但必须按"下管一级"的原则进行严格审核。有些同志看到基层有弄虚作假现象，就推断国家统计数据也不可靠，也有水分，这是不对的，说明他们不了解中国统计工作的实际。

例如，农业方面的数字，国家统计局有一支7000人的农村社会经济调查队，分布在全国各个省、市和一些县，靠他们作抽样调查来取得粮食产量、农民收入等一系列有关农业经济的数字。

又例如，工业、交通方面的数字也不是由基层填报的数字简单汇总得出的。国家统计局采取了三种统计方式：第一是对特大型企业联网直报，在全国确定了5000家。这5000家企业与国家统计局直接联网，由企业直接把各项所需数字报上来。5000家企业直报的数字，应该说反映了全国工业发展的基本情况。第二是对年销售收入在500万元以上的中大型企业直接向各省统计局报统计数字，由省里汇总后报送国家统计局。第三是对销售收入在500万元以下的小型企业进行抽样调查。国家统计局有一个针对这个层面的企业调查队，分布在全国各省市企业集中的地方。国家统计局将上述三个层面的数字整理汇总，得到国家工业行业的各种统计数字。

商业和建筑业方面的统计方法与上述工业统计方法基本相同。商业有1200家企业联网直报，建筑业有3000家企业联网直报。工业、商业、建筑业全国共有9200家企业在国家统计局的监控之下直报，它们可以反映企业活动的基本面和发展趋势。所以，我们可以负责任地告诉社会各界，国家统计局公布的一些主要数字都是比较可靠的，国务院在各渠道报送的数字中，也是以国家统计局的数字为准的。

二、数字的准确程度与执法力度

记者：对于直报或是汇总上来的数字，国家统计局怎样保证它的准确程度？

贺铿：一靠科技手段、二靠法律保证。国家统计局的统计人员对报送的数字依照统计法的要求进行核实，发现差错要采取措施予以纠正。

记者：出现的误差怎样协调？

贺铿：如果是技术上的误差就改正过来，人为的错误按统计法的规定进行处罚。国家统计局2001年在全国范围内查处了6万多起统计违法事件，从这种统计机制也可以看出国家统计局所公布数字的可靠性。

当然，统计数字不可能像物理实验、化学实验所得出的数字那样精确，误差肯定是有的。其实，哪个国家的统计数字也不可能与实际情况一点儿出入也没有。

记者：误差有允许的范围吗？这个范围有多大？

贺铿：凡属是抽样调查都规范了允许误差范围。其范围是根据不同的情况而制定的，一般的误差范围要控制在5%以内，有一些不太重要的数字，误差可以大一点，但也不能超过10%，重要的统计数字，我们则希望它的误差更小一点儿。

记者：作为案例，您能介绍一些在审核统计数字时发现的弄虚作假而进行处罚的情况吗？

贺铿：在四川省，有一个县长曾要求下面的统计人员修改统计数字，被查到后，受到撤职的处理。一般企业被发现作假后，以罚款为主，严重者才进行行政处罚。

记者：罚款的力度有多大？

贺铿：3万—5万元吧。

记者：这么小的罚款数额，怎么能打击作假企业的作假行为呢？

贺铿：如果情节严重，不仅有行政处罚，还要追究相关人员的刑事责任。

记者：3万—5万元的罚款只是针对作假不太严重的？

贺铿：这是根据一般情况设定的惩罚力度。统计法和统计法实施细则对罚款、行政处分、刑事责任都有明确的规定。不过，这么多年来，我们的执法还没有走到追究刑事责任这一步。

记者：是问题没有严重到这一步，还是我们的执法工作没有开展到这一步？这应该是两个不同方向上的问题。

贺铿：我想，应该是我们的执法工作还没有开展到这一步。

记者：对统计违法的执法是否不属于统计局的工作范畴，而由司法部门介入？

贺铿：国家统计系统有比较健全的执法机构，像国家统计局的政法司，省、市统计局的政法处等。但统计执法大检查不是统计部门一家搞，还有国务院的法制办以及司法机构的介入。由于统计执法往往牵扯到一些党政领导人，所以，也有组织部门和纪检监察部门的参与。一般情况下，这种例行的检查由四方出面，即组织部、中央纪委、司法部门和国家统计局，检查的程序是逐级进行。

记者：您能评价一下统计执法检查后的效果吗？

贺铿：在统计数字弄虚作假方面，新中国成立以来，较严重的是20世纪50年代末的"大跃进"时期。近年来，作假的现象确实比较普遍，个别地方已经相当严重。统计执法检查至少在一定意义上起到了对作假的抑制作用，有没有根本的好转，还需要有一个时间，只要有这种检查作为监督机制存在，对为所欲为的行为肯定有所抑制，最终的情况总会有所好转。

三、现行的统计机制要进一步改革

记者：现在所有的领域、行业都在谈WTO以后的一些举措，国家统计局的工作将做哪些与国际接轨的调整？

贺铿：加入WTO后，国家统计局肯定要有一些应对措施。首先，我们的统计方法、统计数字和数据来源要做到公开化，要提高透明度。经国务院批准，从2002年起，国家统计局加入了世界银行的"一般数据公布系统"（简称GDDS），其目的就是适应入世要求，在统计工作的主要方面做到与国际接轨。

按照GDDS的要求，国家统计局向国际组织提供统计数据时，同时还要将调查的渠道、方式、口径公布清楚。这一点既是加入WTO后对我国统计系统的一个要求，也是促进我国统计工作规范化的一个基准，我们的统计工作也因此而有了严格的监督。加入GDDS后，对我国统计工作的整体提高和统计数据形成的进一步科学合理都是一个很大的促进。

我们正在着手做一些制度上的修改工作，目的是使我们的统计数据尽可能符合国际上所要求的口径、范围，使国与国之间的统计数字更具有可比性。

另外，国家统计局还要开展一些过去没有做的工作。比如应对国际贸易方面的纠纷、倾销与反倾销。商业当中的纠纷解决都要以事实为根据，在这些方面，我国的统计工作还很不足，在农业方面、价格方面的统计都需要加强。

记者：国家统计局目前面临急需解决的问题有哪些？

贺铿：进一步提高数据质量是国家统计局的当务之急。而且使数据尽量达到朱镕基总理的要求：快、精、准。朱总理的要求对我们的统计工作是一个很大的鞭策，虽然压力很大，但必须这样去做。为了达到这个要求，我国现行的统计机制需要进一步改革。尽管我在前面介绍了国家统计局发布的数字不是由基层统计数据简单加总得出的，但仍然有许多数据还是要依靠基层统计机构的调查。基层统计机构如果继续处在现在的体制之下，各种干扰就很难排除。为了统计数据的质量和更加有效，必须改革现有的统计体制。

发达国家的统计管理体制一般是独立和中立的。它的统计机构是独立的，统计工作强调中立，这是对现代统计工作的一个基本要求。我们也应当努力开创独立、中立的现代统计工作体制。必须这样去努力，我们的统计数据质量才会进一步提高，统计工作才不会受到各种不健康因素的干扰。

（本文发表于2002年第8期《中外管理导报》，原文标题为《开创独立和中立的统计工作体制》，本文略有删减。）

《中华人民共和国统计法》：
不可或缺的重要法律

记者：2004年，吴邦国委员长在十届全国人大二次会议上宣布，全国人大常委会年内要对统计法实施情况进行执法检查。这是国家最高权力机关对统计工作第一次全面的检查和监督。这一决定和一年来的执法检查，使人们的统计法制观念进一步得到加强。但是，恕记者直言，相当多的人还是没有对《中华人民共和国统计法》（以下简称《统计法》）引起足够的重视。多年来，"统计局是'软门楼'、《统计法》是'豆腐法'"的印象在一些人的心目中已经根深蒂固，根本就没有兴趣去了解《统计法》有什么用。借此机会，请问您，《统计法》是否真的微不足道？

贺铿：统计法是统计工作的准绳和依据，是行政法的重要组成部分，在我国社会主义法律体系中具有重要的地位，是完善社会主义市场经济体制不可或缺的重要法律。任何轻视、忽视《统计法》的观点和行为都是错误的。

记者：可是，相当一部分人对统计法到底有什么用好像并不了解。

贺铿：从统计法贯彻实施情况看，其作用主要体现在三大方面。

一是保障科学、有效组织实施统计工作。统计工作涉及社会生活的各个方面。近年来，统计调查对象对统计调查的配合程度有所下降，统计工作的难度越来越大。以人口普查为例，人口普查涉及全国每一个人，需要动员大量的人力、物力和财力，被称为和平时期最大的社会动员。在我国进行的5次人口普查，主要依靠的是行政手段，但在2000年进行第五次人口普查时，我们发现，仅仅依靠单纯的行政手段来组织和开展这项工作已经很难了。因此，通过法制手段来组织和实施各项统计工作，规范各类统计调查活动，理顺统计工作中的各种关系，既是现实的需要，也是必然的选择。

二是保障统计数据的准确性和及时性。统计数据的准确性，是统计工作的生命线。统计调查对象依法准确、及时地履行报送统计资料的义务，是保障统计数据准确、可靠的基础。近年来，随着利益主体和经济成分的多元化，在一些地方、部门和单位出现了在统计上弄虚作假和拒报、迟报统计资料的情况，严重影响了统计数据的准确性和及时性。为此，各级统计部门依照统计法的规定，加大了查处力度，震慑了统计违法者，比较有效地保障了统计数据的准确性和及时性。

三是保障统计信息实现社会共享。丰富的统计信息对社会公众了解形势、研究问题、就业和消费选择、有效行使公民权利，以及在企业投资和经营决策等方面，具有重要的作用。政府统计信息是国家的基础信息结构。统计部门为社会和企业提供统计数据以及为宏观经济形势分析、经济景气分析等提供信息服务，是统计部门的法定职责。统计信息与基础设施、基础教育、公共安全、市场秩序、环境保护等一样，都属于公共产品。根据统计法的规定，统计调查者对所收集到的这些公共产品，除依法保密的部分外，都要及时向社会公布，尽量满足社会各界对统计信息的需求，充分发挥统计信息的作用。

记者：从法理的角度讲，法律的一大作用是规范人的行为。请问，《统计法》能够规范哪些行为？

贺铿：统计法是调整统计活动中所发生的各种社会关系的行为规范的总称。它是由国家制定的关于统计活动的行为准则。我国统计法主要调整以下三类社会关系。

一是调整统计调查者与被调查者之间的关系。统计调查者是指国家统计调查、部门统计调查及地方统计调查的实施者。被调查者，亦称统计调查对象，是指履行统计资料报送义务的公民、法人和其他组织。根据《统计法》第三条的规定，统计调查对象包括国家机关、社会团体、企业事业组织、个体工商户、基层群众性自治组织和公民个人。调查者在调查活动中依法要求被调查者如实提供统计资料，被调查者有义务依法向调查者报送统计资料。

二是调整统计调查者之间的关系。包括各级人民政府统计机构之间的关系。《统计法》规定，县级以上地方各级人民政府统计机构，负责组织领导和协调本行政区域内的统计工作，接受同级人民政府和上级政府统计机构的双重领导，在统计业务上以接受上级政府统计机构的领导为主。也包括政府统计机构与部门统计机构之间的关系。《统计法》规定，各级人民政府各部门的统计机构或统计负责人，在统计业务上接受同级人民政府统计机构的指导。

三是调整统计调查者与统计资料用户之间的关系。统计资料是通过统计活动获取的反映社会、经济、科技等发展情况的统计信息的总称，是进行管理决策和科学研究的重要依据。在使用统计资料的过程中，必然在资料的搜集者和使用者之间形成各种社会关系，为了保证统计资料发挥效用和有序利用，必须通过法律来规范统计资料的收集者和使用者的行为。

一、《统计法》：必须攻克的四大难关

记者：2004年12月20日，李德水局长在全国统计工作会议开幕式上指出，要积极争取将修改《统计法》列入全国人大的立法计划。据记者所知，1996年曾对《统计法》进行过重要修正，为什么不到10年又要提出修正？

贺铿：那是因为统计法在贯彻实施过程中存在着一系列严重问题，而这些问题靠现行统计法难以妥善解决，所以必须修正《统计法》。

记者：是些什么问题？这么严重？

贺铿：是啊，问题相当严重。概略地说，主要存在四大问题。

一是存在较严重的弄虚作假现象。

"官出数字"和"数字出官"的腐败现象屡禁不止，在统计上弄虚作假具有一定的普遍性。在近年来全国查处的各类统计违法案件中，虚报、瞒报、伪造、篡改统计资料的违法行为约占60%。不少企事业单位从自身的经济利益出发"按需报数"，或者按照政府和主管部门的意图报数。有的为争取投资、申请贷款、评优争先、提升形象，虚报产值、产量、投资、效益等统计数据；有的为逃避税赋、少缴社会保险金，瞒报销售收入、利润、工资总额等统计数据；也有部分企业主动迎合上级要求，或者为了完成任务被迫上报虚假统计数据。在乡、县、市三级，为了追求"政绩"和经济利益，有的要求按计划上报统计数据，有的凭空编造统计数据，有的授意、指使虚报、瞒报统计数据，甚至直接篡改基层上报的统计数据。有的还规定上报统计数据必须由党政领导研究决定。例如，辽宁省的某镇给各村下达2001年经济指标时，在计划表中明确注明，每季度上报计划数的1/4，全年按年计划数上报。湖北省黄梅县对规模以上工业企

业上报的统计数据进行大规模改动，对已经停产的几家工业企业也继续上报产值，致使全县工业产值统计数据严重失实。

在统计上弄虚作假，直接影响了数据质量。统计数据质量问题，集中表现在 GDP 核算上。近年来，地方高估 GDP 及其增长速度的问题日趋严重。这种情况在省和省以下也同样存在，有的地方差距甚至更大。

存在弄虚作假现象的主要原因是领导人追求"政绩"，对统计数字进行干预。一些地方确实存在下达计划指标时"上级压下级，层层加码，马到成功"，上报统计数字时"下级骗上级，级级掺水，水到渠成"的现象。1999 年 11 月 15 日，江泽民同志在中央经济工作会议上指出："从群众来信反映的情况看，一些地方虚报浮夸和形式主义十分严重，在群众中影响很坏。这个问题我讲过多次，但一些地方和部门'虚报浮夸风'仍然屡禁不止，一些人还在乐此不疲，这个现象很值得深思。要彻底解决这个问题，必须从制度和机制上着手。"

二是统计体制不完善。

我国目前统计体制的基本格局，是 20 年前确定的，还带有明显的计划经济时代的色彩，与在社会主义市场经济条件下搞准统计数据的要求很不适应。在现行统计体制下，政府统计工作存在两大困难：一是抗干扰能力差。统计数据由地方统计部门搜集和汇总上报，地方统计部门的干部主要由地方管理，经费也主要依赖地方。统计数据反映各级领导的政绩，与干部的奖惩、升迁密切相关，是地方干部的"政绩单"。这张"政绩单"由自己任命和管理的干部来填写，统计工作的独立性很容易受到破坏，这是制度设计上存在的漏洞。二是横向协调困难。国家统计局在统计调查项目管理和统计资料管理等方面缺少权威性。国家统计局进行国民经济核算所必需的基础资料难以及时获得。机构改革后，部门统计受到严重削弱，有的部门已将统计机构转为自收自支事业单位，存在机构不健全、工作不规范等问题，国家统计局无法保证实现统计系统中的一致性和效率。

由于统计体制不完善，致使统计制度方法、统计调查管理和资料发布不规范。统计制度方法中存在的主要问题，一是统计指标不够健全。面对社会主义市场经济条件下大量出现的新情况、新事物，统计部门未能及时反映，造成了许多重要经济社会活动在统计上出现空白。例如，第三产业中的文化产业、信息服务业及其他各种新型服务业在统计上反映得很不充分。有关环境、资源、生态以及社会发展等方面的统计更是相当薄弱，不适应树立和落实科学发展观的需要。二是统计调查方法比较笨重，很大程度上仍然依赖传统的全面统计报表制度，影响了统计调查的效率和质量。抽样调查虽已在许多领域得到推广，但由于不能很好地解决分市、县的统计数据分解问题，难以满足目前各级政府分级管理经济的现实需要。这在一定程度上造成了统计调查方法的双轨制，增加了基层的负担。三是在统计调查管理方面，还大量存在着随意制发统计报表的现象。据甘肃省统计局2002年的调查，皋兰县4个基层单位每年要承担来自各个方面的统计报表373种，其中134种是未经审批或备案的报表，有不少是重复的调查。这些报表中，统计指标多达1.53万个。如此多滥的报表和指标填报任务，致使基层单位和基层统计人员不堪重负，数据质量实在难以保证。四是有些部门随意对外公布有关国民经济和社会发展的重要统计数据。部门间一些重要统计指标口径不一致，造成数出多门、相互矛盾，让使用者无所适从，也给社会公众造成了混乱。

三是统计基础工作十分薄弱。

尽管统计法第十六条对县级以上地方各级人民政府设立独立的统计机构作了明确规定，但在历次地方机构改革中，都有不少地方违反规定，撤并统计机构。首先，经统计部门反复做工作，据法力争，目前全国仍有393个县（市、区）没有设立独立的政府统计机构，占总数的13.7%，有的省甚至有超过一半的县（市、区）没有设立独立的政府统计机构。其次，乡镇统计长期以来处于非常薄弱的状况，基层统计工作任务繁重，条件很差，技术手段落后，经费严重不足。此外，许多企事业单位内部管理混乱，未按规定设置原始记录和统计台账等基础账目，且缺乏专职统计人员，兼职统计人员也变动频繁，业务素质普遍偏低，影响了源头统计数据质量。

四是统计法律意识淡薄，统计执法难度大。

虽然经过多年的统计普法宣传教育，仍有不少单位和个人视统计法为"软法"，法律意识很淡薄。其主要表现：一是统计调查对象不愿意履行统计法规定的义务，对统计部门布置的调查任务，或置之不理，或敷衍应付，甚至拒绝接受统计调查；二是一些地方领导担心统计执法影响"政绩"，不支持甚至压制统计部门执法办案，助长弄虚作假现象；三是统计执法环境差，缺少必要的执法手段，现行统计法强制处罚规定不明确，一些基层单位对统计执法不配合，有的公然抵制统计部门的检查，普遍存在在统计执法中取证难、处理难、执行难的问题。

二、《统计法》：应该完善的六个方面

记者：取证难、处理难、执行难？是统计法制工作者的能力问题，还是法律本身缺乏保障力？

贺铿：从统计法的贯彻实施情况看，当前我国统计工作面临的主要问题和矛盾，都与统计法本身不完善有关。

记者：可是，现行统计法修正还不到10年，为什么会出现这样的状况？

贺铿：现行统计法没有脱离计划经济的框框，不适应贯彻科学发展观和完善社会主义市场经济体制的需要，迫切需要进行修改和完善。

记者：具体地说，有哪些方面需要修改和完善？您有些什么建议？

贺铿：第一，保障统计机构和统计人员独立行使职权的法律制度和机制不健全。《统计法》第八条规定："统计机构和统计人员依照本法规定独立行使统计调查、统计报告和统计监督的职权，不受侵犯。"这一规定符合国际统计法惯例，体现了保障政府统计活动的独立性和中立性的统计立法基本原则，对于维护统计工作的客观公正和统计数据的真实可靠，具有重要作用。但是，这一重要的立法原则因缺乏具体的法律制度约束和统计体制保障，往往形同虚设。根据现行《统计法》的规定，地方统计局主要由地方政府管理，很难抵制地方领导对统计工作和统计数据的干预。加之《统计法》第七条又规定：各地方、各部门、各单位的领导人"如果发现数据计算或者来源有错误，应当提出，由统计机构、统计人员和有关人员核实订正"。这一规定实际上否定了统计部门独立行使统计调查、统计报告和统计监督的职权，给某些领导人干预统计数据打开了方便之门，建议尽快予以修改。

第二，对被调查者在统计活动中的权益保护不足。统计机构为统计目的收集的属于法人或自然人的个人资料应当严格保密，不得用于统计之外的任何目的，公民和社会组织既有及时、准确向政府统计机构提供统计资料的义务，也有使用统计信息的权利，这是统计立法的重要原则。但是，我国现行统计法规定很不完善。对法人和自然人的个人资料保密制度的规定不严格，严重影响了

被调查者对调查者的信任度。例如，一些地方将用于统计目的的单位、个人资料用于征税、计划生育管理等目的，致使统计调查对象不愿向统计机构提供真实的资料。国外的统计法对违反关于统计数据保密的规定十分严格，例如《澳大利亚1905年普查法和统计法》规定，如果简易审判庭判定某人违反了统计数据保密的规定，可以处以不超过2000澳元的罚款，或不超过12个月的监禁，或二者并处。此外，我国《统计法》关于促进统计信息共享的规定也不严密，有关统计资料公布的规定过于原则。统计资料作为公共产品的特性未在法律中充分体现出来，缺乏保障统计资料使用者便捷获取统计资料的法律制度。建议在修改时要突出对被调查者的权益保护，对损害被调查者权益的行为要加大惩罚力度，达到不断增强调查者和被调查者配合的目的。

第三，缺乏保障政府统计工作在社会主义市场经济条件下的统一性、权威性和工作效率的法律规定。按照国际惯例，官方统计指标通常都要使用国际通行的概念和分类方法，收集、整理统计数据的方法也要求具有可比性。要尽量避免重复统计，努力降低统计成本。政府统计机构为了提高时效，降低统计成本，可以从所有数据类型来源中收集统计数据，包括利用各部门的行政记录，尽可能减轻统计调查对象的负担。但是，我国现行统计法或者没有规定，或者过于原则。致使一方面政府统计部门不能利用各部门的统计资料和行政记录，甚至连规定提供的统计资料也不能及时得到。另一方面各部门也不能全面利用政府统计部门和其他部门的统计资料，在统计上形成了部门封锁局面。由于部门间相互封锁，出现了重复调查、指标解释不统一和收集、整理统计数据的方法不可比的混乱状况。由此，统计成本越来越高，基层统计部门和统计调查对象的负担越来越重。据辽宁省本溪市调查，企业需要填报的报表多达519种，其中国家各部委、省直属各部门和市属各部门下发的报表414种，占报表总数的79.8%。建议认真整饬统计报表多而滥的现象，努力提高政府统计的权威性和效率，强化法律责任。

第四，关于统计调查项目设置的法律规定不科学。现行统计法将统计调查项目分为国家统计调查项目、部门统计调查项目和地方统计调查项目三类进行管理，国家统计调查、部门统计调查和地方统计调查都属于法定调查，统计调查对象均有填报义务。但是，现行统计法对统计调查项目的制定、审批或备案权限缺乏足够的法律约束，政府统计机构对统计调查项目无法实行严格管理，影响了官方统计的一致性和效率。此外，统计法关于统计调查项目的分类方法和分类标准本身存在交叉和重复问题，什么是国家统计调查，什么是部门统计调查，没有严格区分，在实际工作中不同的人有不同的认识和理解，这也是造成统计调查项目多而滥的重要原因。基层统计部门和统计调查对象对目前统计调查项目多而滥的现象意见很大。解决统计报表多而滥的根本办法是改革统计工作管理体制。温家宝同志曾经指出："要改革统计工作的管理体制。改革的目标是加强国家或者说中央统计工作的权威性。同时，也要加强对地方统计工作的监督和检查，防止弄虚作假。"建议只允许国家统计局和省统计局两级设置法定统计调查项目。

第五，关于统计调查对象的法定义务和开展普查的规定过于简单。统计法必须强调及时、准确向政府统计机构提供统计资料是公民、法人和其他组织的法定义务，正确履行法定义务既是每个公民、法人和其他组织的社会责任，也是体现社会诚信度的道德标准，在立法方面应当有强性规定。国外的统计法对不依法履行法定义务者，规定要承担相应的法律责任。如《日本统计法》规定，对有不依法进行申报或进行虚假申报者要处6个月以下的徒刑或拘禁，或处10万日元以下的罚金。欧盟统计局认为，官方统计调查的强制性和为被调查者保密，是官方统计的两大支柱。我国现行统计法对此规定过于简单，没有强制度，是被调查者与调查者不配合的主要原因。普查是国家搜集重大国情国力信息的基本方式，是最基本、最重要的统计调查，我国现行统计法对普查的规定也过于简单。普查活动涉及国民经济和社会发展的各个方面，是重大的社会动员，在我国的政治、经济、社会生活中具有十分重要的地位和作用。因此，普查活动中形成的各种权利义务关系，与一般意义上的统计调查是不同的，应有更高的强制性、更严密的组织、更严厉的法律责任，也应当更加充分地发挥普查资料的效用。但是，现行统计法将普查视同于一般性的统计调查对待，未体现出普查作为重大国情国力调查的特性，不利于普查的顺利实施。建议尽早制定《普查法》等有关专项统计调查的法律法规，全面规范政府统计行为。

第六，关于统计机构和统计管理体制的有一些规定脱离了社会主义市场经济体制的实际。主要表现在两个方面：其一，现行统计法规定，县级以上各级人民政府要设独立的统计机构；乡、镇人民政府要设专职或兼职统计员；政府部门和企业、事业组织根据统计任务的需要也要设统计机构或统计员。这些规定非但难以完全做到，也不符合社会主义市场经济体制建设和政府改革的方向。如此设置统计机构，实际上是计划经济时期全面实行统计报表和层层汇总统计资料的制度框架，与市场经济体制下的统计工作要求并不适应。在市场经济体制下，应当着重加强国家统计机构和统计专业队伍建设，以保障实行以抽样调查方法为主体的统计调查制度。其二，与国外统计法比较，我国现行统计法中没有关于统计业务经费的规定。在开展大型统计调查时，统计业务经费通常实行分级负担办法。实际上多数统计调查与地方利益没有直接关系，地方政府或者不愿意负担，或者因财力不足无能力负担，致使统计业务经费严重不足，基层统计工作难于开展，统计调查任务不能按统一要求完成。尽管现行统计法规定了要实行统一领导，分级负责的统计管理体制，要建立集中统一的统计体系，但是，因为统计人员和统计业务经费缺乏实行统一管理的法律支持和保障；从而不可能真正实现统一领导和建立集中统一的统计体系。为适应社会主义市场经济体制的实际和适应统计工作的技术要求，统计法需要在建立集中统一的统计体系方面提供全面的法律支持和保障。

记者：您刚才重点强调的"四大难关"和"六大视点"，可以说是现行统计法不得不进行修正的理由。如果这些问题都得到了妥善解决，是否就可以说，我们就迎来了一个统计法制工作的新局面？

贺铿：由于我国现行《统计法》不完善，统计工作的法制环境比较差，亟须完善统计法制，进一步加强统计执法力度，培育良好的统计工作法制环境，以保证政府统计工作的顺利开展。以上我说到的"必须攻克的四大难关"和"可资参考的六大修正视点"，可以看作是现行统计法不得不修正的理由。我不能保证，如果这些问题都得到了妥善解决，我们就迎来了一个统计法制工作的新局面。我只能说，我们可望迎来一个统计法制工作的新局面。因为有了一部比较完善的法律，我们只是拥有了比较先进的打胜仗的武器，最终能不能打胜仗，还得靠全体指战员的努力。

（本文发表于 2005 年 1 月《中国信息报》）

《中华人民共和国统计法》
及其需要完善的几个问题

中国现行《中华人民共和国统计法》（以下简称《统计法》）是 1983 年 12 月 8 日由第六届全国人大常委会第三次会议通过的。尔后根据 1996 年 5 月 15 日第八届全国人大常委会第十九次会议《关于修改中华人民共和国统计法的决定》，进行了重要修正。

统计是社会活动，需要按照统一、严格的规范进行组织。统计法是统计工作的准绳和依据，是行政法的重要组成部分，在我国社会主义法律体系中具有重要的地位。从统计法贯彻实施情况看，其作用主要有：保障科学、有效组织实施统计工作；保障统计数据的准确性和及时性；保障统计信息实现社会共享。

一、中国《统计法》的调整范围和基本内容

（一）中国《统计法》的调整范围

中国《统计法》主要调整以下三类社会关系。

一是调整统计调查者与被调查者之间的关系。统计调查者是指国家统计调查、部门统计调查及地方统计调查的实施者。被调查者，亦称统计调查对象，是指履行统计资料报送义务的公民、法人和其他组织。根据统计法第三条的规定，统计调查对象包括国家机关、社会团体、企业事业组织、个体工商户、基层群众性自治组织和公民个人。调查者在调查活动中依法要求被调查者如实提供统计资料，被调查者有义务依法向调查者报送统计资料。

二是调整统计调查者之间的关系。这包括两个层次：其一，各级人民政府

统计机构之间的关系。统计法规定，县级以上地方各级人民政府统计机构，负责组织领导和协调本行政区域内的统计工作，接受同级人民政府和上级政府统计机构的双重领导，在统计业务上以接受上级政府统计机构的领导为主。其二，政府统计机构与部门统计机构之间的关系。统计法规定，各级人民政府各部门的统计机构或统计负责人，在统计业务上接受同级人民政府统计机构的指导。

三是调整统计调查者与统计资料用户之间的关系。在使用统计资料的过程中，必然在资料的搜集者和使用者之间形成各种社会关系，为了保证统计资料发挥效用和有序利用，必须通过法律来规范统计资料的收集者和使用者的行为。

这里还需要说明的是，统计活动分政府统计和民间统计两类。由于民间统计活动属于自愿性的，对调查对象并无强制义务，世界各国一般都将统计法的调整范围确定为政府统计活动。我国《统计法》虽然也将民间统计活动纳入了调整范围，并在第十二条、第二十九条和第三十二条中作了一定的法律规范，但从《统计法》的主体内容看，仍然是调整和规范政府统计活动的。

（二）中国《统计法》的基本内容

中国现行《统计法》共6章34条，对统计管理体制和组织、统计调查、统计资料、统计机构、统计人员和统计法律责任等方面分别作了规范。

1. 统计管理体制和统计组织制度的规范

《统计法》规定：国家建立集中统一的统计系统，实行统一领导、分级负责的统计管理体制。国家统计局负责组织领导和协调全国统计工作，上级统计局对下级统计局具有业务上的领导权，政府综合统计系统具有对同级部门统计系统的业务指导权和协调权。县级以上地方各级人民政府统计机构，在执行国家统计标准，贯彻全国统一的统计制度方法，完成国家统计调查任务的前提下，分级负责管理本地区的统计工作。

在统计机构的设置方面，统计法规定，国务院设立国家统计机构，各级人民政府、各部门和企业事业组织，根据统计任务的需要，设置统计机构或统计人员。其中县级以上地方各级人民政府要求设立独立的统计机构，乡、镇人民政府要求设置专职或者兼职的统计员。

2. 统计调查管理制度的规范

统计调查管理制度包括统计调查项目、统计调查方法和统计标准等法律制度。

第一，关于统计调查项目管理制度。我国统计法规定，统计调查项目分三类进行管理：

国家统计调查项目由国家统计局拟订，或者由国家统计局和国务院有关部门共同拟订。

部门统计调查项目由主管部门拟订。其中调查对象属于本部门管辖系统内的，由本部门审批，报国家统计局或者同级地方人民政府统计机构备案；调查对象超出本部门管辖系统的，报国家统计局或者同级地方人民政府统计机构审批，重要的调查项目还应报国务院或者同级地方人民政府审批。

地方统计调查项目由县级以上地方各级人民政府统计机构拟订，或者由县级以上地方各级人民政府统计机构和有关部门共同拟订，报同级地方人民政府审批。

国家统计调查、部门统计调查和地方统计调查是一个统一的整体。部门统计调查和地方统计调查不得与国家统计调查重复、矛盾。

第二，关于统计调查方法管理制度。统计法规定，统计调查应当以周期性普查为基础，以经常性抽样调查为主体，以必要的统计报表、重点调查、综合分析等为补充，搜集、整理基本统计资料。

目前，我国已建立周期性普查制度。人口普查、农业普查每十年进行一次，分别在尾数逢零、逢六的年份实施；经济普查每五年进行一次，在尾数逢三、逢八的年份实施。重大的国情国力普查，需要动员各方面力量进行的，由国务院和地方各级人民政府统一领导，组织统计机构和有关部门共同实施。

发往基层单位的全面定期统计报表，必须严格限制。凡通过抽样调查、重点调查、行政记录能取得统计数据的，不得制发全面定期统计报表。

第三，关于统计标准的规定。国家制定统一的统计标准，以保障统计调查中采用的指标涵义、计算方法、分类目录、调查表式和统计编码等方面的标准化。国务院各部门可以制定补充性的部门统计标准，但不得与国家统计标准相抵触。

3. 统计资料管理制度的规范

我国统计资料实行统一管理、分级负责的原则。包括质量管理、公布方式、资料提供和资料保密制度等。

第一,关于统计资料的质量管理制度。根据《统计法》的规定,企业事业组织设置原始统计记录、统计台账制度;建立健全统计资料的审核制度;建立健全统计数据质量的监控和评估的制度;确立以统计机构或统计负责人签署或盖章的统计资料为准的统计资料认定制度。

第二,关于统计资料的公布制度。国家统计局和省、自治区、直辖市的人民政府统计机构依照国家规定,定期公布统计资料。国家统计数据以国家统计局公布的数据为准。国务院有关部门统计调查取得的统计数据,由国务院有关部门公布;其中,与国家统计局统计调查取得的统计数据有重复、交叉的,应当在同国家统计局协商后公布。

第三,关于统计资料的提供制度。县级以上各级人民政府有关部门组织实施的统计调查,应当及时向本级人民政府统计机构报送基本统计资料或者综合统计资料。各级人民政府的统计机构,应当定期、无偿地向本级人民政府提供有关综合统计资料。

第四,关于统计资料的保密制度。统计法规定,属于国家秘密的统计资料,必须保密。属于私人、家庭的单项调查资料,非经本人同意,不得泄露;统计机构、统计人员对在统计调查中知悉的统计调查对象的商业秘密,负有保密义务。如果统计机构、统计人员泄露了国家秘密,泄露了属于私人、家庭的单项调查资料或者统计调查对象的商业秘密,都要承担相应的法律责任。

4. 统计人员管理制度的规范

《统计法》规定,统计人员应当坚持实事求是,恪守职业道德,具备执行统计任务所需要的专业知识。统计机构应当加强对统计人员的专业培训,组织专业学习。《统计法》还规定评定统计人员的技术职称的制度,以保障有技术职称的统计人员的稳定性。

5. 关于统计法律责任

根据《统计法》的规定,统计法律责任包括行政责任、民事责任和刑事责任三种形式。《中华人民共和国刑法》第二百五十五条还规定,公司、企业、事业单位、机关、团体的领导人,对依法履行职责、抵制违反《会计法》《统计法》行为的会计、统计人员实行打击报复,情节恶劣的,处三年以下有期徒刑或者拘役。

二、中国《统计法》贯彻实施中存在的主要问题及需要完善的几个方面

（一）《统计法》贯彻实施中存在的主要问题

1. 存在较严重的弄虚作假现象

在统计上弄虚作假具有一定的普遍性。在近年来全国查处的各类统计违法案件中，虚报、瞒报、伪造、篡改统计资料的违法行为比例较高。一是不少企事业单位从自身的经济利益出发"按需报数"，或者按照政府和主管部门的意图报数。二是一些乡、县、市，为了追求"政绩"和经济利益，有的要求按计划上报统计数据，有的凭空编造统计数据，有的授意、指使虚报、瞒报统计数据，甚至直接篡改基层上报的统计数据。有的还规定上报统计数据必须由领导研究决定。

2. 统计体制不完善

我国目前统计体制的基本格局，是20年前确定的，还带有明显的计划经济时代的色彩，与在社会主义市场经济条件下搞准统计数据的要求很不适应。在现行统计体制下，政府统计工作存在两大困难：一是抗干扰能力差。统计数据由地方统计部门搜集和汇总上报，地方统计部门的干部主要由地方管理，经费也主要依赖地方。统计数据反映各级领导的政绩，与干部的奖惩、升迁密切相关，是地方干部的"政绩单"。这张"政绩单"由自己任命和管理的干部来填写，统计工作的独立性很容易受到破坏，这是制度设计上存在的漏洞。二是横向协调困难。国家统计局在统计调查项目管理和统计资料管理等方面缺少权威性。国家统计局进行国民经济核算所必需的基础资料难以及时获得。机构改革后，部门统计受到严重削弱，有的部门已将统计机构转为自收自支事业单位，存在机构不健全、工作不规范等问题，国家统计局无法保证实现统计系统中的一致性和效率。

由于统计体制不完善，致使统计制度方法、统计调查管理和资料发布不规范。统计制度方法中存在的主要问题，一是统计指标不够健全。面对社会主义市场经济条件下大量出现的新情况、新事物，统计部门未能及时反映，造成了许多重要经济社会活动在统计上出现空白。二是统计调查方法比较笨重，很大

程度上仍然依赖传统的全面统计报表制度，影响了统计调查的效率和质量。抽样调查虽已在许多领域得到推广，但由于不能很好地解决市、县的统计数据分解问题，难以满足目前各级政府分级管理经济的现实需要。这在一定程度上造成了统计调查方法的双轨制，增加了基层的负担。三是在统计调查管理方面，还大量存在着随意制发统计报表的现象，致使基层单位和基层统计人员不堪重负，数据质量实在难以保证。四是有些部门随意对外公布有关国民经济和社会发展的重要统计数据。部门间一些重要统计指标口径不一致，造成数出多门、相互矛盾，让使用者无所适从，也给社会公众造成了混乱。

3. 统计基础工作十分薄弱

尽管《统计法》第十六条对县级以上地方各级人民政府设立独立的统计机构作了明确规定，但在历次地方机构改革中，都有不少地方违反规定，撤并统计机构。其次，乡镇统计长期以来处于非常薄弱的状况，基层统计工作任务繁重，条件很差，技术手段落后，经费严重不足。此外，许多企事业单位内部管理混乱，未按规定设置原始记录和统计台账等基础账目，且缺乏专职统计人员，兼职统计人员也变动频繁，业务素质普遍偏低，影响了源头统计数据质量。

4. 统计法律意识淡薄，统计执法难度大

虽然经过多年的统计普法宣传教育，仍有不少单位和个人视统计法为"软法"，法律意识很淡薄。其主要表现：一是统计调查对象不愿意履行统计法规定的义务，对统计部门布置的调查任务，或置之不理，或敷衍应付，甚至拒绝接受统计调查；二是一些地方领导担心统计执法影响"政绩"，不支持甚至压制统计部门执法办案，助长弄虚作假现象；三是统计执法环境差，缺少必要的执法手段，现行统计法强制处罚规定不明确，一些基层单位对统计执法不配合，有的公然抵制统计部门的检查，普遍存在在统计执法中取证难、处理难、执行难的问题。

（二）完善《统计法》的几点建议

从《统计法》的贯彻实施情况看，当前我国统计工作面临的主要问题和矛盾，都与统计法本身不完善有关。现行统计法没有脱离计划经济的框框，不适应贯彻科学发展观和完善社会主义市场经济体制的需要，迫切需要进行修改和完善。提出以下几点建议。

第一，健全统计机构和统计人员独立行使职权的制度和机制。《统计法》第八条规定:"统计机构和统计人员依照本法规定独立行使统计调查、统计报告和统计监督的职权,不受侵犯。"这一规定符合国际统计法惯例,体现了保障政府统计活动的独立性和中立性的统计立法基本原则,对于维护统计工作的客观公正和统计数据的真实可靠,具有重要作用。但是,这一重要的立法原则缺乏具体的法律制度约束和统计体制保障。根据现行《统计法》的规定,地方统计局主要由地方政府管理,很难抵制地方领导对统计工作和统计数据的干预。加之《统计法》第七条又规定:各地方、各部门、各单位的领导人"如果发现数据计算或者来源有错误,应当提出,由统计机构、统计人员和有关人员核实订正"。这一规定实际上否定了统计部门独立行使统计调查、统计报告和统计监督的职权,给某些领导人干预统计数据打开了方便之门。

第二,增强对被调查者在统计活动中的权益保护。统计机构为统计目的收集的属于法人或自然人的个人资料应当严格保密,不得用于统计之外的任何目的,公民和社会组织既有及时、准确向政府统计机构提供统计资料的义务,也有使用统计信息的权利,这是统计立法的重要原则。但是,我国现行《统计法》规定很不完善。对法人和自然人的个人资料保密制度的规定不严格,严重影响了被调查者对调查者的信任度。关于促进统计信息共享的法律制度也不健全。有关统计资料公布的规定过于原则,统计资料作为公共产品的特性未在法律中充分体现出来,缺乏保障统计资料使用者便捷获取统计资料的法律制度。

第三,完善保障政府统计工作在社会主义市场经济条件下的统一性、权威性和工作效率的法律规定。按照国际惯例,官方统计指标通常都要使用国际通行的概念和分类方法,收集、整理统计数据的方法也要求具有可比性。要尽量避免重复统计,努力降低统计成本。政府统计机构为了提高时效,降低统计成本,可以从所有数据类型来源中收集统计数据,包括利用各部门的行政记录,尽可能减轻统计调查对象的负担。但是,我国现行《统计法》或者没有规定,或者过于原则。致使一方面政府统计部门不能利用各部门的统计资料和行政记录,甚至连规定提供的统计资料也不能及时得到。另一方面各部门也不能全面利用政府统计部门和其他部门的统计资料,在统计上形成了部门封锁局面。由于部门间相互封锁,出现了重复调查、指标解释不统一和收集、整理统计数据的方法不可比的混乱状况。由此,统计成本越来越高,基层统计部门和统计调查对象的负担越来越重。

第四，科学设置统计调查项目。现行《统计法》将统计调查项目分为国家统计调查项目、部门统计调查项目和地方统计调查项目三类进行管理，国家统计调查、部门统计调查和地方统计调查都属于法定调查，统计调查对象均有填报义务。但是，现行《统计法》对统计调查项目的制定、审批或备案权限缺乏足够的法律约束，政府统计机构对统计调查项目无法实行严格管理，影响了官方统计的一致性和效率。此外，《统计法》关于统计调查项目的分类方法和分类标准本身存在交叉和重复问题，什么是国家统计调查，什么是部门统计调查，没有严格区分，在实际工作中不同的人有不同的认识和理解，这也是造成统计调查项目多而滥的重要原因。基层统计部门和统计调查对象对目前统计调查项目多而滥的现象意见很大。

第五，增加统计调查对象的法定义务和开展普查的规定。《统计法》必须强调及时、准确向政府统计机构提供统计资料是公民、法人和其他组织的法定义务，正确履行法定义务既是每个公民、法人和其他组织的社会责任，也是体现社会诚信度的道德标准，在立法方面应当有强制性规定。国外的统计法对不依法履行法定义务者，规定要承担相应的法律责任。我国现行《统计法》对此规定过于简单，没有强制力度，是被调查者与调查者不配合的主要原因。普查是国家搜集重大国情国力信息的基本方式，是最基本、最重要的统计调查，我国现行《统计法》对普查的规定也过于简单。普查活动涉及国民经济和社会发展的各个方面，是重大的社会动员，在我国的政治、经济、社会生活中具有十分重要的地位和作用。因此，普查活动中形成的各种权利义务关系，与一般意义上的统计调查是不同的，应有更高的强制性、更严密的组织、更严厉的法律责任，也应当更加充分地发挥普查资料的效用。但是，现行《统计法》将普查视同于一般性的统计调查对待，未体现出普查作为重大国情国力调查的特性，不利于普查的顺利实施。

第六，保障政府统计活动的经费。现行《统计法》中没有关于统计业务经费的规定，在开展大型统计调查时，统计业务经费通常实行分级负担办法。由于各地的财力和对统计工作的重视程度有差别，不少地方的基层统计部门严重缺少统计业务经费，开展统计工作很困难。

（本文发表于2005年第2期《中国人大》）

新农村建设的目标及统计监测

中央经济工作会议强调要"坚持以发展农村经济为重点,扎实推进社会主义新农村建设"。2007年是深入贯彻科学发展观、积极推进社会主义和谐社会建设的重要一年,在新农村建设中不但工作力度不能减弱,同时还必须贯彻科学发展观。要把发展现代农业,转移农村剩余劳动力作为推进社会主义新农村建设的着力点。我们认为,正确贯彻中央经济工作会议关于推进新农村建设的精神,首先需要正确把握新农村建设的目标,端正新农村建设的工作思路,并且要实行科学的统计监测,准确把握新农村建设的工作进程。本文的目的是希望能比较全面地阐释这些观点。

一、把握社会主义新农村建设的目标

建设社会主义新农村的终极目标是实现农业现代化、农村现代化和农民知识化。因此,党中央提出建设社会主义新农村建设是一个长期而艰巨的过程,而不是一朝一夕可以完成的。

当前,我国城乡经济水平相差很大,与生产和生活相关的基础设施和公共设施状况也相差很大。城乡农民收入水平相差3.22倍,2005年,城镇居民人均可支配收入10493元,农村居民人均纯收入3255元。城镇居民大部分有社会保障,农村居民大部分没有社会保障。城镇居民的文化、物质生活设施大大好于农村。要改变长期形成的二元经济结构绝非一朝一夕可以达到。

要真正搞好社会主义新农村建设,当前政府的责任一是搞好规划,二是筹措资金。要有计划、有步骤地搞好农村的基础设施和公共设施建设。例如,要加强为实现农业现代化的水利、道路、社会服务体系建设;加强为实现农村现代化的现代生活设施建设;加强为实现农民知识化的文化、教育、培训等公共设施建设；等等。为上述"三化"打基础是建设新农村工作的着力点，也是政府的主要责任。新农村建设不等于新村建设。"村容整洁"只能因势利导，其责任主要由农村居民自己来承担。

近年来，各地开展新农村建设的热情很高，总体情况是良好的，但是也出现了许多令人担忧的倾向性问题。主要是对新农村建设的终极目标认识不清楚，将新农村建设片面理解为"新村建设"，出现了表面化、形式化倾向。

二、日本进行"新农村建设"的经验

日本在"二战"后，经济遭到严重破坏，农村经济尤其落后。1955年12月提出"新农村建设构想"，分为两个阶段进行，中间有5年左右的总结期，前后经历了30年左右时间，最终实现了农业现代化、农村现代化和农民知识化目标。我们认为日本的经验很值得借鉴。一是日本战后的经济发展水平和城乡差别与我们现在的状况比较接近；二是日本人口多（1.28亿人），密度大，当时面临的困难与我们现在也差不多；三是资源匮乏情况比我们更突出。因此，他们的经验对我们更有用。

日本新农村建设过程。1955—1962年的7年是日本新农村建设的第一阶段。这一阶段的主要目标是强化农村的基础设施和公共设施建设，推进农民合作和组织水平。

在这一阶段，日本政府采取了三项主要措施：第一是制订推进新农村建设的规划。确立在900—1000户规模市町村开展建设，共有4585个市町村。第二是创建新农村建设体制，成立农村振兴协会。在建设中，着力集中农民智慧，充分发挥政府作用，坚持自愿、有序推进。第三是筹措建设资金。日本在这一阶段采取的是农民集体集资、金融机构贷款和政府财政补贴三结合的筹资办法。平均每个村筹资1000万日元，其中政府补贴占40%。

这一阶段既有成绩、也有问题，既有经验、也有教训。此后经过了约5年时间的总结。

1967—1979年的13年是日本新农村建设的第二阶段。在这一阶段突出了三个方面：（1）进一步加大农业生产和农村居民生活的基础设施和公共设施建设力度；（2）向农村引入工业（1971年出台《农村地区引入工业促进法》）；

(3) 提出了"把农村建设成具有魅力的舒畅生活空间"的目标。

这一时期规划和建设了 3100 个市町村，占当时日本农村市町村总和的 80%，每个市町村政府补贴约 9000 万日元，农业金融机构贷款约 2000 万日元，总计 1.1 亿元。

日本新农村建设的结果。经过两次推进，日本基本实现了农业现代化、农村现代化和农民知识化。可以用"四高"来描述，即农民收入高，2002 年农村户均收入 787 万日元，折合 56 万元人民币，农村居民收入约比城市工薪家庭收入高 12.7%；城市化水平高，2002 年农业户人口仅占总人口的 7.8%；农民素质高，农村和农民教育发达，大学生务农普遍；农产品质量高，农产品标准化、规格化水平居世界前列，安全化生产成为时尚。

三、搞好新农村建设的工作思路

根据日本的经验，搞好新农村建设，真正解决好"三农"问题，在指导思想上有五点要明确。

第一，要有长期奋斗的思想。

第二，要明确政府的责任。政府的主要责任是搞好规划、筹措资金、重点抓好基础设施和公共设施建设，加快农村社会事业发展。

第三，新农村建设要与城镇化建设相统一。向农村引入工业，为农民就近提供非农就业岗位和创造舒畅的生活空间，建设现代化小城镇应当是新农村建设的基本指导思想。建设一个新村，实际上是要建设一个城市功能较全的小城镇。现在，热衷于建大城市，搞大城市圈的做法值得认真总结经验教训。如何坚持统筹城乡经济社会发展，建立工农协调发展机制需要认真研究，切实贯彻。

第四，要分类规划，分类指导。建设社会主义新农村不能一个模式。东、中、西部差别很大，各省的情况也差别很大，应当根据具体情况进行规划。

第五，要把发展现代农业，转移农村劳动力，增加农村居民的收入水平作为工作的出发点和终极目标。

四、新农村建设应当发生的变化

社会主义新农村建设最终应当出现三大变化：

农业生产方式发生根本变化。一是农民人数大大减少，逐渐减到10%以下；二是农业生产力水平大大提高；三是农业组织形式和所有制关系变化，公司大农业与专门化农产品个体生产者并存。在这些变化过程中，第一要求劳动力素质不断提高；第二要求非农就业岗位不断增加；第三要求现代农业社会化服务体系不断完善；第四要求主要农业生产资料土地合理流转。

农村生活方式发生根本变化。一是居住方式可能变化。农业生产者的生活用房与生产用房逐渐分离，生活用房一般都在城市功能较全的小城镇。二是三大差别基本消灭（工农差别、城乡差别和脑力劳动与体力劳动的差别）。

行政区划发生变化。在社会主义新农村建设过程中，新村建设必须、也必然要向适合居住的村庄或城镇集中。集中的结果是现在的320万个自然村将大部分会消失，少部分逐渐形成为城市功能比较全的小城镇；现在的2862个县级区划，也会逐渐分化为市级区划和城市功能比较全的小城镇两种类型。现在的60多万个行政村将全部消亡。于是行政区划会由现在的六级（中央—省—市—县—镇（乡）—行政村）变化为四级（中央—省—市—镇）。

五、对新农村建设的统计监测

社会主义新农村建设是党中央的重大战略部署，实行科学的统计监测是必要的。

（1）实现统计监测的指导原则。第一，要与全面小康社会统计指标体系相衔接。开展社会主义新农村建设的目的是更顺利实现全面小康社会的奋斗目标，故在统计和评价新农村建设时，其指标体系不能与全面小康社会的统计评价体系脱节。第二，要紧紧围绕新农村建设目标补充必要的统计指标。例如，补充基础设施和公共设施的计划投资数、实际投资数和完成情况等指标。第三，对中央提出的20字方针要科学量化。

（2）如何建立社会主义新农村建设的指标体系。社会主义新农村建设的统计评价指标体系，建议应当包括以下子系统：其一，经济与社会发展子系统。其指标应当与全面小康社会的评价指标基本一致。其二，基础设施和公共设施建设子系统。包括投资额、投资完成额、投资向农村转移情况以及分类指标，等等。其三，城镇化及小城镇功能建设子系统。其指标应当包括非农就业岗位增加数，饮水、电网、通信、人居环境及居民生活服务等指标。其四，农业现代化子系统。其指标应当包括现代农业服务体系建设情况，农业生产集约化程度等指标。其五，人民生活及生活质量子系统。其指标也应当与全面小康社会的评价指标基本一致。

（本文发表于 2007 年第 1 期《中国统计》）

第六部分

区域经济

中西部要发展需有一个金融中心
——在 2018 江北嘴新金融峰会上的发言
（2018 年 12 月 19 日 重庆）

各位领导，女士们、先生们：

中午好！

前面三位从大视野谈了许多很好的观点。高尚全老先生从 40 年的改革谈，托马斯·萨金特教授从新科技对于经济学的影响谈，祁斌先生从当今的贸易情况谈。都对我很有启发，受益匪浅。我谈一些具体问题的个人观点，供大家参考。我讲三个问题：（1）内陆开放、发展是新时代的要求；（2）内陆发展需要有内陆的金融中心；（3）怎样打造内陆的金融中心。

一、为什么说内陆的发展是新时代必然的要求

大家知道我们进入了新时代，新时代的矛盾是人民日益增长的美好生活需要和不平衡不充分的发展之间的矛盾。中国发展不平衡、不充分，不需要说，大家都知道是中西部比东部发展滞后。大多数的贫困地区也都在中西部。那么要解决这个问题，就要先看看中西部为什么发展滞后。经济发展无非是要有好的生产条件，即生产要素的组合。过去讲三大生产要素——劳动力、资本、土地，也在讲五大生产要素，即劳动力、资本、土地、技术和信息。中西部劳动力不缺，土地广袤，但是缺资本（资金），资本不是流入而是流出，也就是说，中西部缺的就是资本（资金）。由于资金留不住，往外流，从而人才也留不住。这是中西部，特别是西部发展滞后的主要原因。所以，现在要把中部西部的经济发展起来，就要想办法怎么样把资本（资金）能够吸引到中部和西部来。不

解决这个问题,人才也来不了,技术、信息也没有。没有资本、人才、技术和信息,中西部的发展总归是滞后的,这是我讲的第一个观点。就是说,加快中西部发展既然是今天这个新时代的要求,就希望能解决中西部发展的根本问题——资金、人才如何留住和流入问题。

二、关于中西部金融中心及其条件

中西部要发展,首先要有金融支持。需要建立金融中心,一个属于中西部的金融中心。

金融中心应该是经济中心相对应的产物,也就是说中西部金融中心,必然是中西部的经济中心。那么究竟这个中心应该在哪儿呢?前些年我参加过中西部类似这样的会议,来重庆讨论这个问题这是第三次,另外还参加过成都和西安同样主题的会议,它们都认为自己应该是金融中心所在地。那么我们就得具体分析,进行比较优势分析,究竟哪里适合。

我们今天的主题是"内陆开放",中国的内陆是哪些地方?大概是有16个省(市),西北5省、西南5省(市)、中部6省。这16个省(市)的中心地理位置我认为应该是重庆。

重庆作为金融中心,有它一定的优势,也有它的劣势。

重庆作为经济中心,进而形成金融中心,究竟差什么条件呢?我认为重庆这些年发展很快,应该说与成都、西安相比,现在有很多方面超过了它们。第一个优势,它是中西部16个省(市)中唯一的一个直辖市,经济中心、金融中心一般应该在直辖市,这是优势之一。重庆还有一个优势,就是它过去是西南地区的政治中心,国民党时期是陪都,发展的基础条件比较好。另外,它又是黄金水道——长江上的重要码头、重要港口,大宗货物运输条件好。

然而,重庆要成为经济中心,也确实存在不少的问题,主要是没有形成为现代交通枢纽。如果说是以水路为主要交通方式的话,重庆是很好的,但是现代交通——航空不如西安和成都。重庆的公路,目前也很难算是枢纽,铁路也还不是一个枢纽。在现代经济生活中,尤其航空是非常重要的。所以,现代交通若形不成一个枢纽,要成为经济中心就有一定的难度。重庆究竟怎么样把这个交通枢纽问题进一步解决好,我感觉到非常重要。

此外，重庆如果说是一个经济中心，它首先要有一个自己的制造业中心。这几年重庆在制造业方面发展不错，尤其是 IT 产业发展不错。重庆的经济增长速度一直比较快，经济基础是很好的，比成都、比西安都不落后。作为经济中心，第二个条件是物流业发达，应该是货物集散地。由于没有形成交通枢纽，货物集散也受到限制。第三个条件，经济中心的腹地要大，16 个省（市）是否可以成为重庆的腹地，一是要看交通，二是要看市场。"一带一路"是个机遇，重庆可以争取成为 16 省（市）与中亚、西亚、俄罗斯及欧洲的商品集散地。

所以说要形成真正的经济中心、金融中心，我觉得重庆的比较优势是有的，但是目前条件还应该进一步加强。这是关于重庆和其他两个城市的比较优势分析。我参加过他们一些论坛会议，我感觉到重庆有一些比较优势。

三、怎样打造中西部金融中心

中西部要打造一个金融中心，从哪些方面去做工作、去努力呢？

（一）要选择好经济发展模式

我认为应该在发展民营经济和中小企业方面下功夫，金融服务也应该特别重视普惠金融。

我们的论坛是"新金融"，"新"究竟体现在哪些方面？我认为江北嘴应该不同于陆家嘴。本来我过去一直谈金融改革的问题，今天在座的金融大咖很多，我也不想多谈。因为我的观点与现在金融界的观点很不一致。我认为 40 年的改革，金融恐怕是最失败的一块，我讲这个问题的时候，那是前 15 年，中国的金融要适应社会主义市场经济的需要，可能要重塑，而不是简单的改革。当时有很多金融方面的专家跟我争论，但是从 2017 年、2016 年这两年来，我自己有一些底气了，因为中央特别是总书记说了，"金融要回归本源"，就说你原来就脱离了本源了，没有脱离本源怎么叫回归本源呢？我之所以这么看，是因为我们这些年来的金融没有真正为实体经济服务，脱实向虚的情况特别严重，产生金融泡沫的情况也非常严重。我们中西部要打造一个新的金融中心，那就应该树立怎么样的社会主义市场经济服务的理念。我刚刚说了，中西部今后的发展模式，应该是以中小企业、民营企业为主体，金融服务必须改掉偏爱大企业，偏爱国有企业的旧习，树立普惠金融服务思想。

（二）新金融要为乡村振兴服务

党的十九大提出乡村振兴战略，我们要用这个战略来指导中西部的发展，指导发展"新金融"。

乡村振兴实际上是解决"三农"问题。一些同志是就农而谈农，所以喊了多年没有解决好。在社会变革的过程当中，就农业单独地谈农业，那是解决不了问题的。乡村振兴必须是坚持"农村城市化、农民市民化、农业现代化"这样一个思想来抓。尤其在中西部应该坚持发展小城镇，尽量不要让农村剩余劳动力离乡背井去打工，到东部去打工，应该就近就业，就近发展自己的事业。

总书记在说到城市化的问题时，强调要让大家"望得见山、看得见水、留得住乡愁"，就是说不能一味建设大城市，而是要建小城镇，让剩余劳动力不离乡背井。只有这样，中西部才能真正发展好，才不至于东部发展得很好，中部比较差，西部更差，不会形成这样一个发展不平衡的状况。所以我们在发展中西部的经济时，应该抓住乡村振兴这么一个战略的机遇期，怎么样来使得西部逐渐更好、更快地城市化。在这么一个指导思想之下，我们发展新金融，发展中西部的金融中心，就要塑造自己的金融服务方式，建立一个全新的金融体系，为发展农业、工业、服务业综合服务。

"三中全会"的《决定》提出要发展普惠制金融，我们不能像过去一样，就是一味地只是重视大的企业，特别是大的国有企业，让千千万万的中小企业得不到资金的扶持。今后就不能是这样一种局面，要真正让中西部发展，就要树立怎么样为中小企业、为有条件创业的个人进行金融服务。只有建立这么一种金融体制，你才能够使西部真正地发展起来。

所以，我们要打造中西部或者是内地的金融中心，首先就是金融这个事业怎么发展？要有一个明确的指导思想，要视西部发展情况建立我们的金融体系，只有这样才会有前途、有生命力。

（三）怎么抓落实

第一，国家要有一个明确的态度。中西部要不要有一个金融中心，金融中心是在成都、在西安，还是在重庆要明确。不应该左思右想，还是应该扶植西安还是扶植成都？还是扶植别的地方？我觉得重庆这个地方应该说是有条件，尽管有一些条件现在还不成熟，通过努力，应该可以达到。所以就应该全力地扶植一个地方，让它真正成为中西部的经济中心、金融中心，这样才能够发展得比较快。

第二，工作怎么起步。我建议先成立一个中西部发展的银行，首先要有这么一个银行。我们提出"一带一路"倡议的时候，同时也提出建立亚投行。这个举措很有促进作用。中西部16个省（市）要把经济短板补起来，明确的就是金融中心要尽快形成。金融中心怎么形成？先建立中西部发展银行是必要的。这一个问题提出来了，就等于有了抓手，具体的措施才有可能跟上。我觉得应该在国家的支持之下，尽快组建一个中西部发展银行，同时让其他的一些大的银行也相应在重庆设立重要的分支机构。有了这些金融机构，金融中心就不是空谈，就可以形成一个气候。为什么说这个话呢？因为我在好几年前参加重庆的论坛，参加西安的论坛，大家谈了很多理论，就是没有落地的措施，没有落地的措施就成了空谈。喊了半天没有用，必须要有几个硬措施落地。所以我建议我们重庆市委市政府江北区应该积极在打造真正的金融中心方面下力气，做一些能落地的事情。如果说大家从理论界到管理层，到我们地方政府，大家都有一个明确统一的思想，那么我们就不会一次又一次开一些比较虚的会议，才能够真正把这个事情落实下来抓好。

说实话，陆家嘴金融论坛我也参加过几次，虚的东西太多，像这样一些事情，要很实际地去抓。不实际、没有具体措施，没有用。马克思曾经说过，"一个行动胜过一打宣言"。你有一个两个具体行动，这个事情就真正抓起来了。现在有这么好的机会，我们应该在进入新时代这么一个机遇之下，围绕新时代的主要矛盾，来想一些办法，促进中部和西部的经济发展，来解决中部和西部发展不充分的短板问题。

关于"湾区经济"发展问题
——在 2019 湾区经济发展国际论坛上的讲话
（2019 年 6 月 22 日 广州）

女士们，先生们：

下午好！

临时让我参加你们的论坛，我不知道讲点什么好。论坛组织方给我准备了一份讲话稿，我浏览了一下，也不准备照稿子念。一是因为我没有读懂此稿，二是因为我不会"念书"。我就自作主张，讲三个问题：

（1）怎样发展"大湾区经济"；

（2）发展"大湾区经济"与"一带一路"的关系；

（3）要冷静分析当前经济形势，顺势发展。

一、怎样发展"大湾区经济"

所谓"粤港澳大湾区经济"的提法估计是受"纽约湾""旧金山湾"和"东京湾"区经济发展模式的启示。我建议别盲从，也别脑子发热，要防止房地产化。要尊重经济规律，从实际出发，扬长避短。

第一，纽约、旧金山、东京湾的发展，都经历了漫长时间，是由当时货物聚散的交通条件决定的。发展"粤港澳大湾区经济"要充分考虑到今天货物聚散交通条件的变化。现在我国港口已经过剩，广州南沙新区虽然有建良港的条件，但是必要性不是很大。如果再建就与香港、深圳重复了。

第二，穗、深、港、澳已经形成了各自的经济优势，再发展时必须扬长避短。例如，我们不宜在广州再搞金融中心，应该充分发挥香港金融中心的优势，促进深港金融市场健康发展。也不需要再搞旧金山那样的研发创业基地,深圳已经形成了研发基地的雏形,应该努力让雏鸟长成成鸟。我认为,在现有条件下,可以借鉴东京湾经验,考虑在南沙新区和惠州、佛山等卫星城市着力发展高端制造业,让未来的粤港澳大湾经济区同时具有纽约、旧金山、东京湾三大湾区经济的特点和优势,成为中国参与和推动第四次工业革命的引擎,让 AI、IT 新技术与实体经济紧密融合,推动"数字经济"发展。谁抢占了第四次工业革命的高地,谁就是未来经济的引领者,希望粤港澳大湾区成为未来中国经济的引领者。

第三,发展大湾区经济要有比别人更加宽松的政治环境和更加自由平等的营商环境。要像当年发展深圳特区经济一样,少说多做,甚至只做不说。在"一国两制"条件下,内地政府更要深化改革,严格按负面清单办法进行管理,只要清单上没说不能做,就要允许企业家、创业者大胆去探索,不要动不动就给人"扣帽子",即使出了问题,也要主动帮助化解矛盾。改革开放 40 年的实践告诉我们:只要有宽松的政治环境和自由平等的市场竞争环境,就不愁没有人才、企业和资本,各种项目会不引自来。

二、发展"大湾区经济"与"一带一路"的关系

世界上的"湾区经济"都是联系世界的,是一国最开放的经济。"粤港澳大湾区经济"也必须是国际化的开放经济。要进一步发挥香港自由港的优势,用好"广交会"的名片,努力发展进出口贸易。美国想围堵中国,我们必须运用好"一带一路"这个历史符号,加强与世界的经济联系,让"粤港澳大湾区同时成为世界的制造业中心、现代产业研发中心和世界贸易中心、金融中心。

我并不赞成"三零"(零关税、零壁垒、零补贴)主张,但是,一定要促进贸易公平和保护国家的正当利益。关税和补贴不应该成为国际贸易的壁垒,应该是促进产业结构优化和保护国家正当利益的手段。

三、要冷静分析当前的经济形势,顺势发展

当前,中国经济下行压力尚未减轻,中美贸易摩擦不断加深,我们尤其需

要保持冷静。3月份统计数据公布后，一部分人盲目乐观，认为要"向好"了；4月份统计数据公布后，一些人又过分悲观，认为是"断崖"了。我都不赞成。我们应该深刻理解中央经济工作会议指出的"稳中有变""变中有忧"和中国经济"有潜力、有韧性"的意义。我认为这三句话有较长时间的指导意义，直到国民经济走向健康发展。

中国经济尚在"患病"之中，患的是凯恩斯主义扩张财政病。由于长期实行积极的财政政策，使得最终消费率不断下降，严重扭曲了GDP的分配比例，从而内需不足。新的增长动力不能形成，老的增长动力边际效应不断降低。治疗的方法只能是认真减税，实行稳健财政与灵活货币政策组合。"善医病者必医其受病之处"，在发展大湾区经济时，我们应该充分认识这一点，不要头脑发热，要顺势发展。

谈谈湾区经济
——在粤港澳大湾区发展论坛上的发言
（2019年11月9日 广州）

2019年上半年，我在广州三次讲过"关于粤港澳大湾区经济发展的战略思考"，8月30日还在珠海讲过一次，国庆节前湖南大学又邀我去讲。

我讲东西一般是根据听众情况决定内容或侧重点。在广州，前两次比较随意，因为当时我对湾区经济发展也是一知半解，但是听众的反应还可以。第三次是国际会议，有不少国外的教授、专家和国际组织参加。我不敢随意，讲得比较谨慎，侧重讲了三个问题：其一，湾区经济和湾区经济发展经验，着重讲了旧金山、纽约和东京湾的特点和经验；其二，中国上海、渤海湾和粤港澳三大湾区经济发展的优、劣势比较；其三，关于建设粤港澳大湾区经济的战略思考。

（1）必须坚持在"一国两制"思想基础上发展湾区经济，要继续发挥香港自由贸易港和国际金融中心的优势，同时加速香港、澳门的经济转型升级；

（2）广州、深圳等9个城市要坚持发展制造业，抢占第四次工业革命的制高点，学习东京经验，使大湾区成为中国制造业中心和经济发展的引擎；

（3）澳门、珠海应该联手发展旅游业和教育事业，同时坚持"房住不炒"的定位，努力改善人居环境，大力吸引人才，着意培育形成中国的硅谷。总的目标是把粤港澳大湾区发展成为同时具有旧金山、纽约和东京湾特点的大湾区经济体系。这个发言网上反应不错。

在湖南大学，我作为曾经的兼职教授，思想比较放得开。又因为听众是教师、硕士和博士，我侧重讲了些经济理论，尤其对"一国两制"的内涵思维作了大胆的阐释。邓小平说"五十年不变"。我认为，如果好，五十年以后也不要轻言改变。希望最终两种制度融合为一种新的经济制度，而不是硬性取消一种制度。

在建设湾区经济过程中，同时要发展两种制度。要相互吸收对方制度的长处，而不是水火不容。

现在，世界上同时存在"自由市场经济"制度和"政府主导下的市场经济"制度，都有成功的例子，不能只说哪一种好。依我看，韩国、新加坡是政府主导的市场经济制度成功的典范。日本和中国台湾地区也不是完全意义的自由市场经济体制。所以说改革永远在路上。邓小平说，初级阶段要经过几代人乃至十几代人才能完成。我们不可能预想到未来中国特色社会主义的政治、经济制度究竟是什么样子。大家不是说"实践是检验真理的唯一标准"嘛，那就应该在建设粤港澳大湾区经济的实践中大胆探索新的经济和政治制度。邓小平南方谈话讲道："什么是社会主义？社会主义就是解放生力，发展生产力，消灭剥削，消除两极分化，最终实现共同富裕。"显然，他诠释的社会主义落脚在解放生产力、发展生产力和共同富裕上。我希望在大湾区经济建设中，能探索出一条通往共同富裕的新路。

最后，我强调四点：

（1）粤港澳要充分发挥自己的优势，"2+9"三方都要重视对方的关切，促进共同发展；

（2）要高度重视巩固香港自由贸易港和国际金融中心地位，让粤港澳成为"双循环"发展新格局的重要节点；

（3）要坚持"房住不炒"定位，切忌把湾区经济搞成"房地产经济"；

（4）要高度重视研发基地建设，选择一个合适的地方，大力吸引人才和建设研究机构，共同打造一个中国"筑波"，抢占第四次工业革命的技术高地。

发展粤港澳大湾区经济，引领中国未来
——在"广州开发区黄埔金融峰会"上的发言
（2021年3月26日 广州）

尊敬的各位领导、企业家：

大家好！

首先，非常感谢会议组织者邀请我参加这个峰会，并就粤港澳大湾区建设和发展的金融等问题谈谈我的个人思考。我准备讲三个方面的问题：

（1）关于湾区及湾区经济发展；

（2）如何塑造粤港澳大湾区金融新格局；

（3）如何发展粤港澳大湾区经济。

一、关于湾区及湾区经济发展

讲四个观点：

（一）什么是湾区经济

湾区一般是指有良港的海湾地区，通常是指一个城市或城市群，是货物的集散地。

各国的湾区城市，通常也是国家防卫要津和经济发展的战略重点，例如我国的天津、威海、上海、宁波等。

近代，由于海运发达，形成了许多世界性湾区贸易中心，它们通常是经济全球化、金融国际化的发祥地，例如荷兰的阿姆斯特丹、英国的伦敦和中国的香港、上海等。

(二) 湾区经济发展与城市兴衰更替

随着时代条件变化，湾区城市地位不断出现兴衰更替。现在，世界上有名的湾区城市有日本东京，美国纽约、旧金山等。它们各有特色：东京，现代制造业发达，是日本的现代制造业基地；纽约，金融业突出，是美国乃至世界的金融中心；旧金山，科技创新活跃，那里有美国的硅谷，正在引领第四次工业革命。

(三) 湾区经济可持续发展的条件

发展湾区经济要遵从客观条件和时代要求。现代湾区经济至少要具备以下条件：一是有良港，交通发达，方便与国际交往；二是腹地大，物产丰富，能开展国际贸易；三是社会环境、市场环境优越，适合创新、创业。这一点在现代湾区经济发展中尤为重要。湾区城市是人才、资本和货物的聚散地，容易形成现代经济四大中心：商品交易中心、产品制造业中心、科技研发中心和与之相适应的金融服务中心。

(四) 新时期我国湾区经济的战略地位更加凸显

改革开放以来，我国经济已逐渐融入世界，湾区经济的战略地位更加凸显。北有环渤海，东有长三角，南有粤港澳和海南省。我认为，这四个大湾区将是我国经济发展的战略高地。进一步发展湾区经济，已经列入了"十四五"规划和2035年远景目标，说明了党和国家深化改革开放的决心。

二、如何塑造粤港澳大湾区金融新格局

发展市场经济离不开现代金融。粤港澳大湾区面临"一个国家、两种制度、三种货币"情况，既是发展经济、进一步改革开放的最大优势，也是面临的主要问题。同时，粤港澳大湾区是我国进行国际贸易的重要桥头堡，肩负着国内、国际"双循环"相互促进的重要任务。因此，在大湾区建设中，必须巩固和加强香港国际金融中心地位，充分发挥深圳证券交易所为粤港澳创新、创业的融资作用。

建设粤港澳统一大市场，必须努力塑造金融新格局。金融改革的大方向是坚守金融本源，服务实体经济，总的格局是更加开放、高效、互融互通，涉及金融机构、银行体系、货币制度等诸多方面改革。

（一）指导思想

塑造金融新格局要有正确的指导思想：

第一，明确什么是金融。

金融一般被定义为跨时间、跨空间的价值交换或资源配置的有效方式。也就是说，涉及价值或收入在不同时间、不同空间之间进行资源配置的交易都是金融交易。

在社会再生产过程中，每个环节都存在资源配置，一步也离不开价值交换。

杜绝货币投机和金融诈骗是金融改革的主要任务。正如乔治·吉尔德所说："全球经济如今面临的基本挑战是解决货币丑闻"。例如，每24小时有5.1万亿美元现金交易，现金交易量是全球每天GDP生产量的25倍，是货物与服务交易量的75倍。可见货币脱实向虚是世界性问题。

第二，明确银行的性质和任务。

现代银行的本质特征，是经营货币信贷业务，是为实体经济直接服务的金融机构。

最早的银行业，发源于西欧古代社会的货币兑换业。后来发展到为商人保管货币，收付现金、办理结算和汇款。这种业务不支付利息，只收取保管费和手续费。我认为这正是银行业的本源。希望银行改革也要回归本源，坚决杜绝货币投机和脱离实体经济走上钱生钱的邪路。

银行的主要任务是为有余钱的人理财，为创新、创业的人直接融资，应该只收理财和融资的手续费，不应该出现投机性质的"影子银行"。

第三，明确货币的本质和功能。

金融交易的媒介是货币。货币最重要的本质是价值尺度，最基本的功能是作价值交换的媒介和作价值储藏的凭证。因此，货币信用和币值稳定特别重要。货币改革方向是币值稳定、信用可靠，流通成本最小化，尤其重要的是杜绝洗钱和货币投机。

人们正在寻求记账数据安全、交易便捷、成本低的加密电子货币。在加密货币中我比较欣赏 FB 提出的 Libra 构想，因为它提出了锚定物思想——以比较稳定的一篮子货币（美元、欧元、英镑和日元）计价的财富为价值锚定物，而且世界通用。这应该是货币改革的正确方向。

（二）如何行动

央行和香港金管局态度很积极。央行发布了《关于金融支持粤港澳大湾区建设的意见》30 条。香港金管局提出了扩大跨境远程开户试行范围，构建跨境资金池，建立跨境金融监管沙盒等三项具体行动计划。方向都很明确，问题是如何行动。

我认为：

第一，建议成立一个粤港澳金融改革协调小组。当务之急是三种货币如何互融互通，要优先把跨境资金池建起来。

第二，"沙盒"（sandbox）属于金融科技，涉及金融法规，需要组织专业人员加紧研究。不仅要研究监管技术，还要研究风控技术。我相信运用云计算、大数据、AI、区块链、IoT 等技术可以建立风控系统和社会主体的信用等级。依据风控体系和信用等级，实现无抵押普惠小额贷款，支持创新创业是金融改革的重要方向。

第三，协调港交所和深交所业务，加强为"双循环"服务，加快形成新发展格局，建议学习借鉴欧洲央行的经验。

三、如何发展粤港澳大湾区经济

国家战略非常明确，不是建设与不建设的问题。我们要讨论的是如何建设。我认为：

（一）明确目标任务

粤港澳有得天独厚的发展条件，不仅交通发达、物资丰富、人才众多，还有香港一百多年建设自由贸易港积累的实践经验和深圳四十多年改革开放形成的"拓荒牛"精神，这是一笔无价的财富。新时期我们在这里发展大湾区经济，至少可以尝试做好三件大事：

第一,探索"一国两制"的实践模式和法律制度;

第二,探索社会主义市场经济与资本本主义市场经济相互融通的新市场经济模式;

第三,探索第四次工业革命在中国的实现路径。

我认为,如果我们完成了这三大任务,粤港澳大湾区建设就真正取得了成功。

(二)创造粤港澳大湾区特色

希望未来的粤港澳大湾区兼具东京、纽约和旧金山特点,成为中国现代制造业基地、中国特色世界金融中心和引领第四次工业革命的科技研发中心。同时,通过"一国两制"融合发展,探索建立完善的中国特色社会主义市场经济体制。

我认为,我们应该大胆探索邓小平南方谈话提出的社会主义:"解放生产力、发展生产力,消灭剥削、消除两极分化,实现共同富裕。"在实践中要敢于摒弃错误,也要敢于吸收资本主义制度中的某些优点。在经济体制上,两种市场经济制度各有优劣,在发展过程中应该取长补短,兼容并蓄,最后形成"一国一制"的社会经济模式。

(三)解放思想、敢为人先

第一,要认真落实"一国两制"精神。继续发扬光大香港自由贸易港和世界金融中心的优势。进一步优化税赋环境,坚持零关税;认真实行自由的金融政策和资金流通;保持简便的通关程序,进一步提高工作效率。

第二,加速香港、澳门的经济转型升级,主动融入第四次工业革命,努力发展AI和IT2.0。

第三,建立粤港澳三地工作联席会议制度,深入沟通,统一认识,具体落实。发扬少说多干、干了再说的优良传统,具体研究落实产业升级战略,在发展实体经济上狠下工夫。

第四,广州、深圳等9个城市要坚持发展制造业,要抢占第四次工业革命的制高点,学习东京经验,使大湾区成为中国制造业中心和新时期经济发展的引擎。

产业发展要靠市场和政策引导，防止行政干预太多。我们有些领导好像离开了指手画脚，他就不会领导了。这一点很糟糕，在大湾区建设中要特别注意克服。

（四）建议建设珠海科技城

科学技术是第一生产力，科技创新是大湾区经济发展的战略支撑。因此，有必要发挥国家组织者作用，在大湾区建设一座科技城。我个人认为，珠海有条件建设科技城。

建设科技城不可能一蹴而就。美国硅谷从1956年创立肖克利半导体实验室算起，建设硅谷大约经历了70年。日本筑波科学城从1963年始建，也快60年。

建设科技城不能完全依赖政府，要依靠市场机制，坚持需求导向。要设立风险投资基金，充分发挥金融的支持作用。还要有特别的工资、税赋政策，以吸引人才，鼓励创新创业。

澳门应该联手珠海，共同发展教育、科技和旅游业。澳门、珠海要进一步改善人居环境，坚持"房住不炒"的定位，吸引北京、香港、广州和其他地区的高校和科研机构在珠海创业，大力吸引人才，着力在珠海打造中国的筑波，形成中国的硅谷。

建设科技城必须坚持产、学、研相结合。要下力气培养创新创业的政治环境、市场环境和生活环境，鼓励高校和科研机构在珠海创业，发挥科技创新在大湾区经济发展的支撑作用。

东莞市必须践行粤港澳大湾区发展战略
——在"2023中国实体经济发展大会"上的发言
（2023年9月23日 东莞）

"实体经济"是一个很大的概念，它是相对于"虚拟经济"的所有经济活动。虚拟经济包括金融业、房地产业、体育经济、博彩业和收藏业等。虚拟经济之外的所有经济活动都是实体经济。所以，实体经济比制造业的范围更大。

在市场经济条件下，虚拟经济不可缺少。虚拟经济是为更好地发展实体经济服务的经济活动部门。本质上说，虚拟经济是"标"，实体经济是"本"。实体经济是国民经济之"根本"，是人类赖以生存的"根基"。值得指出，房地产业具有双重性。当"房住不炒"时，它是实体经济。

我的演讲分三个部分：

（1）关于当前中国经济中的问题分析；

（2）关于第四次工业革命与"数字经济"社会；

（3）关于粤港澳大湾区战略与东莞市的经济转型。

一、关于当前中国经济中的问题分析

最近炒作的问题包括房地产市场"疲软"等。这些问题客观存在，但是性质不是他们想象的那么严重。我在9月20日发表的《关于当前的中国经济问题分析》中做了详细分析，在此不再赘述。

总之，非结构性问题可以通过政策来解决，因为我们有"举国体制"的政治优势。

结构性问题包括房地产产能过剩、杠杆率高和泡沫大等问题。解决结构性问题需要有耐心，解决长达 25 年形成的问题，不可能一蹴而就。但是，不能犹豫。结构性问题不仅严重制约宏观政策措施的有效性，而且会继续折射出新的非结构性矛盾。我深信，解决好了结构性问题，我们还有"跨越式"发展期。我们通过改革开放可以借鉴别人的经验，缩短赶超先进水平的时间，实现跨越式发展。关键是要营造更好的政治氛围和营商环境，形成一个"独立之思想，自由之精神"的"生动活泼"政治经济局面。

二、关于第四次工业革命与"数字经济"社会

一般认为，第四次工业革命以德国 2013 年提出的"工业 4.0"为起点。"工业 4.0"的本质是以万物互联为基础，通过互联网和物联网等相关的技术来改变既往的大规模生产模式，增强"柔性化生产"，同时将传统工厂关注制造环节向前端的设计环节以及后端的服务环节延伸。自动化和信息化是实现柔性定制个性化生产的重要手段。这里需要深入理解，什么是"柔性化生产"？

第四次工业革命的主要技术是人工智能技术（AI）、不断升级的 IT 技术和移动通信技术。这些技术与实体经济相融合，形成的社会经济形态，我们就称之为"数字经济"，或"数字经济时代"。

数字化经济要体现在生产工具先进，制造业强大之上。因此，我们必须把主要精力放在实体经济的发展上，使生产过程、社会生活过程"柔性化"。

有人定义，数字化经济是 AI 技术、不断升级的 IT 技术、移动通信技术与实体经济的融合。我归结为下面的公式：

数字经济 = ABCD + nG

这里，A = AI 技术；B = 区块链技术；C = 云计算技术；D = 大数据技术；nG 即第 n 代移动通信技术。

三、关于粤港澳大湾区战略与东莞市的经济转型

东莞市发展实体经济的思想必须贯穿粤港澳大湾区发展战略。

2018 年 7 月，广东省政府出台了《广东省人民政府关于印发实施粤澳合作框架协议 2018 年重点工作的通知》，标志大湾区发展战略正式启动。5 年多来举

行了多次论坛,我应邀参加了3次。

世界上,湾区,即有良港的海湾区,都是各国的经济中心,例如英国的伦敦、荷兰的阿姆斯特丹、德国的汉堡、日本的东京、南非的开普敦,等等。

世界上最重要的湾区有三个:美国的纽约——世界上最大的金融中心;日本的东京——世界上最大的制造业中心;美国的旧金山——世界上最大的科技研发中心(硅谷)。它们在世界经济的发展中有举足轻重的地位。

我认为,粤港澳大湾区发展战略对于中国经济的发展十分重要。它是我们国家联通东南亚、联通世界各国的枢纽,在中国的现代化建设中,战略地位十分重要。

第一,中国香港是世界金融中心,有吞吐量巨大的良港。它与新加坡、中国深圳形成了相互补充的态势。

第二,珠三角9个城市是中国改革开放的前沿,改革的思想基础好,制造业发达。

第三,粤港澳大湾区存在两种制度、三种货币、三个相对独立的政府特点。融合发展有广阔的天地,我们应该有决心和信心在这里创造世界奇迹!我希望大湾区将来同时具有纽约金融中心、东京制造中心、旧金山科技中心的特点。

东莞是人口过千万、经济总量过万亿的特大城市,是国务院批复确定的珠江三角洲东岸中心城市,是珠三角的制造业中心,电子信息产业比重较大,新材料发展势头良好,在中国有可能在第四次工业革命中抢占鳌头。

东莞市原本是一个农业县,现在下辖4个街道、28个镇,总面积2542.67平方公里,城镇化率92.25%,农村、农业平稳发展。我认为它为我国城镇化和乡村振兴提供了可供参考的经验。

东莞市的劣势是核心技术、现代科技产业不突出,缺少科技人才,仍存在改革开放初期"两头在外"的代工痕迹,需要尽快确定适合自己新发展目标的新思想。经济转型、产业升级迫在眉睫。

建议:(1)研究确定珠三角9个城市的战略定位和各自的发展重点,避免"内卷";(2)进一步优化政治环境和营商环境,狠抓人才引进;(3)在确定支柱产业发展的同时,认真抓好"隐形冠军"企业发展,在专精特新和增加就业方面下功夫。

我还有两点需要强调:

（1）关于"中国经济不会衰退，还会有8%的跨越发展期"是有前提的，即必须适时调整政策，深化经济体制改革。我认为李嘉诚的那句自述："有正常政治氛围和良好商业环境，就不存在谁跑不跑问题"，值得我们认真思考。他还说过一句："我觉得他们现在不是原来的搞法"，我们也有必要思考。

（2）关于《孟晓苏回应"中国现有房子14亿人居住不完"言论》。我认为孟晓苏的"回应"是不友好的。他编造了一个根本不存在的故事：说我曾经问过他："有35亿套存量房吗"？我不知道他为什么要编造这么个故事，但是，我从来没有过这么个"问题"。即使有这么个问题，我也不会去问一个房地产商人。因为那等于是问一个惯偷："你一生行窃了多少次？"起码的常识告诉我，惯偷不可能知道自己的行窃次数，也不会告诉我真实数字。我的发言，媒体报道是比较准确的："有专家说，现有房子够30亿人口居住，也许14亿人口可能住不完。有购买能力的刚需者肯定购买不完"。这段语言表达是精准的，分三层意思：对够30亿人口居住，我是怀疑的；14亿人口可能居住不完，是不肯定的（只是"可能"）；"有购买能力的刚性需求者"肯定购买不完，语气是"肯定"的。孟晓苏是博士，我也培养过博士，还没有见过不理解这样一个简单语言层次之博士。他应该回答的问题是"有购买能力的刚需者"（注意：不是有存款的都要买房）是否能购买完"现存空置房"。

第七部分

其他专题

深化国有企业改革,打造国民经济的脊梁

最近,我参加中央统战部组织的非中共党员领导干部赴辽宁省考察团,考察了沈阳市、大连市和鞍山市。辽宁省的领导和三市的领导向考察团详细介绍了辽宁的经济发展和国有企业改革的情况。我们还参观了鞍钢、沈飞、东软、大船等十几个企业。既有国营的,也有民营的;既有重工业,也有轻工业;既有传统的基础产业,也有新兴的 IT 产业。在考察之后我感到收获很大,特别是在如何发展经济才能使国家真正强盛和如何进行国有企业改革才能坚持社会主义方向这两个问题上有不少新的感想。下面分三个方面谈谈我的体会。

一、关于社会主义的本质是"发展生产力"和实现"共同富裕"

在通常理解下,国家的社会主义性质与生产资料所有制紧密相关。因此,在进行国有企业改革过程中,我们研讨过"所有权和使用权分离"的问题;研讨过"公有制实现形式"和"有进有退"以及如何确保国有经济成分对国民经济的"控制力"等问题。实际上,我们都是在社会主义性质与生产资料所有制关系上兜圈子。之所以兜圈子,是因为我们似乎感到国有及公有制与社会主义市场经济体制磨合有些问题。但是政治家以及部分学者又都担心:如果公有制经济成分不为主体,就会产生剥削阶层;如果国有经济成分不为主导,国家对国民经济就会失去控制力。国家一旦形成了剥削阶层,而且对国民经济失去了控制力,国家就不可能继续维护工农大众的利益,共产党的政权就失去了基础。

辽宁省的领导在介绍推进国有经济布局的战略调整时说:"我们求所在不求所有。"这句话似乎闪现着某些"新思路"和"新突破"。对我们在进一步研究生产资料所有制与社会主义性质的关系时会有很大的启发作用。如果所有制形

式与社会主义性质没有必然的依存关系，那么，我们在建立社会主义市场经济体制时所进行的各种改革就可能会有新的突破。

我认为，"求所在"是进行国有企业改革的首要问题。我们在国有企业改革中不能有卸包袱的思想，那些对国民经济起支柱和脊梁作用的大中型企业的产品方向不应当改变，而且要尽可能做强做大。如果通过改革，原来起支柱和脊梁作用的企业不存在了，那么，"国有经济布局的战略性调整"就不可能有任何意义。辽宁是我国的老工业基地，从19世纪末的采矿业开始，经历了100多年的发展，在我国工业和国防建设中发挥了火车头的作用，是我国近代和现代工业的中坚所在。辽宁的工业已形成了两个突出的特点：一是以原材料、基础工业为主体的重工业比重大。至2001年，重工业产值占全省规模以上工业产值的81.5%；二是国有经济成分多。至2001年底，全省国有及国有控股企业的职工人数、资产总额分别占规模以上工业企业的63.5%和77.6%。这些统计数字说明：在辽宁国有企业改革的第一阶段（他们分三个阶段："九五"是序幕，"十五"是中篇，"十一五"是巩固）实现了"求所在"，而且基本上还是"求所有"。

我比较赞成"不求所有"的思想。我认为所有制，亦即人们对生产资料的占有形式在真正代表绝大多数人民的根本利益的政党执政之后，在社会主义法治国家里，它不应当再是圣西门所认为的"是社会大厦的基石"了。因为人们在生产和再生产中的各种关系，包括生产、分配、交换和消费关系，已经不是由生产资料占有形式决定，而应当由法律、制度和执政党的政策决定。在社会主义法治社会里，劳动者、管理者、生产资料所有者都应当在法律约束下，按生产要素的贡献参与分配，人们的地位和利益受法律保护，法律面前人人平等。因此，我们没有必要片面追求"所有"。生产资料的所有制形式，理应根据解放和发展生产力的要求来决定。但是，"不求所有"也并非说国有经济这类所有制形式就一定不行。在对国有经济的改革和重组过程中，依据具体情况能够国有则国有，能够国有控股就国有控股。只是没有必要去刻意追求"国有"或"国有控股"。重要的是"求所在"，并确保有利于解放生产力和发展生产力。只要企业在，特别是在国民经济中仍然发挥支柱和脊梁作用的大中型重工业企业在，我们的国家就能够强盛，我们的经济就可以继续发展，国家的社会主义性质也不会改变。

事实上，国有经济并不等同于社会主义经济。生产资料所有制形式也不一定是决定国家性质的唯一标准。过去，英国、法国、印度等国家的国有经济成分并不很小，但是这些国家并没有表现出任何社会主义性质来。它们仍然是资本主义国家，或者说是国家垄断的资本主义国家。邓小平同志在"南方谈话"中讲："社会主义的本质，是解放生产力，发展生产力，消灭剥削，消除两极分化，最终达到共同富裕。"这段话没有涉及生产资料所有制问题，只强调了社会主义的本质特征是"发展生产力"和"共同富裕"。并且指明了实现社会主义本质特征的基本途径，即通过"解放生产力"实现"发展生产力"；通过"消灭剥削"和"消除两极分化"实现"共同富裕"。这就是说，只要我们通过经济体制改革达到了"发展生产力"和实现了"共同富裕"的目的，我们的改革就是坚持了社会主义方向。

"不求所有"国家是否会失去对国民经济的控制力呢？我认为不会。"政企分开"是我们已经明确了的改革方向。政企既然能分开，国家对国民经济的控制力与生产资料是否属国家所有或属公有，在道理上已经没有直接的联系了。国家对国民经济的控制力可以也应当依靠建立法制来实现。法律从来都是为维护国家政权服务的，由国家制定或认可。在共产党领导下建立法制，所有的法律都应当维护社会主义国家政权和保护工农大众利益。社会主义的经济法规应当保证各种经济成分的"国民待遇"，必须约束各种经济成分的社会主义性质——"发展生产力"和实现"共同富裕"。无论是政府委派的国有企业家还是非政府委派的民营企业家，他们的生产经营行为和个人生活行为都应当受到相同的法律约束。如果法律公正、有效，国家对国民经济就不会失去控制力，企业也不会脱离社会主义方向。因为在有效的法律规范下，国家对国有企业和对非国有企业的管理或控制同样有效力。所有的企业家的生产经营行为和个人生活行为不应当有任何本质性差异。

如果"不求所有"，非公有制经济成分多了，是否会产生剥削和形成剥削阶层呢？实在说，我对这一点也很担心，或者说曾经很担心。依马克思的经济学和政治学观点：私有制是产生剥削和压迫的基础。马克思、恩格斯在《共产党宣言》中说："共产党人可以用一句话把自己的理论概括起来：消灭私有制。"但是，共产党人在夺取国家政权后用什么方式消灭私有制，这是一个值得深入探讨的问题。消灭私有制的目的是消灭剥削。所谓剥削，是被剥夺了生产资料的劳动者，为了生存而生产，被迫为占有生产资料的人从事一定的无偿劳动，称这一部分劳动为剩余劳动。剩余劳动创造剩余价值，剩余价值是生产资料占有者获得剥削收入的总源泉。从而这也是使得生产资料占有者成为剥削者的根本原因。因此，消灭剥削应当可以在如何限制剩余劳动时间长度让劳动者获得合理的劳动收入和约束剩余价值的使用方式以保证生产资料占有者正常地扩大再生产等方面采取措施。如果我们的法律能够合理限制剩余劳动时间的长度，有效约束剩余价值的使用方式，生产资料占有者就可以不再是剥削者，不占有生产资料的劳动者，也可以不再是被剥削者。所以我认为生产资料私有制只是产生剥削的必要条件而不是充分条件。只有私有制与维护剥削阶级利益的法制相结合，才成为产生剥削和产生剥削阶级的必要与充分条件。江泽民总书记在"七一"讲话中说：我们应该结合新的实际，深化对社会主义社会劳动和劳动价值理论的研究和认识。在分析人们的财产占有问题时，应当主要看他们的财产是怎样得来的以及对财产怎样支配和使用。为了推进改革和取得新的突破，我们应该与时俱进，由主要对生产资料所有制形式的研究，转变到主要对企业的分配方式、企业家的收入方式和对利润的支配使用方式的研究。着重研究消灭剥削，消除两极分化的经济制度和法律措施，研究发展生产力和实现共同富裕的规律。

二、关于发展生产力和打造国民经济的"脊梁"

制造现代化生产工具的基础工业是国民经济的脊梁，发展生产力应当围绕如何打造国民经济的脊梁做文章。现在有些同志把发展生产力与发展经济混为一谈。好像只要经济增长了，收入增加了，就是发展了生产力。生产力或社会生产力是人们征服自然、改造自然的能力。这种能力由劳动者的生产经验和劳动技能水平，以及由生产工具为主的劳动资料的先进性来决定。劳动者的技能和生产工具的先进性决定于教育水平和科技水平。因此，教育和科技是第一生产力。我国有些地区在实行改革开放政策之后，经济发展很迅速，居民的生活水平也有很大提高。但是，生产力并没有大的发展。生产的产品主要是服装、玩具、食品、眼镜、皮鞋、打火机和家用电器之类。没有发展原材料工业，更没有发展制造现代化生产工具的工业。劳动者的劳动技能水平很低，基本上都是一些简单劳动，大多数是文化不高的农民工。使用的技术和主要原材料都依靠从国外进口，主要产品的销售也依赖向国外出口。这种"两头在外"的经济不可能使整个国家真正强盛起来，只能暂时让一部分地区先富起来。因此，我们不能把发展生产力和发展经济两个概念混为一谈。作为一个大国，我们必须强调和重视发展生产力。韩国并非大国，他们之所以经过不算很长的时间，发展成为一个发达国家，主要也是他们重视了发展生产力。朴正熙总统视钢铁工业为现代工业的脊梁。在建设浦项钢厂的同时，建设了现代重工，并且十分重视教育和科技。依托钢铁、材料工业和IT产业优先发展了那些制造现代化生产工具的基础工业，很快带动了汽车工业和电子工业的发展。

辽宁省国有企业改革的重要性不仅是因为国有企业比重大，更重要的是辽宁省的国有企业是以原材料、基础工业为主体，是真正发展生产力的工业。辽宁省领导的指导思想很明确，他们说："国有企业，特别是国有大中型企业是辽宁国民经济的支柱和脊梁。也是我们经济工作的重点所在。必须在发展社会主义市场经济中使之进一步做大做强。在地区经济发展中更好地发挥牵动和支撑作用。"实际上，辽宁的基础工业不仅可以牵动和支撑地区经济发展，而且可以牵动和支撑全国经济发展。辽宁省的工业过去和现在都是中国经济的支柱和脊梁。

经济的脊梁是以钢铁、材料和IT产业为基础制造现代化生产工具的重工业。如果一个国家的经济没有重工业作脊梁，不管经济多么发达也不可能使国家真正强大。因为这样的国家经济不可能独立发展，只能成为他国的附庸经济。中国是一个幅员辽阔、人口众多、资源比较丰富的大国。大国经济不应当是附庸经济。蚊蝇可以附在骥尾上远行千里，但是，再瘦弱的马也不可能附在蚊蝇身上行走一步。中国要立于世界之林，成为繁荣昌盛的国家，就必须有坚强的国民经济脊梁。我们的经济和科技目前还不很发达，学习外国的经验，引进外国的技术是完全必要的。在部分地区先让经济发展起来也无可厚非。但是，不能把发展经济和发展生产力混为一谈。在国民经济发展战略上不能只注重发展经济，而忽视发展生产力。只有极大地发展了社会生产力，国家才能强大起来，国民经济才能高度发展。

辽宁省不仅注重将国民经济中的支柱和脊梁工业做大做强，还强调科技和教育的发展。在"十五"期间计划在城镇和70%的农村普及高中教育（12年教育)。现在又提出要重点发展职业技术教育。决心要努力提高劳动者的劳动技能和文化水平,全面提高社会生产力水平。到2001年,全省有科研机构1132个,其中国家重点科研院所38个,国家工程技术中心14个,国家重点实验室10个;有各类专业技术人员170万人,其中院士43名;有普通高等学校61所,在校学生39.2万人。拥有博士点181个,硕士点599个,博士后流动站42个。因此,辽宁省不仅是工业大省,而且是教育和科技大省,是一个发展生产力有条件、有基础的省。努力搞好辽宁省的经济体制改革,真正把辽宁省的基础工业和国防工业做大做强,就可以牵动和支撑全国的经济发展,进一步提高中国的国力和国威。

关于国有企业改革要确保"增效"和"实施再就业工程"。辽宁省从1998年开始到2000年3月,集中力量打了一场"国有企业改革脱困"的攻坚战。在此期间,辽宁省按照中央的部署,实施了改革、改组、改造和加强管理的"三改一加强"方略,采取了鼓励兼并、规范破产、下岗分流、减员增效、实施再就业工程的"二十三字"措施,基本实现了国有大、中型企业三年脱困的目标。2001年起,又开展了城镇社会保障体系试点工作。这些改革都贯穿着"解放生产力""发展生产力"和实现"共同富裕"的基本思想。"二十三字"措施的核心是"增效"和"实施再就业工程"。我们必须把"增效"和"实施再就业工程"作为检验国有企业改革是否成功的标准。因为只有实现了"增效"才能说明生产力真正解放了、发展了;只有实施了"再就业工程"才能保证不出现两极分化和"最终达到共同富裕",社会才可以真正稳定。

实现"增效"和"实施再就业工程",政府和企业都有责任。如果说实现增效是企业家、生产者需要优先考虑的问题,那么,实施再就业工程则是政府需要优先考虑的问题。政府在决定采取改革措施时,首先要研究再就业问题,要保证被减下来的冗员绝大多数能凭借自己的劳动技能获得比较稳定的劳动收入,而不是依赖筹集基本生活保障资金。对企业不能"一卖了之",对人员也不能"一减了之"。辽宁省委、省政府把抓好就业工作作为社会保障工程的重中之重,作为落实"三个代表"要求的最现实、最迫切的重大政治任务,要求各级党委和政府带着责任、带着感情把就业和再就业工作抓紧抓好,这种精神和指导思想无疑是正确的。同时,应当更加明确地指出:扩大就业和实施再就业工程原本就是政府的首要职责,不需要"要求",也不仅是"带着感情"。任何政府如果不把扩大就业和增加人民收入作为主要职责来履行，即便在其他方面做得很出色，人民也不会认为是称职的政府。现在有些地方的领导热衷于搞"政绩工程"、搞"面子工程"，广场越修越大、办公楼越盖越好。但是，辖区内大多数居民的收入并没有明显增加，未就业的下岗职工也没明显减少，农村剩余劳动力和城镇新增劳动力没有为他们开辟更多的就业渠道。只有少部分人可以生活在有花园广场的环境里，大多数人仍然生活在甚至连正规道路都没有的环境里。这样的"政绩"人民不会赞扬，因为它没有代表最广大人民的根本利益，没有缩小而是扩大了两极分化。

"增效"是为了进一步发展经济，提高最广大人民的物质和文化生活水平；扩大就业"实施再就业工程"是为了"消除两极分化"实现"共同富裕"。如果政府在推进国有企业的改革中不重视"增效"和"实施再就业工程"，这样的政府就不是好政府。

（本文发表于2002年第11期《中外管理导报》）

值得回忆的三件事

我在全国人大履职十年，是第十届和十一届全国人大代表、全国人大常委会委员，一直在全国人大财经委员会工作。我深深感到，要真正发挥人民代表的作用，必须敢于讲真话。人民代表大会采用票决制，不要以为自己说了就一定有效，但是自己看准了的事情就要敢于说，反复说，直至大多数人理解和支持。十年中，至少有以下三件事值得我回忆。

一、关于出口退税问题

在第十届全国人大期间，财政部因出口退税额越来越大而不堪重负。出口退税的原则是保证出口产品在进入消费过程中不重复征税，是维护贸易公平鼓励出口的重要措施，其内涵是指对出口货物退还国内生产、流通环节已经缴纳的商品税。通过调查，我觉得退税结构不合理，主张结构性降低退税。这一主张遭到商务部，江苏、浙江和广东等出口大省的强烈反对。经过多次激烈辩论，通过摆事实、讲道理，支持的人越来越多，最终我的建议被国务院采纳。

二、关于流动性过剩问题

流动性是一个比较复杂，但又不很清晰的概念。通常意义上的流动性指整个宏观经济的流动性，即在经济体系中货币的投放量的多少。2006年，中国对外贸易增长迅速，外汇储备超过9000亿美元。于是一些管理部门和理论界高喊"流动性过剩"，甚至说"流动性泛滥"。有人预言马上要出现两位数的恶性通货膨胀。在此舆论下，加速了所谓汇率市场化改革，加速了人民币对美元单边升值，从此对外贸易越来越困难。我在财经委多次发言，反对人民币对美元单边升值，主张进一步促进对外贸易，质问反对派，要求他们举出不通过外贸而成为发达国家的例子。希望澄清流动性过剩概念，要求加速改革外汇管理制度，要藏汇于民，引导民间对外投资。我认为超发货币只会形成经济滞胀，不会引发恶性通胀，因为超发货币没有形成居民财富。我的意见尽管没有被明确采纳，但是我认为明显影响了货币政策，加强了国家对外贸的重视，国务院调整了外贸政策，促进了外贸发展。

三、关于"四万亿"问题

2007年，由于货币发行增速过快，房地产过热，再加上2006年以来"流动性泛滥"的舆论影响，国务院提出了防止经济过热和防止通货膨胀的"两防"宏观调控政策。时年第二季度，多项数据显示：企业困难加大，珠三角、长三角外贸企业出现了较大面积的倒闭现象，外资企业开始向东南亚抽逃。我在上半年经济形势分析会上作了语气强烈的发言，认为经济即将下滑，必须尽早放弃"两防"政策，但是引来一片反对声。到了第三季度，内忧外患（美国金融危机）并发，我国经济急剧下滑，出台了"四万亿"刺激计划。在2007年12月下旬召开的第十一届全国人大常委第六次会议上，我作了"三个一点"的长篇发言。一是理论研究少了一点。何谓流动性过剩？恶性通货膨胀的原因和机理是什么？人民币为什么要升值？对经济的影响是什么？完全没有深入研究，就盲目确定了宏观政策。二是见事晚了一点。珠三角、长三角经济问题已经很严重，我们看不见问题的严重性，还在自我陶醉，认为是"腾笼换鸟"，产业升级的机遇期。三是措施急了一点。二季度的"感冒病症"已经很明显，等到发烧了再下猛药已无济于事。这个发言引起了全体常委们的高度重视。2009年，央视采访我，我对"四万亿"计划的后果又做了深入、大胆的分析。尽管我的意见没有被采纳，但是实践已经给出了结论。

上面这三个小故事，唯有第一个故事中的意见被明确采纳了，但是第二个和第三个故事中的批评建议也会产生一定的作用。我深信，只要我们的人民代表赤胆忠心，就一定能产生正能量！

（本文发表于2014年9月《检察日报》）

2019年经济形势与"新时代"民营企业的发展
——在民营经济发展研讨会上的发言
（2019年1月10日 北京）

新年伊始，好几个会议希望我"解读"经济工作会议精神，谈谈在"新时代"民营企业的发展。我虽然有难处，但还是讲了自己的学习体会。

一、关于经济工作会议和2019年的经济形势

（一）关于经济工作会议

我觉得，2019年的经济工作会议并没有多少新意，与大家预想的差不多。我认为，这很正常，也很好。经济工作是连续的，政策也应该连续，总是说一些"新概念""新理论"，基层领导已经厌烦了，因为一些新的东西听起来虽然新鲜，但是落不了地。2019年提出了7项工作任务：一是推动制造业高质量发展；二是促进形成强大国内市场；三是扎实推进乡村振兴战略；四是促进区域协调发展；五是加快经济体制改革；六是推动全方位对外开放；七是加强保障和改善民生。都是一些老的工作任务，都需要有具体政策才能落地。例如，形成强大的国内市场，居民收入不增加，产品质量不提高，能强大吗？

在宏观政策方面提出了"要强化逆周期调节""积极的财政政策要加力提效""稳健的货币政策要松紧适度，保持流动性合理充裕"。说白了，就是财政政策要更加"积极"，货币政策也要"跟进"。说实在的，对此我很不理解。这一条虽然很"新"，我却无法解读。

我认为，我们当前的经济问题与20世纪40年代美国（罗斯福）实施凯恩

斯主义政策后,在六七十年代出现的问题差不多。我们应该借鉴 20 世纪美国八九十年代的治理经验,学习《美国 90 年代的经济政策》和"里根经济学""克林顿经济学"。里根经济学的基本点是民营化和减税;克林顿经济学的基本点是"积极的财政保守主义",他们的实践经验是"在长期削减赤字的同时辅之以宽松的货币政策可以刺激经济增长"①。当然,我们要看到中国现在的情况与 20 世纪美国的情况有些不同,经济杠杆率太高,宽松货币政策须谨慎,但是我们也不能反其道而行之。财政"积极"了 20 年,有完没有完?

(二) 2019 年的经济形势

我认为,2019 年会比 2018 年更加困难,经济下行的压力更大。中美贸易战和"民营经济退场论"对企业家的心理影响太大。我预计,2019 年 GDP 增速有可能会"破 6"。

经济工作会议公报中有 14 个字很有意思,即经济运行"稳中有变""变中有忧"和中国经"有韧性、有潜力"。我有如下解读:

(1)"稳中有变"。什么有变?

一是由于中美贸易纷争使外贸形势发生了变化,形势更加严峻。

二是长期实行凯恩斯主义政策,积累的金融隐患与风险不断暴露,使"去杠杆"与"稳增长"处于两难。

(2)"变中有忧"。有什么忧?

一是国际经济形势有忧。美国的经济复苏可能已经到了头,英、法、德等欧盟国家处于"混乱",由此,世界经济有可能趋于恶化。在经济全球化的今天,中国经济会更加困难。

二是国内金融市场风险和隐患不断暴露。防范化解重大风险的工作越来越艰难。由于"脱离实体经济而追求货币自行增殖的资本拜物教妄想"长期作祟,金融体系"自娱自乐","脱实向虚"倾向严重。当前,除了降杠杆与稳增长处于两难之外,整顿金融市场秩序与保持企业合理流动性也处于两难。

最令人担忧的可能还是房地产。纵观近 30 年,世界上发生的所有金融危机,没有一次不是由房地产泡沫破裂引发的。我国房地产存在泡沫已经没有分歧,

---

① 见《美国 90 年代的经济政策》引言。

问题是泡沫有多大？也就是说，如果房价回调，可能会跌多少？我依据三、四线城市的居民收入水平和房价估算，泡沫不低于25%。再一个问题就是房地产开发商的资产负债率有多高？现在不少知名房地产开发商欠银行贷款上万亿元，我估计他们的总资产可能没有上万亿，这样高的资产负债率非常可怕，它决定房价回调方式的猛烈程度和资金断裂面的大小程度。

（3）"韧性大，潜力大"。我认为这六个字并不是一般政治口号。

为什么说中国经济韧性大，潜力大？因为，一是中国市场大，有很大的发展空间；二是产业门类齐全，抗干扰能力强；三是有"举全国之力"解决重大危机的制度优越性。所以，只要政策不出大差错，党和政府有可能排除经济中的风险和隐患，继续稳增长。

问题是，2010年经济下行以来，我们在宏观政策方面，始终没有抓住GDP分配结构扭曲这个要害。也就是说，医病者没有医到"受病之处"。

二、在"新时代"民营企业如何发展

发展经济，归根结底是本土企业要发展，不要天真地谈论所谓"国际化""全球化"和盲目"走出去"，核心企业必须建在本土，主要的制造业也必须保持在本土。国家产业不能空心化，否则，中国人到哪里去找工作岗位就业。美国人醒悟了，难道我们接着糊涂？所以必须在国内认认真真地办企业，尤其要办好民营企业。

民营企业怎么发展？我有两条建议：

（一）要树立信心

（1）对中美贸易战的影响要看长远一点。国际贸易对中国实体经济的影响不会很大，外贸也不会收缩很多，因为美国人民需要中国价廉物美的消费品，美国商人需要中国14亿人口的市场。主要影响是某些核心技术我们没有掌握，两三年内我们不一定搞得出来，所以暂时会有困难，有影响。但是从长远看，中美贸易战的影响一定是积极的，它一定会激发我们发愤图强、自力更生的奋斗精神。中国一定会走向自强、自立。20世纪我们战胜了苏联的赫鲁晓夫，在撤走了专家、卷走了图纸的情况下，我们如期完成了156个大型工业项目，成功研制了"两弹一星"。今天我们也一定能战胜美国总统特朗普！我们既然能独立自主赶上美国的航天技术，让嫦娥4号在月球的阴面首次完成生物实验，就一定能赶上美国的IT和AI！

（2）对民营经济的性质、地位不容怀疑。民营经济是改革开放的最大成果，是邓小平理论的伟大胜利。在邓小平理论的指引下，民营经济由无到有、由弱到强，由资本主义性质到社会主义市场经济的重要组成部分，来之不易。今天中国的民营企业利用50%的社会资源创造了60%的社会财富（GDP），上缴了70%的国家税收，提供了80%的就业岗位，每年安排了90%的新增就业人员。如此重要的地位能退场吗？我们应该彻底清算"退场论"的反改革思潮，深化改革，继续扶植民营经济健康发展。

多种经济成分共同发展是社会主义初级阶段的基本制度。邓小平说过，初级阶段要经过十几代，甚至几十代人才能完成。我相信基本经济制度500年内也不会变。实践是检验真理的标准，如果实践效果好，可能永远不会改变。

（二）要确立发展战略

我国民营企业有几千万家（保守估计有3000万家），绝大多数是小企业。小企业占企业总数的95%以上，是国民经济的神经系统，遍布所有部位。我认为，民营企业在发展战略上不宜提倡做大，要做实、做新、做久。

（1）做实。包括重视实体经济发展和树立踏实求进作风。近年来，有些人不重视实体经济，不脚踏实地做实事，热衷于炒概念，炒所谓"商业模式创新"。什么"共享经济""新经济""互联网经济"，等等，炒得沸沸扬扬，但是实际上连这些概念的意思也没有弄清楚。依我看，本质上是"脱实向虚"，甚至是商业欺骗。这样的倾向，必须纠正。

（2）做新。做新就是要创新。创新是企业发展的不竭动力。不创新企业就会破产，就办不长久。我们的民营企业平均寿命据说只有4岁（也有说6岁），这说明民营企业生生死死很频繁，自身基础不实，不利自身稳健发展，也不利于国民经济稳定发展。

创新包括技术创新、产品创新和企业管理制度创新。技术创新是发展生产力的条件，是产品创新的前提；产品创新是企业发展的条件；管理制度创新是保障技术进步和产品质量的基础。创新不是改良或改进，创新需要"颠覆性思维"。诺基亚不断改进自己生产的手机质量,乔布斯创新"三机合一"(电视机、计算机、电话机)的智能手机,结果苹果打败了诺基亚。这个沉痛的教训每一个企业家都应该记取。

（3）做久。我国"百年老店"不多,据说不超过10家(不包括餐饮业),而日本有3万家,法国、德国超过7千家。这是什么原因呢？我认为,主要是没有"企业家精神"。什么是企业家精神呢？按照1800年法国经济学家坎蒂隆的论述,创新是企业家精神的灵魂,诚信和工匠精神是企业家精神的基石。北京同仁堂是一家有三百多年历史(成立于1669年)的老店,凭的是"炮制虽繁必不敢省人工,品位虽贵必不敢减物力"这种企业文化,这两句话充分体现了北京同仁堂人的诚信和工匠精神。

现代企业要办长久,不能按照中世纪的家庭作坊式办,一定要实行现代企业制度。现代企业制度的核心内容是三条:一是实行民主的高管遴选制度;二是实行现代会计制度,要经得起权威审计机构的审计;三是实行既有激励机制又有社会公平的分配制度。唯有企业管理制度不断完善、不断创新,才能像西门子公司那样,由家族企业办成"百年老店",并且越办越好、越办越大。

认真落实"一号文件"精神
反思四十年"三农"工作
——在"解读2019年中央1号文件座谈会"上的发言
（2019年4月28日 北京）

女士们，先生们：

大家上午好！

很高兴应邀参加"解读2019年中央1号文件座谈会"。感谢给了我20分钟发言时间，我想利用这个机会反思一下1982年中央第一个"1号文件"以来，将近40年"三农"工作的主要成绩和经验教训，并提出我的建议。

自1982年1月1日中央下发了第一个"中央1号文件"以来，几乎年年都有"1号文件"。中央对农民、农村、农业工作不可谓不重视。中央政府说的话，其高度已经说到了天花板之上，实在不可以再高了（陈锡文语）。应该说，由于中央重视，38年取得了很大成绩，但是，存在的问题也不少。与有些同类型国家比较，无论是农业现代化程度、建设速度，农民收入的提高方式、水平，农产品质量和供给能力状况，我们都还有不小差距。为了对比，后面我会讲到日本、韩国的农业发展情况。

一、"三农"主要成绩

至少，我们在以下三个方面取得了很大成绩：

（1）实现了温饱和基本脱贫。改革开放前，我国是一个农业大国，也是一个穷国，城市化率很低，农民多，农民穷。经过40年的"三农"工作和扶贫开发，贫困人口由1978年的7.7亿减少到2018年的1660万，脱贫人口之多，在世界上堪称奇迹。取消了农业税，农民负担大大减轻。现在农村面貌有了很大改变，住房条件大大改善，农民过上了温饱型生活。

（2）农村基础设施建设明显加强。特别是改革开放的后20年，我们对五六十年代的水利工程进行了修整和扩建，对长江大堤进行了永久性加固，农业生产的水利条件大大改善。农村道路硬化工程加速推进，除条件特别差的少数农村，水泥路基本全覆盖。还有可能有超过一半的农村用上了自来水和燃气。农村电网基本全覆盖。农民生产、生活条件不断改善。退耕还林、还草、还湖工作取得很大成绩，生态环境大大改善。

（3）初步建立了农村社会保障体系。新型农村合作医疗制度从2003年起，经过试点，探索建立了与我国经济社会发展水平相适应，与各方承受能力相适应的稳定可持续筹资机制。到2010年基本覆盖了全国农村居民。2017年各级财政对新农合的人均补助标准达到了450元。农村养老保险也正处在积极推进和制度完善之中。

二、存在的主要问题

在由农业国向现代工业国发展过程中，与情况大体相同的韩国、日本等国家比较，我认为我们主要存在两个问题。

（一）城市化进程较慢

由于城市化进程比较慢，且片面大城市化，直接导致城乡差距扩大。改革开放40年，我国城乡发展差距非但没有缩小，而且继续扩大。农村居民收入与城市居民收入比较，由1978年1∶1.92扩大到2018年的1∶3.25，且还有2.6亿多农民工蜗居在城市，居无定所。

一般认为，城市化是解决农村发展问题的根本出路。2018年统计公布，我国城市化率达到59.58%，如果扣除2.6亿多农民工，实际城市化率可能不足40%。四十年来，我国实际城市化率仅仅提高了22个百分点，平均年城市化速度只有0.5%左右。日本1945年城市化率亦仅有28%，"二战"后，日本加速推进工业化和城市化，1955年城市化率达到了56%，十年提高28个百分点，城市化速度比我们高出两倍半。

工业化是城镇化的最核心推动力。当然，工业化速度加快也会产生负面影响。日本战后由于工业化速度过快，一度出现了环境污染和人口过分向大城市集中，以及农民收入低、农产品供给不足等"城市化病"。针对这种情况，1955年日本及时提出了"新农村建设"。日本的新农村建设与我国新农村建设不同，一是持之以恒，前后坚持了30年；二是一开始就将农业现代化与城市化紧密结合，重点建设900户以上规模的町（町相当中国的村、镇）；三是分阶段推进，在第三阶段着重将"工业、服务业引向农村"。经过大约25年努力，大大改善了农村的生产和生活环境，实现了农业机械化、良种化，同时，有效解决了剩余劳动力就近就业问题，有效提高了农民收入水平。到20世纪70年代初，日本在人均耕地只有0.05公顷的条件下，稻米等主要农产品达到了自给，农民人均收入比城市工薪家庭人均收入高12.7%。到1980年，日本城市化率达到了95%，成为世界上第二大经济体，实现了现代化。

再看韩国。20世纪60年代，韩国农村十分落后，城市化率大约20%，农民人均收入不及城市居民收入的一半。1970年4月，时任总统朴正熙提出"新村运动"构想。经过约20年的"新村运动"，城市化率迅速提升到74%。到20世纪90年代初，韩国基本完成了城市化。2013年城市化率达到了91.04%，农村居民人均收入长期稳定在城市居民人均收入的95%左右，有些年还高于城市居民收入，消灭了城乡差别。若按人口5000万以上，人均GDP3万美元以上的标准，2018年韩国成为了继美国、日本、英国、法国、德国、意大利之后的第七个现代化发达国家，尤其是农产品自给率不断提高，在人均耕地只有0.04公顷的条件下，实现了粮食等主要农产品基本自给。

我们与日本、韩国相比较，城市化进程慢，尤其是农业现代化、良种化推进不快。在人均耕地超过日、韩一倍（我国人均耕地0.1公顷）以上的条件下，主要农产品自给率不断下降，乃至沦落为世界上农产品净进口大国。据统计，在21大类农产品中，我国目前只有5类能完全自给，2018年，仅谷物净进口1795.8万吨，农产品进出口贸易逆差573.8亿美元。

（二）农业生产方式落后

农业生产方式落后是农产品自给率下降的根本原因，而农业生产方式落后的直接原因又是农村改革滞后。

改革开放40年,在改革初期实现了农用土地经营权责任承包制改革之后,与农业生产方式相关联的改革基本没有进行,农业生产一直处在小农生产方式状态。土地产权制度不明晰,农民对自己的土地只有经营权,没有处分权,因此土地无法合理流转,农业生产方式无法实现规模化、集约化。由于生产方式落后,农业生产粗放,技术进步缓慢,农产品质量和农业生产效率低下,从而导致主要农产品自给水平不断下降。

农村改革的根本问题是土地制度。2019年的"1号文件"强调要加快修改《中华人民共和国土地法》和《中华人民共和国物权法》,我认为很重要。修改的关键是能不能还给农民对自己土地的"处分权",否则,农用土地无法合理流转,农业生产方式不可能顺利转型。我们应该认识到,现在的小农生产方式,已经严重阻碍了生产力发展,影响了农业现代化和城市化进程。必须加速土地制度的改革,才能加快解决"三农"问题。

三、问题成因分析与建议

(一)原因分析

我认为,存在城市化速度慢、农业生产方式落后的原因,除了农业体制改革滞后这个直接原因之外,还有以下三个主要原因。

一是"三农"工作的指导思想片面。就"三农"抓"三农",没有同时推进农村城市化、农民市民化、农业现代化的系统工程思想。"三农"工作多头领导,责任不明确。我曾去湖南和广西考察过农村生活能源改革问题,有一个村的村长反映,北京有8个部门去过村里,为了推进沼气、生物质能源改革,每个部门支持几千元到一两万元不等,实际上什么事也没办成,资金分散,指导思想也不统一,完全成了走过场。

二是"三农"工作没有组织和发动农民。工作中对农民缺乏组织、发动和教育。话说了不少,但是没有引起广大农民的共鸣,没有充分调动农民立足家乡、建设家乡的积极性,好像"三农"工作,包括扶贫攻坚、新农村建设、乡村振兴战略等,仅仅是政府的工作任务。

三是农村教育落后,农村劳动力受教育程度不够。根据美国经济学家罗斯高的调查，中国城市孩子上过高中的占93%，而农村孩子上过高中的仅占37%，比韩国低60个百分点。教育落后是农村经济落后的主要原因。

(二) 建议

为了加强"三农"工作，认真落实乡村振兴战略，我有以下建议。

一是明确责任，统一领导。撤销农村农业部之外与"三农"有关的一切机构，统一由农村农业部领导"三农"工作，贯彻落实"中央1号文件"精神，解决"龙多不治水"问题。

二是加速土地制度改革。将土地的处分权交给农民，推进以家庭农场为主的规模化、集约化生产方式改革。为了实现规模化，可以参照韩国和我国台湾的经验，由政府出钱收购农民土地的使用权，由国家出租给农业能人从事专业化生产，转变小农产生方式，实现农业规模化、集约化、现代化经营。

三是学习日本建设新农村的经验。加强立法，深化财税体制和收入分配制度改革，用法律、财税政策、收入分配政策将工业、服务业和教育、医疗等优质社会资源引向农村，加速农业现代化、农村城市化发展，让农村剩余劳动力就近转移。

四是总结扶贫开发和新农村建设的工作经验和教训，认真贯彻落实乡村振兴战略。要下放权力，依靠基层，发挥"两个积极性"，同时充分发动农民，扶持发展民间农民组织，让乡村振兴成为地方和农民的自觉行动。不要搞"一刀切"，允许各地各显神通，创新发展。

建设现代化经济体系与推进经济高质量发展
——在中国制造强国（邵东）高峰论坛上的发言
（2019年4月4日 湖南邵东）

一、关于建设现代化经济体系的涵义

建设现代化经济体系和推进经济高质量发展是党的十九大提出的重要概念。我们只有明确了概念涵义，才能知道该做什么和怎样做。

理解建设现代化经济体系我认为要把握三点。

一是时代特征。建设现代化经济体系要与时俱进，不同时代的经济体系具有不同时代的特点。当下，我们正面临第四次工业革命，第四次工业革命的特点是智能化。机器人代替自然人在一线劳作和产品个性化将是未来社会的发展方向。AI、IT、新材料技术和生物医学技术是科技发展的前沿阵地，我们建设现代化经济体系必须努力占领前沿技术高地。

二是可比性。要瞄准"比较国"进行比较，不要自吹自擂。邓小平是一个很实在的人，"三步走"发展战略提出，到2050年达到中等发达国家发展水平，比较国是韩国。应该深刻了解韩国由落后的农业国转变为现代工业国的过程。朴正熙被认为是"改变韩国国运"的伟大人物。我们应该学习他的"新村运动"和"汉江奇迹"经验，与韩国进行比较。

三是国家竞争力。国家竞争力要依靠制造业。制造业包括制造大型工具、工业品和消费品。自主知识产权的大型工具的科技含量代表国家生产力水平之高低，民族品牌的工业品、消费品的质量水准，是体现国家竞争力的重要标志。我们必须在这些方面狠下功夫，赶超韩国。

二、如何推进经济高质量发展

我认为,一是转型,二是政府改革。

转型包括生产方式转型和企业转型。生产方式要由粗放型转变到集约型。主要衡量标准是全要素生产率水平提高。我们现在的全要素生产率水平只有美国的47%,而韩国是美国的70%。企业转型的主要内容是培养企业家精神和建立现代企业制度。企业家精神的核心是创新、诚信和工匠精神;现代企业制度的核心是高管遴选办法、现代会计制度和企业利润分配制度的确立。我们在这方面,无论是国企还是民企都还很不够,或者说还很落后。

政府改革,任重道远。最大障碍是各级政府不肯真放权。我们一定要最大限度减少政府的审批和干预,尽可能发挥市场机制作用。

三、地方应该如何工作

我认为地方政府没有必要热衷于招商引资和办工业园区。主要应该做好两件事:

一是根据地方实际,决定发展战略和选择发展道路。一定要解放思想,放手发展民营经济。

二是营造良好的政治生态和营商环境。政治环境要宽松,要生动活泼,畅所欲言商讨问题,鼓励批评与自我批评。营商环境包括建立平等竞争的市场环境和"亲""清"的政商关系。政治环境宽松、市场环境公平、政商环境和谐,就不愁引不来人才、资金和企业家,优质生产要素会不引自来。政府的主要工作将是确定和执行"负面清单"。

加速文旅产业融合，助力经济高质量发展
——在旅游产业发展研讨会上的发言
（2019年5月29日 北京）

尊敬的各位领导，各位企业家，女士们，先生们：

上午好！

本来我是想讲讲"旅游产业和文化产业融合发展，助力乡村振兴战略"问题。当时考虑的是现在中央正在抓紧落实乡村振兴战略。据我的了解，贯彻中也存在不少问题，想讲讲这些问题，希望社会各界和企业家们关注这个问题。

刚才邵局长的发言已经将旅游产业和文化产业的融合问题讲得非常深入。他毕竟在这方面比我站得高，对这两个行业了解得更深刻。所以，我临时改变了主意，想讲讲加速文化旅游产业的融合，促进新时代文明素质的提高，助力经济高质量发展问题。

为什么想讲这么一个问题？

首先，我们的文化旅游业，这些年各级政府都很重视，也做了很多工作，但是我认为文化方面是喊得多，落实的东西不很多，而旅游和文化又是高度相关的两个问题。我们真正的旅游者，如果到了欧洲就感觉震撼。卢浮宫的那些文化的东西非常令人震撼，俄罗斯的冬宫、英国的大英博物馆，它们都给人一种震撼的力量。所以，到那儿去旅游，许多人感到收获很大。到中国来旅游，那就有各种各样的情况了。前些年人们有一种说法，"白天看庙，晚上睡觉"，说明文化方面的东西还是比较少。但是，中国是一个有五千年文明历史的古国。这个问题想来想去，还是我们的指导思想问题。文化产业、旅游产业的发展必须很好地融合，而且这个融合应该是陶冶和提升旅游者的国民素质，只有这样才能真正让我们的旅游产业和文化产业健康发展。

怎样很好地融合？刚才邵局长都做了全面深刻的论述。

我要讲的与国民素质也有点相关。我临时想起来，前不久开了个亚布力论坛。每年主要是国有企业的人参加多。今年在这个论坛上新东方的老总有个发言，发言对当前的企业家表示不满意。他特别说到像任正非这样的企业家太少。许多人都想挣快钱，实际上是很浮躁。这也说明是一个国民素质的问题。为什么马云一下子变成了一个几百亿的富翁呢？为什么美团、拼多多一下就赚了很多钱呢？为什么所谓共享单车、共享经济等有一些人那么热衷呢？都是因为挣快钱和想挣快钱。像任正非那样在实体经济、在高科技方面下力气的人确实是太少了。所以，我对他的发言有很多共鸣。

针对这样一个情况，因时间关系，我只讲两个问题。

第一个问题就是如何看待当前的形势，如何冷静地估计当前的形势。

由于急躁，我总觉得我们现在不少人，不少企业家对当前的形势缺乏冷静的分析，情绪忽高忽低。一季度的经济数据出来以后，一些人，甚至领导人盲目高兴，好像中国的经济经过十年的下行，现在到底了，就要走向健康了。估计很乐观。我当时发表了我的看法，我说不要盲目，一季度的数据虽然好于预期，对原因也要认真分析。我们一季度一下子放了 8.4 万亿的货币，同比增长 40%，世界上任何一个经济学家都感到震惊，都感觉到这是不正常、不健康的。这是我们一季度的数据好于预期的第一个重要原因。第二，我们的股市，即金融市场也明显得好转。那又是什么原因呢？一个原因是放了这么多货币到市场上去，资金很充裕，还有一个新的因素是我们在这个时候换了证监会的主席，许多人寄予希望。所以，在这个情况之下大家对于金融市场有了一定的信心。这是一季度股市、金融市场比较好的原因。企业家的信心指数也提升了。但是，懂统计、懂经济分析的人看得很清楚，我们的消费没有起来，消费增长很低。我们多年积累的经济问题一个也没有解决。所以，这个时候说我们经济下行到了底，马上就要健康地发展太盲目了，不大可能。4 月份的数据出来以后，我发现网上又过分悲观。许多人觉得出来的数据是没有想到的，是断崖式的下降，说得很严重。上一年在网上出现的调侃语言又出现了。出现什么语言呢？说 2018 年可能是近十年来经济最糟糕的一年，增速 6.6%，困难很多，暴露的问题也很多，是最糟糕的一年。下面一句话就是调侃了——2018 年可能是后十年最好的一年。不排除真有人这么认为，那就太悲观了。这也说明悲观的情绪骤增。

在前几天的一些会议上，我谈了我的看法。我觉得我们企业家不能有这样一种悲观的认识。我讲了2018年年底中央经济工作会精神。我认为关于2019年的经济工作，中央有三句话是很值得我们所有搞经济工作的干部和企业家认真去领会、去琢磨的。这三句话可能很多人没有认真关注，因为中央对这几句话也没有详细诠释，我们的经济学家们也没有对这三句话做很好的诠释。我不算什么经济学家，但是我是多次在诠释这三句话，对不对大家可以批评。

哪三句话呢？

第一句话，中央估计经济形势"稳中有变"。过去都是稳中求进、稳中向好这样一种提法，2019年的经济工作会议突然提出稳中有变，值得我们思考。什么东西有变呢？具体分析，估计是考虑这么几个方面：

第一是中美贸易战。来得比较突然，2018年3月份开打，而且我们的对策，说实在话，我认为比较急，对策是有问题的。所以显得有点被动。至少社会舆论是这样。

第二是"变"，是我们2018年因为落实经济工作会议精神，要求去杠杆。去杠杆是对的，但是在力度上、在结构上，掌握得不是很恰当。经济领域的资金显得偏紧，尤其是金融市场中暴露的问题又比较多，风险点不断显现，比如说，银行不良贷款问题、P2P频频"爆雷"问题。

第三是由于去年上半年出现了一种错误的思想倾向，导致下半年的经济下滑得很突出，尤其影响了民营企业家的信心。有些民营企业家可以说是五心不定，有条件的差不多都想跑掉，不少企业都移到东南亚，特别是越南去了。这也是没有想到的。因为2018年上半年出现一种极左的思潮——"民营经济退场论"，我是不怕得罪人，我说这个思想首先是反改革的，同时是反邓小平理论的。民营经济的出现和发展是改革开放的重要成果，是邓小平几次和当时的极左思潮作斗争而取得的胜利成果。邓小平后来讲到民营经济这种制度，定位是社会主义初级阶段的基本经济制度的重要组成部分。所以，我们党的代表大会将国有经济为主体、民营经济共同发展的经济制度确定为社会主义初级阶段的基本经济制度。这样一个判断，应该说是非常正确的。在改革过程中，民营经济由不合法，资本主义性质，变成社会主义经济的补充成分，最后变成社会主义经济的重要组成部分。没有小平同志的魄力，那是很难实现的。因此，从理论上，民营经济没有退场的任何道理。邓小平同志说，社会主义初级阶段不是一个短时期可以完成的,他要经过十几代人,甚至几十代人才能完成。那也就是说,三五百年都难以完成。那么民营经济在三五百年也应该要发展,而不是退场。所以,我们要有信心。"退场论"是错误的。

因此,我们对2018年经济下行压力加大,确实有很多问题没有想到,需要认真反思。所以说,整个经济形势"稳中有变"。

第二句话,"变中有忧"。这句话尤其值得我们很好地来想一想,什么忧呢?中美贸易战实际上是对我们的一种挑战,这里面是有"忧"的成分的,尤其金融领域暴露出来的问题,对我们是更加"忧"的问题。因此,"变中有忧"。我们要解决这些痛点,解决这些问题。

第三句话更重要,我们的经济"有韧性"。我认为这不是一个宣传的口号,我们的经济确实是有韧性的。为什么有韧性?我的分析是三个方面。

第一方面,中国的市场大。14亿人口,市场非常之大。我们的企业家有发挥自己各种长处的广大的空间。

第二方面,我们的产业齐全,按现代产业分类,在世界上我们是最齐全的国家,美国也赶不上。从而我们经济调整的范围自由度很大,不会出现大的问题。

第三方面,制度优越。我们的经济制度被世界上许多经济学家认为是"政府主导的市场经济"体制。我赞成个说法,认为这个概念是正确的。我们确实是政府主导下的市场经济。政府主导下的市场经济虽然有很多问题和矛盾,比如对企业干涉太多,国有企业和民营企业不公平,决策快但是容易失误,等等,有很多问题。但是,它有一个极其重要的优点,这就是温家宝总理曾经说的,我们可以举全国之力来解决重大问题,例如汶川地震。实践证明,举全国之力解决得很快,而且好。日本、美国没有这种优越性,美国的飓风产生的问题好几年都解决不了,日本的海啸地震到现在也没有解决完。为什么?他不能举全国之力来解决这些重大问题。我们有这个优越性,如果我们的经济出现一些危险点,比如危机的征兆,我们有这个能力解决它。因此,我们的经济是有韧性的,出现危机的可能性比较小。我们应该对我们的经济有这个信心。

接下来我要讲我的第二个观点,那就是企业家在新时代的使命。我们的企业家在当前遇到挑战,遇到困难不要没有信心,要真正认识实现中华民族伟大复兴的使命落在我们肩上,要培养现代"企业家精神"。我们有三千多万家各种企业,那也就是说我们有三千多万个企业家。如果说有10%的企业家具有任正非那样一种高度,现在遇到什么问题我们都能应付。可以说,什么问题我们都不在乎。但是,我们现在确实缺少真正有企业家精神的企业家。

什么是企业家精神?企业家精神是1800年法国的一个经济学家叫坎蒂隆提出来的,他的论述归结为两句话,三个基本点,我认为很精辟。第一句话,创新是企业家精神的灵魂。你只要是企业家你就要创新,你就要重视科技,重视研发。我们的许多企业家创新精神不足。第二句话,诚信和工匠精神是企业家精神的两块基石。诚信问题年年在讲,说明诚信程度还不够。我们的工匠精神与20世纪五六十年代比较,我认为不但没有提升,反而下降了。所谓工匠精神是指职工的德与艺,要求德艺双馨。我们的企业为什么寿命不长,平均4岁?为什么百年老店很少?有专家研究,我们的百年老店只有十家,而日本有三万多家,德国有七千多家,法国有七千多家,为什么我们这么少?主要原因是缺少企业家精神,诚信也不够。企业文化不空。我们的十家百年老店中,其中肯定有同仁堂,它有三百多年的历史。同仁堂的企业文化是什么?我认为挂在它药店的两句话体现了它的企业文化,体现了同仁堂的诚信和工匠精神。一句是"炮制虽繁绝不敢减人工"。中药怎么炮制,搞中药的人都知道,那不是一点点的繁,每一个步骤、每一个细节都不能减,不能偷工减料。所以绝不敢减人工。第二句是"材料虽贵绝不敢减物力"。每一种成药,包括一些什么样的成分,各是多少,哪个成分是哪个地方产的,都有严格的规定。比如当归、贝母必须用四川产的,山药必须用淮山,这都是一点也不能含糊的。所以,我说同仁堂的企业文化是诚信和工匠精神的体现。所以,同仁堂才可以办300多年而不衰。我们现在这样的企业太少,都是想挣快钱,想眼前的问题,偷工减料不以为耻反以为荣。这样就办不长。我希望我们的企业要做优,做新,做久。企业家们不要太短视,要认真学习任正非,看他是怎么做的。我不是说任正非是个完人,我对任正非的精神是非常佩服的。过去多次讲过,但是听了他现在答央视记者的谈话后,我也有一些担心,比如他的"备胎"可靠不可靠,他的麒麟芯片先进程度究竟有多高,这很关键。但是他在这方面有这个思想,而且做得不错,这个我相信。所以,我们应该向任正非学习,应该产生更多具有真正企业家精神的企业家,我们的经济就一定会繁荣,就一定会发展,就一定会实现高质量的发展。我希望我们在座的每一个企业家在将来都成为像任正非那样的真正的具有企业家精神的企业家，让我们的企业发展得更好。

　　昨天晚上，我们做文化、做旅游、做设计、做规划的企业家在一起闲聊，我谈到了如何把企业做实、做新、做优问题。要实实在在地围绕主题去发展，不要搞歪门邪道。旅游经济、文化经济刚才邵局长已经解释得非常深刻，非常全面。你们的旅游企业，你们的文化企业怎么做，应该心中有数，不要太急躁，不要只想着赚快钱，要打好基础，要有文化的内涵，有科技的含量，让人家在旅游时真正有收获。我是觉得欧洲的历史没有我们长，但是到那儿去旅游给人的收获确实是很大的，我们中国是一个文化悠久的国家，它一定会发展得很好，一定会超过欧洲。这就需要我们大家共同努力。

如何实现城乡融合发展
——在中国城乡融合发展联盟成立大会上的发言
（2019年8月18日 北京）

所谓城乡融合发展，我的理解是城市要发展，农村更要发展，要解决的主要问题是缩小城乡差距。发展到最后，没有了差距就"融合"了。所以，我们成立这个联盟，应该把消除城乡差距问题放在首要位置上。

改革开放40年，我们的经济总量发展非常之快，长足的增长，成为了世界第二。我们的城市发展也非常好，大城市现在跟欧美的城市没有什么差别。但是，农村发展非常滞后。这个问题值得高度重视。

农村发展滞后是不是我们党中央不重视呢？不是。中央非常重视，每年的中央"一号文件"，按照过去管农业的陈锡文同志的话，"三农"的重要性"已经说到了天花板上，再往上就上不了了"。但是实际情况呢？城乡差距越来越扩大。我不是说农村没有发展，也有发展，但是一个发展快，一个发展慢，二者差距就越来越大了。用城乡居民的收入来衡量，改革开放开始的那一年（1978年），城乡居民的收入差距是1.92:1，就是说，城市居民的收入比农村居民的收入高了不到一倍，但是到了2018年，城乡居民的收入差距变成了2.68:1，差距扩大到了接近三倍。我认为，这充分说明农村发展太滞后了。

党中央的政策是没有滞后的，而且很超前。农村发展滞后的主要原因究竟是什么呢？我觉得是两个问题：

第一个问题是城市化速度慢。有的人认为中国的城市化速度已经很快了。但是，与韩国、日本比较，很慢。

第二个问题，"三农"工作没有发动农民。农民把农村的各项工作和建设置于身外，这是一个很大的问题。韩国在开展"新村运动"的初期有过这样的教训。我们应该借鉴日本建设新农村的经验，成立农民组织，在政府的支持和引导下依靠农民自己开展"三农"工作。

先说城市化进程。

1978年，我国的城市化率是17.92%，到2018年，统计局公布的城市化率为59.58%。前面许多领导和专家的发言都指出，实际的城市化率是40%左右，因为有2.6亿多农民工也计算在城市化率的分子之中。城市化率按城市常住人口计算，只要在城市住了6个月就是城市人口了，实际上农民工没有享受任何市民待遇，而且居无定所，是不应该算作城市居民的。如果扣除他们，实际城市化率就是40%。这样说来，40年我国城市化率只提高了22个百分点，年平均城市化0.5个百分点。我们说很慢，是与邻近情况类似的国家相比。最类似的是韩国。日本也可以比较。因为日本战败以后，1945年的城市化率也只不过28%，还是一个农业国，相当落后。可是经过10年的快速的工业化，1955年日本的城市化率就达到了56%，城市化速度高达2.8个百分点，比我们的速度高出两倍以上。韩国在20世纪60年代和我们是完全类似的国家，是一个非常落后的农业国。在60年代末它的城市化率是20%，与我们实行改革开放的1978年的城市化率相当。1970年，时任韩国总统朴正熙提出了"新村运动"概念，经过20年的新村运动，城市化率提高到了74%，比日本的城市化速度还快。20年提高了54个百分点，年平均速度2.7个百分点。而我们40年只提高了22个百分点，年平均0.5个百分点。可见我国城市化速度慢了很多。

城市化是公认的解决农村问题的最好途径。实践证明，韩国经过20年的城市化，农村居民的收入和城市居民的收入相当，有的年份还超过城市居民收入，农村居民的收入平均达到了城市民收入的95%。在60年代，韩国的农村居民的收入不到城市居民收入的一半。

再说日本。日本经过新农村建设，不仅城市化率很高，农村居民的收入也很高，平均超过城市居民收入的12.5%。

日本人均耕地只有0.05公顷，韩国更少，0.04公顷，他们的农产品基本能做到自给自足。而我国人均耕地0.1公顷，是他们的一倍。由于城乡融合发展不够，现在已经是一个农产品净进口国家，2018年谷物净进口1795.8万吨，逆差573.8亿美元。日本、韩国也有农产品进口和出口，但是进出口是基本平衡的，尤其是粮食，能自给自足。

有许多问题值得我们深思。40年的改革开放在城乡融合发展问题上，应该总结经验教训。

我国城市化的指导思想也有问题。重视大城市的发展，集中力量发展省会城市和中央直属的大城市。北京、上海、天津、重庆都发展很快、很好。是大城市化产生了两亿六千多万的农民工，他们离乡背井，蜗居在大城市里。这个问题不能不重视。我认为城市化的指导思想一定要重头向下，要重视小城镇的发展，让农村的剩余劳动力就近就业，不要让他们离乡背井跑到珠三角、长三角、北京市、上海市去打工。习近平总书记提出城市化的思想是"要让人们望得见山、看得见水、留得住乡情"，现在都把农民引向省会城市和其他的大城市，离乡背井，他到哪儿去望得见山呢？到哪儿去留得住乡情呢？所以说，这个问题是一个很大的问题。

再说说发动和依靠农民问题。

我们的"三农"工作没有真正地发动农民、依靠农民。许多工作都是由政府来做，使得农民认为乡村建设就是政府的任务、政府的工作。而且政府对于农村工作的领导又非常分散，财政部、发改委、其他的有关部委和农业农村部似乎都有任务管"三农"工作。我在人大工作的时候，到湖南和广西去调研农村的生活能源问题。许多村长、书记都向我反映多头管的弊端。他们说，有七八个部门到他们村来搞生物质能源试点工作，一个部门多则一两万块钱，少则七八千块钱，都要单独搞自己的政绩，结果什么也办不好。他们说，如果把这七八个部门的钱集中起来，由一个部门管，应该可以办成几件事，但是七八个部门各搞各的，几千块钱什么问题也解决不好，结果是白白浪费了资金和资源。所以说，我认为多头领导也是一个应该解决的问题。

"三农"工作一定要统一领导，要依靠农民，发动农民参与，让农民自己做主。这也是日本和韩国的经验，必须把农民组织起来，依靠农民解决农村问题。日本和韩国都有农民协会，所有工作政府不代替农民协会去做。在解决农村问题时农民协会是最有权威的机构。城乡融合发展问题必须依靠农民自己决策，他们办事接地气。同时立法跟进也很必要。日本曾专门立法，要把工业和服务业引向农村，对促进城乡融合发展起了重要作用，效果很好。将工业、服务业引向农村，本质上就是农村城市化，不是空喊农村城市化，而是实实在在做促进工作。农村有了工业、有了服务业，不是单纯的农业，剩余劳动力就可以就近就业。这就是实实在在的城市化，实实在在的城乡融合发展。我们许多工作口号化，概念过于空，不接地气，许多政策过分的原则，讲得很好听，落不了地，实际效果当然不好。

总之，实现城乡融合发展很重要，但是必须发动、依靠农民和加快城市化进程。有政府和农民两个积极性，才能更快更好地推进农业现代化、农民市民化和农村城市化工作，才能更快更好地实现城乡融合发展。

稳健推进 5G 网建设
——在"5G 应用武汉峰会"上的发言
（2019 年 9 月 21 日 武汉）

刚才华为、中兴的企业家们的发言都很精彩，让我这个外行很受教益。给我十分钟发言时间，讲不了什么观点。只讲两点：（1）祝贺会议在武汉召开；（2）从外行角度讲几条建议。

一、祝贺

武汉可以说是我的第二故乡，我在这里学习、工作了整整 30 年。在 5G 元年，这个峰会选在武汉召开，我不仅高兴，而且觉得很合适。武汉是长江经济带的重要工业城市，是中部六省最大的城市。武汉的高校和科研院所多，尤其在通信、半导体等领域，与 5G 技术相关的院所和企业很多，专业人才集聚，是研发 5G 技术的最佳地方。我希望在 5G 商用化实践中，武汉要争取引领中国，中国引领世界。故此，我衷心祝贺峰会在武汉东湖之滨胜利召开。

二、几条建议

我从外行角度看 5G 商用化，可能没有前面的企业家和领导们那样信心满满、热情奔放，所以在演讲题目中用了"稳健推进"这么个限制词。我提三条建议。

（一）在当前，要特别重视应用场景和终端设备研发

我认为，5G 网络技术还在发展之中，应用场景还很不成熟。日前，美国召

集 32 个国家的专业人士在捷克开会，讨论 5G 应用问题（没有邀请中国和俄罗斯）。会议在辩论中，有人认为 5G 技术还处在"萌芽状态"。我虽不完全认同，但是，我认为值得我们警醒。

完善的 5G 网，应该是数字经济时代的支撑，显然当下 5G 网还不可能完美。什么是数字经济呢？有各种不同表述，但是都认为数字经济是通过第四次技术革命形成的社会经济形态。我认为，数字经济是制造业、服务业与 AI 和升级版 IT 深度融合的社会经济形态。"融合"不是简单的结合，应该是 5G 网与应用场景互为一体。例如，甲地的外科大夫通过 5G 互联网指导乙地的外科大夫完成一个心脏手术，我认为就不应该是真正的数字经济，因为 5G 网与外科手术仅仅是结合而不是融合，5G 网与外科手术不是一体，但如果是大夫控制机器人完成了外科手术，那就是融合。有人说，成熟的 5G 网是 5G + ABCD，我也很认同。这就是说，5G 技术、人工智能技术、区块链技术、云计算技术和大数据技术是一个整体。5G 网不仅仅是速度快、延时短，更重要的是能安全、准确地进行智能操作。所以，终端设备智能化是关键，智能设备是安全、准确完成各种任务的机器人。在未来社会，机器人将大面积，甚至完全代替自然人"劳动"。自然人任务将主要是设计机器人和控制机器人"劳动"。

数字经济时代的到来，还需要假以时日，机器人大面积代替自然人"劳动"不可能一蹴而就，尤其是技术性很高的劳动。

（二）建设 5G 网要计算成本，讲求经济效益

工信部苗圩部长说，5G 技术 80% 以上是应用于工业网。既然这样，在缺少智能终端设备的条件下，我们不能盲目推行商用化，因为还缺少真正商用的市场。我们不能为了部分人打游戏感觉好而动辄花几百亿、几千亿来建设 5G 网。建设 5G 网要考虑投入产出效率。5G 网商用化，要典型引路，稳步推进。做经济工作不能不讲经济原则，要按经济规律办事。

（三）5G 网像现在的互联网一样，是公共设施，要在世界范围内可传输数字经济信息

在建设过程中，即使我们是领跑者，也要关注跟跑的人，要制定通用行业标准。不能像阎锡山修铁路，别人的火车开不进山西，他的火车也开不出山西。

领跑者不能只顾着自己跑，否则欲速而不达。

我认为5G网建设是基础，融合发展是关键，应用场景和设备研发、创新是根本。希望在5G商用化过程中，冷静、科学、慎重、实干。要防止头脑发热，尤其要防止炒概念。

脚踏实地　抢占高地
——在"量子通信高峰论坛"上的发言
（2019年10月21日 西安）

各位专家，各位企业家：

　　上午好！

　　很高兴来到西安这座古老而又新兴的城市，参加这个我不专业但又有浓厚的兴趣、而且感到十分重要的会议。首先，我衷心祝愿会议圆满成功！

　　我是来学习的，不懂量子通信。现在要我讲话，实在勉为其难。我发言的题目是《脚踏实地 抢占高地》，是我自己定的题，有感而发。讲两个问题：（1）脚踏实地开展科学研究；（2）不遗余力，抢占第四次工业革命的高地。

一、脚踏实地开展科学研究

　　科学家们的共同认识：做研究一定要脚踏实地。有道是，科学是老老实实的学问，需要付出艰巨的劳动，来不得半点虚假。同时，科学需要创造思维，需要有幻想。有幻想才能打破传统束缚，到达科学的顶峰。我知道，我们在量子通信和量子计算机研究方面，已经做出了很大成绩，接近世界先进水平。京沪干线项目与墨子卫星连线，标志着我国在全球已经构建出了首个天地一体化广域量子通信网络雏形，为实现覆盖全球的量子保密通信网络迈出了坚实的一步。但是，我们也应该清楚地知道，这仅仅是一个"雏形"。雏鸟要长成能飞的鸟还有漫长的过程，甚至还有死的可能，切忌自吹自擂，切忌好大喜功。从资料看，量子通信概念是1993年由IBM公司的科学家们提出来的，只有20多年历史。20多年来，许多国家投入了大量人力、物力进行研究。2000年前后的日本、欧洲许多国家将其列为国家战略，成立了专门研究机构。人家都是暗暗下功夫，从来不瞎吹，在做出成绩前，一般不显山露水。根据外国媒体报道，日本的深空探测器"隼鸟2号"最近发射成功，离地球3.2亿公里，轰动了全球。人家没有像我们的媒体那样过分炒作，动不动就"厉害了"。我们有些人研究科学技术不行，研究汉语词汇倒是很行，这种风气应该尽快扭转。

我曾经在西安工作过四年。西安高校很多，科研院所的力量很强。"西军电"是我国通信专业的排头兵，通信技术理所当然地应该走在前列。"中创为"决定落户西安，我认为是很有战略眼光的。我预祝合作成功。

二、不遗余力，抢占第四次工业革命的高地

世界进入工业社会还不到三百年，经历了三次工业革命，现在正在进行第四次工业革命。每次工业革命都以大幅提升生产力水平为标志，都会产生一个或几个工业强国。

一、二、三次工业革命时，我们闭关自守，基本没有参与，所以落后了。现在正在进行的第四次工业革命，我们绝不可以再落后，不仅要积极参与，而且要努力抢占前沿阵地，夺得高地。否则，我们不可能成为真正的富国、强国，复兴中华民族的梦就只能是梦想。

第四次工业革命与第一次工业革命的机械化，第二次工业革命的电气化和第三次工业革命的信息化不同，它的基本特征是智能化。人工智能、升级版的计算机技术与制造业、服务业的深度融合，将产生新的社会经济形态——数字经济时代。机器人将大面积替代自然人在一线劳动，自然人将主要从事机器人的设计、制造和管理。现代通信技术，包括正在研发的5G技术和量子通信技术是智能社会的基础工程。所以我认为，我们一定要抓住机遇，发展现代通信技术和5G、6G技术，努力提高信息传输的速度和安全性，尽量缩短时延，为实现智能化创造条件。5G技术我们已经走在了前面，量子通信也一定要走在前面。我们中国科大有一个很好的团队，我们一定可以实现我们的梦想。

我建议：

（1）将量子计算机、量子通信明确列入国家科技发展战略，在人力、物力和财力方面保持定力，予以支持；

（2）在一些特殊部门，例如军队、金融系统，进行应用研究，为量子通信的全面应用做好准备；

（3）组建专业性的产、学、研基地，促进科技企业发展，促进科技理论与产业融合，促进人才培养。

要重实战、忌空谈，尤其是我们的媒体，宣传要稳重、求实，说话要留有余地。

各位嘉宾，实现中国梦的关键是提高综合科技实力。我们一定要调动一切积极因素，提高我们的综合科技实力，抢占第四次工业革命的前沿阵地。我们并不缺少科技人才，问题是要如何发挥人才的作用，如何营造良好的用人环境。我希望深化改革，营造一个能"放飞自我"的空间，为早日实现中国梦想而共同努力！

区块链与数字经济
——在区块链科技创新高峰论坛上的发言
（2019年11月9日 深圳）

各位专家、企业家：

大家下午好！

最近"区块链"和"加密数字货币"概念炒得很热，各人的认识也不相同。我借这个平台从外行角度讲些个人认识。讲四个方面观点：

（1）关于第四次工业革命；

（2）什么是"数字经济"；

（3）什么是"区块链"；

（4）关于Libra货币。

一、关于第四次工业革命

相对于前三次工业革命的特点——机械化、电气化、信息化，第四次工业革命的特点将是智能化。关于它的内容我不打算多讲，我也讲不了，因为一知半解。我只是要强调：我们必须参与第四次工业革命，并且要努力抢占其前沿阵地。头三次工业革命形成了英、美、日本等世界强国，中国因为闭关锁国没有参与，非但没有保持强国地位，且逐渐从唐宋时期的世界强国，衰退为积贫积弱的半殖民地半封建国家。我们要实现中华民族伟大复兴的中国梦，就必须积极参与第四次工业革命。目前看来，第四次工业革命的内容，一是以机器人为代表的人工智能技术，二是以3D打印技术为代表的产品生产方式，涉及的新技术，主要包括AI、升级版IT和材料科学。

在 AI 方面，我们与世界发达国家比较，相对落后，主要卡在高端芯片上。在升级版 IT 技术方面，我们不算很落后。IT 升级主要是互联网升级——即 5G + ABCD。其中 A 代表人工智能技术，B 代表区块链技术，C 代表云计算技术，D 代表大数据技术。在这些方面，我国 5G 技术领先世界，区块链及其他也还有差距。我认为，5G 技术不可以单科独进。单纯的 5G 只是一种速度快、延时短的通信技术，它必须与 ABCD 组成的应用场景相结合，才是完整的、高质量的升级版 IT。

未来的经济社会是万物互联的数字经济时代，万物互联的前提条件是万物要智能。应该同时在 A、B、C、D 等方面都占领前沿高地，尤其要掌握量子计算机技术，才能真正进入数字经济时代，实现万物互联。高速度的量子计算机可能是实现万物互联的神经中枢。

二、什么是"数字经济"

关于数字经济，说法很多。我倾向于数字经济是未来的社会经济型态，不是具体的产业，更不是具体的产品。数字经济是 AI、升级版 IT 与实体经济，包括制造业、服务业的深度融合的社会经济形态。融合不同于结合，融合是万物一体，万物智能化。到那时，机器人将全面替代自然人劳动，自然人将主要从事机器人的设计、制造和管理机器人劳动，绝大部分产品都可以通过 3D 打印技术个性化生产出来。3D 打印要以新材料、新生物技术为基础，否则 3D 打印就成为了"无米之炊"。

三、什么是"区块链"

今天会议的主题是"区块链技术创新"，后面会有许多专家发言，我在这里是班门弄斧。从资料看，"区块链"是互联网上的数据库技术。与一般数据库比较，其数据结构、储存、传输、应用方式都不相同。它与密码学紧密结合，具有两个突出特点：（1）数据一旦记录下来不能更改，并且永远保存，有"可溯源"特点；（2）数据上链之后，任何未经授权的中心化机构都拿不到。换句话说，用户对自己的数据有绝对支配权，有安全保证，称之为"去中心化"特点，这些技术特点将会被广泛应用于提高社会信用程度，降低信用成本。

被称为"数字时代"三大思想家之一的乔治·吉尔德，前不久在与任正非的"咖啡谈"时说："区块链不仅是新的互联网架构，也是全球经济的新架构。"这说明，区块链技术在数字经济时代，有极其重要的作用。人们特别关注它在商品交易和金融市场方面的应用情况，FB提出的Libra货币尤其被关注。

四、关于Libra货币

最近，区块链在中国热炒。它可能与中央政治局学习、讨论区块链有关。政治局学习、讨论区块链又可能与FB提出Libra加密货币有关。

根据FB的白皮书，Libra追求自身价值稳定，而且无国界。我认为它具有很大挑战性和吸引力。如果FB能坚持不忘其初衷，Libra会有成功的希望，并且受到各国重视，因为它切中了当今经贸和金融市场的要害。当今要害正如乔治·吉尔德所说："全球经济如今面临的基本挑战是解决货币丑闻"。例如，每24小时有5.1万亿美元现金交易，现金交易量是全球每天GDP生产量的25倍，是货物与服务交易量的75倍，这很不正常。他认为，这些多余的现金交易一无所成，除了赋予中央银行剽窃未来的权力，即从未来一代手中窃取资源外，没有任何实质性意义，纯粹是货币投机。

货币投机使货币逐渐脱离和失去了货币的本质意义及功能。货币最重要的本质是价值尺度，最基本的功能是交换媒介和价值储藏。因此，货币币值的稳定至关重要。

Libra以比较稳定的一篮子货币（美元、欧元、英镑和日元）计价的财富为价值锚定物，或作抵押财富，以区块链技术为记账方式，并宣布无国界，于是Libra同时具备了价值稳定，记账数据安全，交易便捷、成本低的特点。这种"追求实际购买力相对稳定的加密数字货币"一定会受到人们青睐。尽管有一些国家正在抵制，因为它降低了政府的资本管制能力，影响了各国的货币的主权地位，受到政府抵制很自然。但是，我断定最终抵制不了。

有些人担心Libra会加强美元地位，我认为不会，相反会逐渐削弱各国主权货币对美元的依赖。布雷顿森林体系实际上是将各国法币价值锚定在以黄金为抵押物的美元价值上。布雷顿森林体系瓦解之后，各国法币实际上锚定在美元上的情况并没有改变。现在 Libra 提出，其价值是以一篮子货币计价的财富作抵押物，实际上是锚定在财富上，而不是以单纯国家信用作基础。因此，美元的地位同样受到冲击。

Libra 的生命力是价值稳定、国际通用，与各国央行的电子货币和支付系统不同。各国电子支付系统仅仅是一个国家的"支付宝"，不会有真正意义的价值储藏意义，因为它只能以一国政府信用作保证。

Libra 也还存在许多问题，需要完善。我认为最重要、最迫切需要解决的问题是如何建立符合全球金融要求的监管框架和如何确保 FB 的信用地位。

我希望 Libra 能成功。

同时，祝本次高峰论坛圆满成功！

"双循环"相关论述

——2020年10月经济学家圈"双循环"专论

2020年10月底,党的十九届五中全会召开前,经济学家圈组织国内一线经济学家围绕"双循环"这个主题,着眼"十四五"时期经济社会发展,对"双循环"新发展格局形成的背景、面临的挑战,以及在金融、资本市场、房地产、汇率、医疗卫生改革、税收、技术突破等领域的重点问题等,从不同角度进行了深入讨论,提出了独到的见解和建议。

一、解读"双循环"

我认为,以国内大循环为主体,国际、国内双循环相互促进的新发展格局,是正本清源的经济发展方式。从生产目的和社会再生产过程角度思考,像中国这样地域辽阔、人口众多的国家,社会再生产过程只能以国内大循环为主体,不应该、也不可能以外循环为主体。因为在社会再生产过程中,没有可能依靠别的国家来满足如此体量巨大的社会总产品价值补偿和实物补偿。

国内大循环不是一个市场问题,不是一个单纯的市场有多大的问题。有一些人总以为调整为国内大循环为主体,就是因为外销不行了,所以我们要把外销这部分产品转化为内需,会有大量外需转到国内而无法容纳。这个理解是非常片面的。

以内循环为主,任何国家基本上都是围绕这个来发展。因为我们生产的目的,就是满足国内人民的物质和文化增长的需要。像中国这样一个国家,有960多万平方公里,包括港澳台34个省、自治区、直辖市和特别行政区,我们人口有14亿之多。那么我们在生产过程中价值量的补偿,这个物质的补偿,如果不以国内为主，依靠外国来解决补偿问题，这是不可能的事情。哪个国家能保证中国社会再生产的需要？所以从社会再生产过程来理解大循环，必须这样来理解。

从社会再生产过程来讲，社会再生产包括4个环节，生产、分配、流通、消费，那么这4个环节都必须把一些关键问题解决，国内大循环才能够真正畅通起来。比如生产过程当中，资金链、产业链、供给链，必须以国内为主，生产过程的循环才能良好。在分配当中就应该注意这个环节，资本形成和最终消费这个比例要保持得比较适当，不能老是资本形成的这个部分大，最终消费这部分小，这样就会引起内需严重不足，我们现在就正好遇到这个问题了。

我们GDP当中资本形成的部分比例越来越大，每年要上涨1%左右，而最终消费这部分的比例要小很多。2010年时我算过，大概从1998年开始，每年平均消费率降低1.2%，正常的最终消费率应该是65%，全世界200个国家和地区，平均算一下是60%，美国是70%。而我们呢，1998年与直接平均数基本接近，应该说是在合理区间，但是因为扩大建设，那么这一部分就越来越小。到2010年，我们的最终消费率降低到了45.5%，比世界平均水平低约19.5个百分点，你想想这个内需从何而来呀？你应该回馈给劳动者的这一部分越来越少，居民的收入水平赶不上经济发展，消费能力越来越小，购买力也越来越低，这就是我们大家都看到的内需不足。

为什么内需不足？有的人也说，后顾之忧太多了，中国人喜欢积蓄。不是这样，现在的年轻人还是愿意消费的，没有足够的收入怎么扩大消费，是不是？所以说在分配这个环节，一定要把收入分配问题解决好，这当中两部分的比例和居民之间的收入差距也不能太大，地区之间东西部、农村与城市差距也不能太大。差距太大，即使收入增长，但增加的收入用来消费的比例也不大。高收入者，他不需要再增加多少消费了，而中低收入者需要增加消费，但他的收入不多，所以说要保持社会的基本平衡。

社会分配的问题，我一直说，在激励机制和社会公平之间，要找到一个合理的平衡点，把这个度能掌握好，那么社会既有竞争，又不至于差距太大，引起许多社会矛盾。我们的社会为什么总是有一些问题不那么和谐呢？收入差距太大恐怕是主要原因之一。我一直建议在收入分配这个环节，要在"十四五"期间特别注意解决这个问题，解决收入分配如何达到社会公平、达到合理的问题。

在流通过程中也要解决许多问题，主要是要把成本降下来，把流通距离缩短，要在物联网这个方面下功夫，其中有大量工作要做。最后到消费者手上，要看产品的质量。当产品丰富了之后，如果说产品质量不高，大家总是觉得这个东西不放心，吃的东西不放心，穿的东西也不放心，这样的话，他就不敢放手消费。所以我们要把产品的质量提高，解决质量问题，中央早已经提出来了，要真正落到实处。

所以说，打通国内消费，打通内循环，包括了社会再生产过程当中4大环节的工作要做好，不是那么狭隘的一个问题，而是一个大问题。把这个问题解决好了，不仅我们的生产发展会比较快，我们国内社会都会更加和谐。

因此，现在明确强调国内大循环，一是因为新冠疫情对社会经济的影响，使内需不足、外需低迷现象更加突出；二是因为中国特色社会主义进入了新时代，社会主要矛盾已经转化为人民日益增长的美好生活需要和不平衡不充分的发展之间的矛盾。

二、实现大循环的难点突破

形成以国内大循环为主体，国内、国际双循环相互促进的新发展格局，不能简单地理解为是一个市场问题，更不能简单地认为是产品外销受阻要转为内销。前面我已强调，构建新发展格局属于社会再生产范畴，需要打通生产、分配、流通和消费各个环节，需要全面"提升供给体系对国内需求的适配性，形成需求牵引供给、供给创造需求的更高水平动态平衡"。因此，我认为应该从以下五个方面努力：

一是要继续深化市场化改革。特别要在优化"亲""清"二字的政商关系上狠下功夫。如果没有公开、公平的营商环境，实现中国式现代化就是一句空话。

二是要改革收入分配制度。改革收入分配制度，实现社会公平既是坚持社会主义道路的要求，也是扩大内需的要求，时刻不能忘记。

三是千方百计提高生产力水平。它的关键是掌握核心技术，归根结底是人才问题。故培养和引进人才，改革用人机制，应该是"十四五"期间的重要任务之一。

四是着力打造品牌产品。无论内循环还是外循环，都是产品质量在循环中的竞争。所以，要进一步发扬企业家精神，在创新和工匠精神方面狠下功夫。只有打造更多品牌产品，为消费者提供更多、更安全的高质量商品，才能更好地畅通内、外循环。

五是大力发展民营企业。民营企业主要是中小微企业，他们是市场主体中的主体。在美国，中小企业被视为国家经济的脊梁。因为中小企业机制灵活、创新能力强、转型快，能让国民经济保持旺盛的活力。

综上所述，要真正畅通国内大循环，至少需要解决好以上五个方面的问题。

三、如何应对目前的国际形势

我认为"中美争议"本质上是制度、道路问题，或者说，是意识形态问题。

"贸易战"对中美贸易额和顺差都会有一定影响。但是中美贸易不可能脱钩或中断，贸易额也不会大幅度下降。因为贸易战是美国政客在打，贸易是美国商人在做，政客与商人的利益是不一致的。

"科技战"对中国短期会有负面影响，甚至影响比较大。但是从长远看，影响是正面的，会激发我们奋发图强的精神。像20世纪中苏关系破裂时那样，我们会依靠自己的努力，建成一个强大的现代化的国民经济体系。

"金融战"我估计对中国香港的国际金融中心地位会有较大影响。但是，对国家金融总体上不会有太大影响，相反，会促进我国加快人民币国际化和数字化改革进程。

"外交战"和"逆中国化"是美国的舆论造势，我们应该沉着应对，不急不躁，做到有理、有利、有节。我认为，我们在外交方针上应该做一些调整，对美国要"冷"；对东盟、欧盟要"热"；对邻国要"和"；对"一带一路"国家要"亲"。要坚持"不称霸""不当头"，努力把自己国内的事情做好。

外交方针上我们应该很冷静地想一想，做些调整，我提出了几个字：对美国，你不要跟它一对一，要冷静。它怎么跳你也要按捺得住，不要你来一下我就回你一下。我把这个特朗普看成一个调皮的小孩，他乱哭乱闹，你越哄他，他跳得越高。你干脆一个小时不理他，到时候他就跳不起来了，所以对美国要"冷"。

对于东盟、欧盟，这一共是38个国家，现在我们也不要你来我去的这样，我们对他们要热。因为这38个国家中，我个人的体会，这些国家许多领导人、议会的议员们对中国还是很友好的，他们在经济发展过程当中，对中国也是很看好的，也是很支持的。而这38个国家，应该说都是发达国家和比较发达国家，有许多东西值得我们学习。所以说对东盟、欧盟这38个国家，我们要热情。尽管他们有的也说了一些不中听的话，我们要化解这些矛盾，这是热。

对我们周围的这些国家和地区，包括印度、俄罗斯、朝鲜、日本、韩国等，对于这些国家我们要"和"，和平的和。中国不是有一句话嘛，叫远亲不如近邻，近邻你就要把这个争取相处得很和平。所以说跟周边的国家，我们尽量要化解矛盾。邓小平同志过去有一句话，我觉得讲得还是挺好的，有一些问题，看起来很原则，今天解决不了关于领土的问题，我们可以先共同开发，我们今天的人智慧不够，留着以后慢慢来解决嘛，也可能后面的人智慧比我们高嘛。邓小平同志他是把一些问题想得很深的，所以我们不能把一些问题看得那么窄。当然，领土我们是一寸也不能丢的，像普京说的一样，俄罗斯很大，但是一寸多的都没有。中国也是这样，但是有的问题，要想办法化解一下，所以说周边这个环境要做到"和"。

还有上合组织和"一带一路"这些国家，几十个国家，包括非洲，这些国家对我们是很友好的，当然有些国家比较穷、比较落后，我们也没有富几天，我们有些人就有一点儿大国沙文主义这个态度，非洲的黑人怎么怎么了，这个怎么了，花了多少钱了。当然我们外交上钱总归是要花一点儿，团结这些穷朋友，哪能不花点儿钱？毛主席那个时候也花了一些钱，不花些钱也不好办，所以这个也应该有个理解，我们要"亲"。另外人家在许多问题上是支持我们的，现在这些国家还是支持我们的嘛，没有这些人，你不是树敌更多吗？

所以，一个是"冷"，一个是"热"，一个是"和"，一个是"亲"，要坚持这样一个办法。

我们应该向周恩来总理和陈毅等老一辈的外交家学习，人家怎么在新中国刚刚成立的那么艰难的环境之下，开辟这个外交天地的，就是万隆会议上的和平共处五项原则嘛。这些东西我们不能忘记，所以说外交这个方面呢，我总觉得我们要很好地冷静地研究一些问题，然后考虑我们怎么来协调各个方面的关系。

四、企业该如何面对新环境的挑战

对我国科技企业进行制裁,是美国遏制中国的重要手段之一。我们要依法依规进行反制。我认为在宣传方面,媒体要尽量避免企业问题国家化和经济问题政治化。

国家要保护公民的利益,这是国家的本分和职责,这一点我们不能糊涂。但是,在处理国际关系时,要尽量避免把一个局部问题,把一个经济上的问题政治化、国家化。

五、关于SWIFT的探讨

SWIFT是国际上最重要的金融通信网络系统,成立于1973年5月,现在连接着超过200个国家和地区的11000多家银行和证券机构及公司客户,为国际社会提供支付结算服务。它虽然由美国控制,但是如果想将中国踢出SWIFT,必须有充分理由。同时,我认为也有很大难度,因为中国在世界贸易中,体量很大,覆盖率很高。踢出中国,会严重影响世界各国的利益,包括美国自己的利益。美国不大可能轻举妄动。现在,为了摆脱美国控制,有不少国家正在寻求建立其他清算体系。我们也应该有这样的思想准备。

六、"十四五"期间的关键突破

"十四五"期间要做的事情很多,最关键的是进一步解放生产力和发展生产力。解放生产力是改革问题,是解决生产关系的问题;发展生产力是技术问题,是要攻克一些影响生产力发展的技术难题。

生产关系要解决哪些问题?它实际上牵扯到公有制、民营经济、农村的土地等怎么调整好。这些问题在改革当中都要有人深思,要提出一些像邓小平同志视察南方谈话一样的,能够使人悟出一些大的方向来的东西。这是关于解放生产力,否则的话生产力解放不了。

其中最重要的是攻克一些核心技术难题和改善收入分配结构。我认为,掌握核心技术是提高生产力水平的关键。确实存在好多技术问题,现在碰到像芯片的问题、像发动机的问题、像人工智能的问题,等等,许多不仅是"卡脖子",有许多东西,我们确实要认识到,我们还是比较落后的。我们这40年的改革开放当中,我觉得太急躁,没有深入地去消化一些东西。

所以在关键技术方面呢,应该在于用人机制上,要思考。我们现在的人才应该说不少,跟20世纪60年代中苏关系破裂的时候完全不一样,我们现在恐怕有一二十万学成归国的人,我没有查这个数字,总之是10万计以上,很多了,那个时候有几个?除了钱学森几个人,一二十个人吧。所以说我们怎么样把这些人的积极性发挥出来,来攻克一些技术难关。实际上只要改革足够深入,把大家的积极性尤其是知识分子的积极性充分发挥出来,那个作用是难以估量的。如果说大家的积极性不高,你说破了天,喊破了嗓子,人家也就是给你传达传达而已,你上面开会,省里再开会,县里再开会,都落实不下去。我们老是怨下面懒政,他为什么懒政呢,他既然当了官儿,他干嘛要懒政,是不是?你这里面有好多问题,我们需要思考一下。

建立促进社会公平和实现共同富裕的收入分配制度,既是实现中国梦的目的,也是实现中国梦的保证条件。因为真正强盛的国家一定是社会和谐的国家,真正和谐的社会一定是贫富差距不很大、中产阶级为主体的社会。

七、关注劳动力人口减少

我不是人口专家,但是对这个问题也有些我的看法,我觉得不要走极端。一直以来,计划生育抓得那么严,好像人口多得不得了,现在有14亿多人口,又焦虑不安,着急什么老龄社会到了。

我看从长远来讲还是要强调人口平衡地增长,这个按自然规律走,最好还是希望大家优生优育,不要觉得劳动力是个很大的问题。我们随着社会的发展,人口素质提高,文化水平提高,人的观念是在不断变化的。

基本上真正的发达国家人口增长速度都会慢下来,中国也会这样。慢下来不是太坏的事情,当然如果总是长期处于负增长那也不好,我们现在还没有到这个程度。劳动力的再生产那就是马克思的观点,应该有一个均衡的劳动力再生产过程,才能维护和维系这个社会再生产向前发展。而现在这个信息时代、智能时代，真正依靠人的体力劳动来维系社会再生产这个过程，可能不像过去对劳动力的需求那么旺盛。应该是追求高质量的人口增长，而不是讲求数量的增长，所以我不那么担忧。

八、新趋势下的城镇化

城镇化很重要，我一直是这个观点。我们的城市化，现在不是快了，而是慢了。我们实际的城市化率应该说还是低，我们从统计局的数字来看，城市化率60%，但实际上真正的城市化率没有这么高，因为我们有2.9亿农民工。这2.9亿农民工，城市并不考虑他们的具体的利益要求，你看孩子上学，城市不管，所以他们仅仅是在城市里面打个工、挣个钱而已，这部分人是算不了真正的城市人口的。所以说把这部分人口扣除掉，我曾经算过，我们真实的城市化率可能还不到40%，这样一个城市化率对这个工业化的社会、发达的社会，是很不够的。

就算是一个中等发达国家，城市化率也应该在80%以上。那么什么样的国家是中等发达的国家呢？理论家们一般都认为韩国应该算是中等发达国家，那么中等发达国家的城市化率现在都在85%（韩国高于85%）。所以我们跟它们来比，就要使我们的国家尽快地进入一个中等发达水平，我们应该在两个一百年的时候，让中国争取成为一个中等发达国家，那我们的城市化必须加快。

九、互联网、人工智能对经济学规律的影响

经济规律有"普遍规律"和"特殊规律"。互联网和人工智能不可能改变"普遍规律"，例如，生产关系一定要适应生产力的规律。有人把智能社会解释过度，好像将来人类社会要交给机器人来控制一样的，这是不可能的。所以我强调机器人无论怎么发展，智能社会无论怎么智能，都是一个生产工具，是人类制造出来的生产工具，所以我不赞成包括一些社会学家的看法。人类社会由于生产力的发展，将来这个社会劳动、生产过程当中，可能在一线劳动的主要不是自然人，而是机器人，这个现象是一定会出现的。而自然人呢，它主要是控制机器人劳动，而且生产设计出新的机器人，这是自然人的任务，因为社会

要向前发展,归根结底是自然人的发展,而不是说机器人能改变这个社会。但是,生产力水平的发展提高,有可能改变某些"特殊规律",例如,"剩余价值规律""按劳分配规律"等。

十、对国内部分经济学者及青年经济学家的建议

关于国内经济学的研究,目前国内"经济学家"多如牛毛,大都透着"功利主义"。"揣测"多,"把握规律"少;"唯上、唯书"多,"唯实、唯贤"少;说假话、虚话的多,真知灼见少。不改变这样的"经济研究"现象,中国产生不了真正的经济学家。哪有那么多经济学家呢,庸俗化了,这是我的第一个观点。当然,我们也有不少经济学家确实还是懂一点儿经济的,但我们没有真正结合中国的实际去研究规律性的东西,很少有人深入地调查研究,然后得出规律性的东西来。都是揣摩领导人想做什么,上面在想什么。这样做学问的话,我觉得是没有多少意思的。那你这个究竟是领导的意见呢,还是研究规律性的东西,给领导当参谋呢。当参谋你就得有实实在在的东西。作为一个经济学家,要研究一些实实在在的问题。现在中国是什么样的规律在起作用?那你说说我们现在的宏观政策,有哪些存在问题?比方说我就一直有个观点(不一定我是真的对),我说基本建设规模要控制,不要经济一下行,就把扩大基本建设当成一个法宝。因为我们 GDP 的结构已经问题很大了,还一味去扩大基建,GDP 高了是好,但是这个东西它应该基本与我们经济发展水平相适应,不能脱离我们的经济发展水平。我们的很多高速公路实际上没有太多的车走,不要老是看到几条主要的高速公路,什么京珠高速公路,一到节假日车子多得不得了。但是许多高速公路利用率并不是很高,而且还怪我们的高速公路收费高,平均 1 公里收费 0.46 元,收得比世界上任何国家都高,而我们高速公路每年还要亏两三千个亿,这样怎么行呢?不讲究投资的效益,不讲究投资回收期、回报率是多高,就一味扩大基建,哪有这样管理经济的?对这一类话就没有几个人讲,也没有几个人敢讲。但这些问题要有人说有人研究,要有人提出对策来。

关于培养青年学者,我提两点:一个是要学学马克思,另一个是要学学统计学。我们一些经济学家,对西方的东西他们很热衷。我是 1981 年到美国去学经济计量学的,那是以凯恩斯理论为基础的。凯恩斯的东西,对中国很多东西适

应不了，西方国家现在也放弃它了，从里根开始就是供给学派为主体了。我们为什么老是抱着这一点呢？就是说明了我们的一些年轻的经济学家，学的东西太片面。实际上马克思有很多东西是很有道理的，比如《资本论》里关于两大类的相互补偿的关系，很长，论述得非常透彻，我们有几个人把它学通了？如果是扬弃的话，私有制里面的好的东西，就像这个稻子、麦子一样，扬的时候就留在这儿，那个轻飘的糟粕的东西随着风走了，那是要不断地扬弃。但是这许多东西都要研究，学问不研究怎么行。投机是搞不好学问的，不要以为经济学是那么容易学的一门学问，我们有的人把经济学搞得太庸俗了。第二个是学统计学。你连统计指标都搞不清楚，这个数字是个什么意义你都搞不清楚，你怎么研究经济问题，你不是空口乱说吗？我在美国有一个老师，他讲得非常深刻，他说统计学家不一定是经济学家，因为统计可以用来研究自然现象，研究疾病的问题、药物的问题、工程的问题。但是经济学家一定是统计学家，否则的话你没办法深入地研究经济，所以我建议年轻学者们学点儿马克思和统计学。

面对新经济，如何拥抱不确定性
——在2021年"经济学家圈"新经济大会上的发言

2021年1月23日"经济学家圈"开了一个"新经济大会"，安排我在第二环节发言。可能是因为我说过"如果说2020年我们面临百年未遇之大变局，那么2021年我们将面临百年未遇之大变数"的话，所以第二环节命名为"面对新经济，如何拥抱不确定性"，并且只安排了我一个人发言。我现将我的发言内容记录于后，以飨读者。我是一个"不合时宜"的人，欢迎大家批评指正。

各位新老朋友：

大家上午好！

我准备讲三个问题：（1）我们面临的形势与任务；（2）我对中央今年提出的主要政策和对策的理解；（3）世界总趋势与中国。

一、我们面临的形势与任务

讲四个观点：

（一）关于"新经济"概念

现在许多概念弄得我很糊涂，一时"数字经济"，一时"互联网经济"，一时又"新经济"，令人眼花缭乱。

我记得"新经济"这个概念是美国经济学家用来描述上世纪90年代，即克林顿总统执政时代的经济现象的一个新词。在这个10年中，美国经济凸显出"三低两高"特征，即（1）财政赤字低，1992年美国财政赤字额2892亿美元，到1998年，不仅无赤字，还盈余792亿美元；（2）通胀率低，这一时期很快从将近 20 年的滞胀泥潭中走了出来，CPI 逐渐恢复到 2% 的合理水平，且长期不反弹；（3）失业率低，年失业率从 1992 年的 7.4% 下降到 1998 年的 4.3%，稳定在合理区间；（4）高增长，从 1991 年开始经济复苏，持续了 120 个月的增长，成为美国战后最长的经济增长期；（5）高出口，1991 年至 1994 年，美国制造业的劳动生产率增长了将近 12 个百分点，超过了日本和西欧国家的增幅，从而产品成本比它们低，出口商品国际竞争力显著增强，尤其是半导体、小汽车出口，争回了世界第一的地位。

美国在这一时期出现"新经济"现象不是偶然的。

第一，归功于里根总统的经济体制改革。"里根经济学"摒弃了凯恩斯理论，接受供给经济学派思想，施行了多项改革。主要有三条：（1）减税，目的是减轻企业负担，实现"供给创造需求"目的；（2）实行私有化，将当时 25% 左右的国有经济比重降至到 5%；（3）减少政府干预，实际上全盘否定了凯恩斯的"市场失灵"思想。

第二，归功于克林顿总统实行的财政货币政策。"克林顿经济学"的核心是"长期预算削减"或称"积极的财政保守主义"与"相机抉择的货币政策"相结合。实践证明，长期削减财政赤字的同时，辅之以宽松的货币政策可以刺激经济增长。这一点当时的许多经济学家没有想到。我认为很值得我们认真思考和借鉴。

当下"新经济"概念的另一理解是"数字经济"，一些人又将"数字经济"与"互联网经济"混为一谈。什么是"数字经济"呢？说法各种各样。我认为，"数字经济"是产生于智能社会的社会经济形态，它是人工智能、第二代 IT 技术（包括区块链、云计算和大数据等技术）与实体经济深度融合后的经济形态。所谓的"互联网经济"不是一种新的经济形态，而是"经济活动业态"，例如电商、电子支付、手机银行等，总之，是基于互联网所产生的"经济活动的总和"。有些人为了说明"数字经济"发展如何迅速，甚至统计得出了我国"数字经济"在 GDP 中的比重超过 40%。我认为很不严肃。任何一个新的统计指标，必须有严格内涵，有具体的统计口径和统计方法，否则这个统计数据无法令人信服。

（二）关于"变局"和"变数"

2020 年，我们面临百年未遇之大变局，包括新冠疫情、中美贸易战、科技战、金融战和逆中国化、逆全球化，等等。"变局"的目标比较大，一般可以预见，相当于人们常说的"灰犀牛"。

我预感2021年有可能面临百年，至少是70年，未遇之大变数。与"变局"相比较，"变数"一般目标比较小，出现的概率也比较隐蔽，人们很难预见，相当于常说的"黑天鹅"。从我们现在面临的情况分析，我主要担心出现金融危机。从国际上看，新冠疫情未得到有效控制，2021年还有可能继续采用2020年的刺激政策，这会使得引发金融危机或严重通胀的风险加大。从国内看，金融无序现象、地方隐形债务、房地产泡沫等尚不十分明朗，不一定什么时候会飞出一只"黑天鹅"。在当前国际、国内情况下，即使飞出的不是黑天鹅，是一只小小的黑蝴蝶，也有可能产生"蝴蝶效应"，引发金融危机。

（三）经济问题

2020年我们取得了GDP过100万亿元，增速2.3%的好成绩，但是，经济恢复的基础并不稳固：（1）全面复工复产存在困难，就业尚不充分，所以居民收入增长缓慢，居民消费增长乏力；（2）供应链存在"卡脖子"短板，快速发展高端装备制造业有一定困难，制约我们提高生产力和劳动生产率水平；（3）由于存在较大金融和债务隐患，实施刺激政策受到了很大限制；（4）尤其是最终消费与资本形成分配比例长期扭曲，经济增长的基础性动力——消费不足。

（四）我们的任务

中共中央十九届五中全会确定了我们的奋斗任务：到2035年基本实现社会主义现代化，人均GDP达到中等发达国家水平，同时提出两个"显著"和一个"均等化"，即到2035年，地区发展差距、城乡发展差距、居民生活差距显著缩小，中等收入人群比例显著扩大，基本公共服务实现均等化。目前，中等发达国家（例如韩国）人均GDP为3万美元，我们仅1万美元；中等收入人群比例达到70%，我们不足30%；城乡居民收入基本均等，我们相差两倍。由此可见，要完成这个任务并不轻松，不仅要着力解决收入分配和发展差距等经济结构难题，还意味着在未来15年我们的经济总量至少要再翻两番。

二、我对中央2021年提出的主要政策和对策的理解

（一）关于"双循环"

中央提出"以国内大循环为主体、国内国际双循环相互促进的新发展格局"。我认为，这是应对新形势，克服社会主义现代化建设困难的基本对策。关于"双循环"，许多专家已经做了非常全面、深刻的讲解。我补充我的观点：

（1）我认为"双循环"不仅仅是一个市场问题，更是实现生产的目的，满足国内人民对美好生活需要的重要措施，从这个意义理解，"双循环"是对生产目的的正本清源；

（2）构建新发展格局要贯穿社会再生产全过程，在生产环节，要完善产业链、供应链、价值链和资金链，保证生产顺畅、安全；在分配环节，要加强财税体制和收入分配制度改革，促进结构调整和社会公平；在流通环节，要充分运用数字化技术，加强物联网建设，努力降低物流成本；在消费环节，要提供安全、优质的消费品，促进消费不断升级，满足人民对美好生活的需要。

（3）"双循环"不仅是国内、国际相互促进，更要注重国内各区域之间相互促进，对国外要扩大开放，对国内要形成统一市场，要营造良好的国内市场环境，确保不同社会主体公平竞争。

（二）对2021年经济工作会议主要政策的理解

一是财政货币政策强调连续性、稳定性、可持续性，特别强调"不转急弯"。我认为，不转急弯不是不转弯。财政货币政策要回到常态是总趋势，问题是弯怎么转。一定要把握好"时度效"：时，即转弯的时间节点；度，即转弯的力度大小；效，即转弯形成的政策效果，三者相辅相成。政策的目标是促进经济恢复，保证不出现系统性风险。

二是加强监管和反垄断。既要坚决又要审慎，同样也有时度效问题。决不可以怀疑和动摇支持"平台经济"和金融科技发展，特别指出"要完善平台企业垄断认定"，为的是防止"极左"，影响"两个毫不动摇"。

三是优先发展农村、农业。强调"三农"工作是"全党工作的重中之重"，

这就是说，各级领导必须把发展农村农业放在首位。我认为，做好"三农"工作应该有新思路，要坚持农业现代化、工业化和城镇化"三化"一起抓。要贯彻新型城市化思想，提升国土空间利用效率。要促进大中小城市和小城镇协调发展。要重视建设小城镇，尽可能让农村剩余劳动力就近就业，减少住房空置和留守儿童等社会问题。

四是强调发展实体经济，突出种业和装备制造业发展，以增强产业链自主可控能力。

五是强调补短板，锻造长板。我理解，补短板要集中力量，优先解决制约国家发展和安全的重大难题，攻克"卡脖子"技术。锻造长板，要着力锻造独门绝技，培育更多看起来不很显眼，但在细分市场上独占鳌头的"隐形冠军"企业。我国有3000万家中小企业，专家研究认为平均寿命不足3岁。德国有1000余家隐形冠军企业，规模虽不大，但是平均寿命超过66岁。所以我们必须下大力气锻造长板。

六是关于房地产业。要继续坚持房住不炒，因城施策。要控制房价和房屋租赁价，解决好大城市住房困难问题，促进房地产业健康发展。我认为根据房价收入比，我国目前房地产泡沫不低于30%。我们必须记住，近30年，世界上的金融危机无一不是因为房地产泡沫破裂引发的。

三、世界总趋势与中国

简单讲两个观点：

第一，合作仍是世界主流。（1）单边主义、民粹主义不得人心。逆全球化、逆中国化都不可能得逞。（2）区域合作是新趋势。在外交上，对美国最好是冷，避免"互怼"，避免新冷战；对东盟、欧盟，要本着和平共处五项原则精神讲团结；对邻国应该着力实现睦邻友好关系；对亚非拉发展中国家要加强友谊，防止出现大国沙文主义。

第二，世界正处在第四次工业革命的重要时间节点上。我们要努力抢占技术前沿高地。一是人工智能技术；二是3D打印技术，包括新材料技术和生物工程技术。中国的未来，只能由自己来决定，自立自强永远是大国发展的战略支撑。前三次工业革命我们没有赶上，所以落后了。这一次我们不能再落后。

附录：

以数字诠释人民中国
——贺铿专访

推开虚掩的门，便看见一位清瘦的长者正在一长排书柜前聚精会神地写着什么，身边的国旗显得是那么的引人注目。听到脚步声，他抬起了头，笑了笑，很和善的。似乎那浅浅的微笑就是他的名片，记者可以断定他就是自己今天所要专访的主人公——国家统计局原副局长、全国人大常委兼财经委委员、九三学社中央副主席贺铿。在随后的采访中，记者才发现在他那淡淡的笑容背后隐含着特有的锋芒与个性。

一、情倾经济计量学

1979 年 10 月，贺铿大学时的一位老师出任中南财经大学副校长后，没有忘记自己的高足贺铿，把他调回母校。于是，贺铿干起了自己的老本行，成了中南财经大学统计系的教师。

人的一生有许多十字路口，最关键的往往就是那么几步。贺铿说自己这一生比较幸运，没什么大的波折，好多路都是组织上的安排而"铺设"的。其实，看似平坦的成才之路不乏许多路口需要自己睿智的选择，有些选择往往是跟渊博学识及战略目光联系在一起的。1980 年，应中国社会科学院的邀请，美国著名经济学家克莱因教授等 7 位著名经济计量学家组成的来华讲学团，在北京颐和园讲授经济计量学管理与应用。当时，国内各个高校选送懂经济、擅长数学的同志前往学习。贺铿有幸参加了这次学习，并认为一生受益不尽。"学习期间，美国著名学者、诺贝尔奖得主克莱因给我们这些学员讲授了他的理论，让我们第一次接触到经济计量学。克莱因以经济学说为基础，根据现实经济中实有数据所作的经验性估计，建立起经济数学模型，对美国在'二战'后的经济趋势作了令人信服的预测。为此，他获得诺贝尔经济学奖。这次讲学团为我国培训了一批经济计量学学者，他们后来成为经济计量学的学术骨干和学术带头人，而后不少高校也相继开设了经济计量学课程。"今天，作为中国经济计量学研究的领军人物，贺铿为自己当初十分幸运参加了这期被称为中国经济计量学的"黄埔一期"学习而难忘，因为它让自己有机会开始涉足统计学的这个全新领域。

经济计量学是以经济理论为指导，以数据事实为依据，以数学、统计学为方法，以计算机为手段，研究经济关系和经济活动数量规律及其应用，并以建立计量经济模型为核心的一门边缘科学。经济计量学在中国的引入和发展虽然只是20世纪80年代前后，但一诞生就显示出强大的生命力，如今已在经济学中占有极其重要的地位。1998年7月教育部确定了高等学校经济学门类各专业的8门核心课程，将经济计量学列入核心课程。20世纪70年代末，当发端于西方的经济计量学刚开始引入中国时，贺铿立即意识到这是一门把经济学、统计学、数学和计算机技术融于一体的边缘学科，随即全身心投身于这一新兴学科在中国发展的奠基性工作。

1982年，他以访问学者身份在美国罗得岛大学工商学院进修经济计量学。因为认识到这是一门用数学模型对经济现象进行定量分析研究的学科，比传统概念性经济理论更能有效地解决实际经济问题，于是贺铿看好这一学科在我国国民经济发展中将发挥极大的作用，对这一学习机会他倍加珍惜，潜心钻研。"美国是一个很发达的国家，那时一切都让我感到新奇，也让我深深感受到中国的差距。我把所有的时间都放在念书、听课、做研究上，时间自然很容易打发。生活上，国家每个月给我们的费用虽不很宽裕，但我过惯了艰苦日子，再加上自己节俭，日子安排得还算不错。"

如今，贺铿运用经济计量学的方法主持完成了科研课题多项，其中5项获省部级奖，3项达到了国际先进水平。同时，他参与倡议发起组织中国统计教育学会、中国数量经济学会等，先后译校多本国外有关著作介绍到国内来，在这个基础上，开展经济计量学的应用研究，并先后承担部级研究课题。所主持完成的国家社科基金项目《中国信息产业投入产出分析》《中外统计体制比较研究》和国家自然科学基金《国家经济安全问题的统计研究》等均有较大的社会效应。

二、为国识数乐无穷

1983年在美国学习回国后，不管是在中南财经大学任教授，还是到西安统计学院当院长，贺铿一边向学生们讲授经济计量学课程，一边运用经济计量学的方法研究中国经济问题。

教鞭执了30年，桃李满园；从讲师，到教授，到大学校长，学问做了30年，著作等身。在这30年中，无论是动荡时期，还是改革年代，贺铿埋头于自己的专业研究中，没有虚度。贺铿始终坚持在教学第一线，为本科生、硕士生和博士生亲自上课，年年教学工作量都超额完成任务。教坛论道，谈笑风生，诲人不倦。现在，他仍是中国人民大学、中央财经大学、厦门大学、上海财经大学等院校的兼职教授或客座教授，协助指导研究生。这些年来，他先后指导培养了50余名研究生。

始终视自己为读书人的贺铿，从未想到过会坐在国家统计局副局长的位置上。1995年，一纸调令使学者成为官员，从园丁到公仆。"从学者到政府官员，我没有感觉到什么不适应，但是在相当长一段时间内自己为自己感觉到有一点可惜，有点失落感，但没有不适应。一个原因是，当统计局副局长虽然行政事务比较多，但跟业务没有分开；再一个就是，我当过系主任，当过院长，做过行政工作。因而，失落不失意。"到任后，除了专心熟悉组织上交给他分管的贸易、外经、国际统计和教育科研工作，以便尽快进入角色外，贺铿做的第一件事就是组织起草制定统计教育发展规划和纲要。

提到统计工作，贺铿则侃侃而谈。他说："统计工作决不是抽象的报表，更不是各种报告中的点缀，它是国家和各级政府决策的重要依据，统计成果对国民经济的发展有着举足轻重的作用。统计不仅是国家、各级政府和统计专业人员的事情，而且每一个国民都要具有统计概念和基本知识，离开统计，胸中无数，对于一个现代化国家是无法想象的。"采访时，他列举了这么一个实例。1989年我国经济一度出现负增长和物价涨幅很高并存的状况，政府调控经济的政策何去何从，人们众说纷纭，提出了种种解决办法。国家统计局通过对相关模型的研究，力排当时主张减缩的主流看法，向国务院提出适当增加投资的建议，此方案得到国务院采纳。由于及时调整了调控力度，采取了符合当时实际情况的投资政策，使得经济在1990年健康回升，从而保证了国家预定经济目标的实现。他透露，我国现在的统计法不太完善，尽管已修订过一次，目前看还是有很多不全面的地方；我们正在计划起草《普查法》，涉及人口普查、农业普查与经济普查等普查工作，但愿能早一点出台，让我们的普查工作规范化。

几年来，学者出身的贺副局长不仅所分管司局工作井井有条，得心应手，同时科研成果丰硕。他认为，为官不应将自己陷于事务堆中，对经济发展的关注、对经济理论的研究会使自己在经济工作中看得更远、更准，胸中有数才能把工作做得更好。他说："中共中央几次在决议文件中都讲到既要重视定性的分析，也要重视定量的分析，加强决策的科学化、民主化，以后又提出重视软科学的研究，而经济计量学正是软科学中的重要内容。"

针对社会上部分群众对统计数据的准确性存在疑虑，贺铿说，统计数据的真实性是统计工作的灵魂，准确的统计信息是各级领导机关科学决策的重要依据。"首先必须承认，任何一个国家的统计数字不可能是一个完全精确的数字，因为社会情况非常复杂，更何况我国是一个13亿人口的大国，只能是一个相对准确的数字。另外，统计部门有一套自己的监控和推算办法，通过各种方法的推算和综合，最后得出较为准确的数据。"他坦言，一些地区和部门在统计数据上弄虚作假、虚报浮夸的做法确实造成了局部统计数据失实，但尚未造成全国性的宏观统计数据失实。在访谈中，他表现出对"数字出官""官出数字"这种现象的痛恨。

三、角色切换不了的是公仆本色

贺铿曾是国家统计局领导班子中唯一的一个民主党派身份的副局长，但从不认为自己的身份特殊。在为人处世上，他的人生准则是：不追名，不求利，不怕苦和累，尽可能踏踏实实地多做几件对国家和人民有利的事。在局里讨论重大问题时，他总是直言无忌地亮出自己的观点，有时他的建议未与大家达成共识不被采纳，他坦然处之。当问及他处于少数或被否定的心态如何？贺铿笑了，只说了四个字"立言为公"。

其实，贺铿在加入九三学社之前，曾两次争取加入过中国共产党。"一次是刚刚大学毕业，去农村搞'四清'。作为一个年轻人，自己各方面表现都不错，当时带队的负责人找我谈话，动员我向党组织靠拢，我自己也有这个愿望。毕竟，没有共产党领导我们得解放，便谈不上我的大学生活。"

然而，那时的"文革"如火如荼，基层党委被夺权。于是，贺铿入党的事就被搁置下来。同时，他在运动中也受到牵连，造反派在抄党委的东西时发现预备发展的党员名单中有贺铿，便揪出去批判。

1979年，贺铿自武汉工业大学调到中南财经大学前，武工大的组织干部找到贺铿说"你的组织问题该解决了"。不多久，中南财大来要人，组织问题又再一次被放下来。后来，又忙于出国留学，致使加入党组织这个心愿一直未了。回国后，中南财大的一位教授找到贺铿，动员他加入九三学社。这时，贺铿开始认识到加入九三学社这个汇集了一大批科技、教育界的专家学者的参政党也能发挥自身优势，在推进科技进步和创新、培养科技人才、传播科学文化、弘扬科学精神等方面也能做出自己的贡献。于是，贺铿选择了九三学社这个中国共产党的亲密友党。

1998年，贺铿当选为九届全国政协委员，并参加了政协经济委员会的工作。他认真对待每年的政协会，下功夫准备大会发言，每篇发言就是一篇论文。1999年的"结构调整是经济协调发展的关键"、2000年的"政府应当把工作重点放在调节收入分配上"、2001年的"'十五'期间要警惕出现财政金融危机和通货膨胀"、2002年的"小康社会和小康水平的两大区别"，篇篇叫响。他的这些观点也在我国的经济发展中一一得到证实。他的许多观点十分鲜明，不少与主流看法相左，为此，话一出口往往招来各路媒体关注。

2003年3月，贺铿当选为全国人大常委、财经委员会委员。年底，又增选为九三学社中央副主席。新的岗位，新的起点，新的奉献。

曾是教师的贺铿，今天成为参政议政的人大常委与九三学社中央副主席。职务变了，地位变了，不变的是教育情结，不变的是耿直与爽朗。大家都知道，求职者多带几样文凭证书就多一些就业机会，在职者学历越高晋级加薪的机会越多。这种学历与权力、利益分配的直接联系，客观上促使一些人急功近利，不是把劲头放在提高自身素质上，而是放在巧取文凭学历上，使掺假的文凭、学历、职称越来越多。追求文凭毕竟不等于追求高尚，贺铿批评这些学术腐败现象言辞激烈，深恶痛绝。

他认为，教育腐败的突出表现是办教育不注重教书育人，只注重赚钱，在办教育过程中弄虚作假，将影响人思想品德、增进人知识和技能的教育活动演变成买卖学历、买卖文凭的商业活动。教育腐败从根本上改变了教育事业的性质，其社会危害性极大，应当认真治理。"对这些非正常现象，首先要在思想上正本清源，明确教育首先是社会公益事业，学校的主要任务是教书育人；其次要严格规范教育经费的筹措和使用，政府资助和收取学费都应当有法律依据，各地各校不能自行其是。"

四、经济计量学家眼中的小康概念

猴年春节，一条手机短信受人青睐："祝您生活奔小康，收入达富康，身体更健康，全家都安康。"这简单的话语在亲朋好友间传递，既是人们对新一年最美好的祝愿，也是人们真情的流露。

眼下，"小康"已成为老百姓谈论最多的话题之一。"小康"，一个内容多么丰富，充满了何等魅力和召唤力的词语。邓小平同志在20多年前为我们勾画的关于"小康"的蓝图，我们已经实现。我们可以豪迈地向全世界宣布：一个13亿人口的发展中大国，人民生活总体上达到了小康水平。在新世纪，我们就是在这个基础上全面建设小康社会。"小康"仍然是我们继续奋斗的目标。

十个阿拉伯数字本没什么稀奇，然而在经济学家眼里它们的组合像万花筒一样变化莫测，色彩斑斓。在贺铿的心中，数字的表现更为具体，数字的内涵更为丰富。在他的眼前那些千变万化、名目繁多的数字生动而有趣，数往字来，从中他读解共和国经济发展昨天的历史，讲述今天的故事，描绘明天的蓝图。贺铿所诠释的全面小康社会不仅包括物质的，更包括精神的和政治的内容，因此我们应该建立新的全面小康社会的可测度标准体系。

"从衡量指标上看，目前我们总体上达到的小康水平，与要建立的全面小康社会有什么区别？"贺铿这样为我们释疑：首先是范围不一样。20世纪根据我国的国情，我们建设小康社会侧重点在解决温饱，提高物质文明的水平。而邓小平同志提出的小康社会决不单纯指物质文明，还应该包括精神文明和政治文明的建设。因此，江泽民同志在党的十六大报告中提出的"使经济更加发展、民主更加健全、科教更加进步、文化更加繁荣、社会更加和谐、人民生活更加殷实"，是对小康社会更全面的描述，是对小康水平提出了更高的要求。第二个不同就是标准不一样。我们在总体小康水平上全面建设小康社会，应该有新的标准，我们要抓紧研究用哪些指标来描述全面小康社会。可以肯定的是，在对全面建设小康社会的进程实行监测或量化时，不仅要提高反映人民生活水平的统计指标的临界值，而且要全面反映精神文明和政治文明的发展进程。

采访时，贺铿认为"中产阶级"应成为小康社会主流公民。"中产阶级"这个概念，让记者"耳目"一新。他说："20年后，那些经济上比较殷实、思想文化素质比较高的'中产阶级'应该成为中国全面小康社会的主流公民。那些文化素质和思想素质比较低的先富者如果不努力提高自己的思想和文化素质，充其量只是'暴发户'，根本成不了小康社会的主流公民，而那些所谓的'中等收入者'，也就是国外所说的中产阶级，应当是一个经济收入比较殷实、文化素质和思想素质比较高、讲文明、讲诚信、守法纪的群体，他们才应该是建设经济更发展、民主更健全、科教更进步、文化更繁荣、社会更和谐、人民生活更殷实的全面小康社会的中坚力量和主流公民。"透过那厚厚的镜片，记者看到了他目光的睿智与犀利。贺铿指出，全面小康绝不单指物质文明，还应包括精神文明和政治文明的建设，而这两个文明的建设也是一个长期而艰巨的任务。因此，加强国民教育，培育"中产阶级"，发挥其作为先进文化的消费者和创造者的积极性，成为当务之急。

贺铿强调指出，全面建设小康社会应当是民主、法制、文明的社会。"全面建设小康社会一定要坚持社会主义的基本原则，解放生产力，发展生产力，消除两极分化，实现共同富裕；要深入研究我国的国情，从实际出发，抓住重点，解决难点，提出新的思路，采取新的举措，开创新的局面。"在一天天殷实起来的日子里，亿万中国人民圆了期盼已久的小康梦，满怀希望奔向更加富裕的小康生活。好日子还在后头！

（本文发表于2004年2月《中国信息报》）